Dr. Erwin Nießlein

Naturschutz und Industriegesellschaft

Vorschläge für eine neue Politik

Nomos Verlagsgesellschaft
Baden-Baden

Die Deutsche Bibliothek – CIP-Einheitsaufnahme

Nießlein, Erwin:
Naturschutz und Industriegesellschaft: Vorschläge für eine neue Politik / Erwin
Nießlein. – 1. Aufl. – Baden-Baden: Nomos Verl.-Ges., 1992
ISBN 3-7890-2732-4

1. Auflage 1992

Inhalt

Einleitung

1	Die Aufgabe	9
2	Ein Forschungsvorhaben	13
2.1	Ausgangspunkte und Begrenzungslinien	13
2.2	Der wissenschaftlich-methodische Ansatz	14

Analysen

3	Diskussion der Naturschutz-Ziele	21
3.1	Das Konfliktpotential	21
3.2	Arbeitsfelder und Teilziele des Naturschutzes	24
3.3	Gesellschaftliche Rahmenbedingungen	36
3.4	Im Hintergrund: Ethische Vorgaben	45
4	Wald als Überlebensmodell	49
4.1	Wald - ein multifunktionales Gebilde	50
4.2	Mehrzweckforstwirtschaft	53
4.3	Naturschutz und Mehrzweckforstwirtschaft	58
4.4	Holz - Zukunftsorientierte Energie	68
4.5	Überlebensmodell ?	71
5	Instrumente	74
5.1	Raumnutzung allgemein	75
5.1.1	Eckwerte zur Freiraumsicherung	75
5.1.2	Raumordnerische Umweltverträglichkeitsprüfung	77
5.1.3	Alternative Planungen	87
5.1.4	Landschaftsabgabe	91
5.2	Bauen	93
5.2.1	Gefahrenzonenpläne	93
5.2.2	Bauen als Freiraumbelastung	95
5.3	Freiraumnutzung	101
5.3.1	Landwirtschaft und Landschaftsplanung	101
5.3.2	Biotopschutz	107
5.3.3	Uumwandlung der Flächennutzungsart	119
5.3.4	Freizeitaktivitäten	123

6	Vom Wesen der Politik	133
7	Umfragen als Durchsetzbarkeitstest	140
7.1	Wissenschaftliches Untersuchungsziel und Methode	140
7.2	Ergebnisse insgesamt	165
7.3	Ergebnisse nach Parteipräferenzen	175
8	Konfliktminimierungsstrategie	185
8.1	Problemlösungen	185
8.2	Politische Rahmenbedingungen	194

Schlußsteine

9	Humane Marktwirtschaft	203
10	Im Hintergrund: Verantwortung	215
11	Nachwort	220

Einleitung

1 Die Aufgabe

Hochentwickelte Industriegesellschaften sind geprägt von weiträumigen Produktions- und Betriebsstätten, von dichter Verkehrserschließung, von hohem Energiebedarf und intensiver Nutzung chemischer Prozesse und Produkte. Dazu kommt, daß die hohen Qualitätsansprüche an das Wohnen einen entsprechend großen Bedarf an Siedlungsraum zur Folge haben. All das führt zwangsläufig zu einer starken Einengung und Belastung des naturräumlichen Potentials. Diese Gegebenheiten finden wir in allen Ländern mit einem hohen Entwicklungsstandard. Für Mitteleuropa, speziell für Deutschland, ist aber noch ein zweiter Gesichtspunkt von Bedeutung: mit zunehmender Besiedelungsdichte, d.h. mit größerwerdender Zahl der Einwohner je Flächeneinheit steigt zwangsläufig die Belastung des Naturraumes bzw. wird jenes Flächenpotential immer mehr eingeengt, das noch über naturnahe Strukturen verfügt. Die Bundesrepublik Deutschland in ihren ursprünglichen Grenzen zählte weltweit zu den Ländern mit der höchsten Siedlungsdichte. Mit 248 Einwohnern/qkm steht sie innerhalb der EG und damit in Europa an dritter Stelle (zum Vergleich: Belgien 325 EW/qkm, Dänemark 119 EW/qkm). Was diese Zahl bedeutet, kann man am Vergleich mit den USA ermessen, die trotz des ebenfalls hohen Entwicklungsstandes eine Siedlungsdichte von 26 EW/qkm aufweisen. Dieser Unterschied ist praktisch erfahrbar: In den USA benötigt man für die Überquerung von menschenleeren, naturbelassenen Räumen ein Flugzeug; vergleichbare, noch weitgehend unbeeinträchtigte und unzerschnittene Landschaften kann man in Deutschland mit dem Fahrrad durchqueren.

Alles in allem: Es darf nicht wundernehmen, daß die Naturbewahrung in einer Industriegesellschaft erhebliche Konflikte auslöst, insbesondere dann, wenn sich diese Industriegesellschaft in einem extrem dichtbesiedelten Land befindet. Ursache dieser Konflikte ist primär die Raumnutzungskonkurrenz, die sich aus den vom Wirtschaftsleben bedingten und mit dem hohen Lebensstandard in Verbindung stehenden menschlichen Bedürfnissen einerseits und der ebenfalls gesellschaftspolitisch relevanten Zielsetzung der Bewahrung naturnaher Strukturen im Raum andererseits ergibt. Beide Bedarfspositionen sind aus der jeweiligen Sicht zwingend und daher legitim. Falsch ist es deshalb, den Konflikt zu ideologisieren und damit moralische Bewertungen zu verbinden. Das wird verständlich, wenn man ohne Emotionen über das nachdenkt, was die Industriegesellschaft hervorgebracht hat: ob Betriebsstätten samt den damit verbundenen Arbeitsplätzen, ob Wohnungen und Einfamilienhäuser, ob Straßen und Autos, ob Freizeitbetätigung und Sportausübung - alles wird von den Bewohnern des Landes gewünscht und in Anspruch genommen, und zwar nicht etwa nur von einer kleinen elitären Schicht, sondern von fast allen Einwohnern, also von der sogenannten breiten Masse. Ebenso liegt das Bemühen um eine Bewahrung naturnaher Raumstrukturen im Interesse der gesamten Bevölkerung, wenn es auch nicht von allen Menschen so unmittelbar empfunden und vertreten wird.

Signifikant für den Raumnutzungskonflikt ist aber nicht nur die häufig damit verbundene Ideologisierung, sondern das immer wieder erkennbare wechselseitige Unverständnis. Auf der einen Seite stehen häufig Personen, die das Wohlbefinden der Menschen nur am Wirtschaftswachstum sowie an den einzelbetrieblichen Umsatzsummen messen wollen und sonstigen Kriterien sowohl Berechtigung als auch Rationalität absprechen. Auf der anderen Seite treffen wir häufig auf Natur- und Umweltschützer, die ihre Position als absoluten Maßstab für menschliches Handeln reklamieren, die keinerlei Prioritäten ins Auge fassen, keine Kompromisse zu schließen bereit sind und die insbesondere deswegen, weil ihre Anliegen sehr oft übergangen werden, schon allein aus Frustration eine "Alles oder Nichts"-Politik vertreten. Daß auf diese Weise nicht nur konstruktive Problemlösungen schwierig erreichbar sind, sondern daß daraus ein permanenter gesellschaftspolitischer Grabenkampf wird, der in dieser Form niemandem nützt, ist eine der Erkenntnisse, die eine Objektivierung dieses Konfliktes fordern.

Wenn man den oftmals sehr aufwendigen Sprachgebrauch des Naturschutzes vorerst außer acht läßt und in allgemein verständlicher Terminologie das Konfliktpotential zu analysieren versucht, ergeben sich folgende abgrenzbare Konfliktbereiche:

a) die Umwandlung von einigermaßen naturnahen, d.h. grünen Flächen in vegetationslose, in der Regel zugebaute oder zubetonierte Areale;

b) die Konkurrenz innerhalb des Grünraumes zwischen verschiedenen Nutzungsarten mit unterschiedlicher ökologischer Qualität;

c) das breite Spektrum ökologisch unterschiedlich zu beurteilender Bewirtschaftungsformen in der Land- und Forstwirtschaft;

d) Stoffeinträge in die Natur und in den Boden, die zu Veränderungen des Boden- und Wasserchemismus sowie zu unnatürlichen Anreicherungen in der Pflanzenwelt führen.

In allen diesen vier Bereichen sind also jeweils spezifische Konfliktlösungsstrategien gefragt. Sie zu entwickeln ist vor allem deshalb schwierig, weil es keine klaren gesellschaftlichen Zielvorgaben gibt, die relevanten Ziele vielmehr aus politischen Leerformeln oder unbestimmten Rechtsbegriffen herausgelesen werden sollen. So wurde bereits 1984 in einer eingehenden Untersuchung nachgewiesen, daß die Vorgaben des Naturschutzgesetzes für den Gesetzesvollzug keine klaren

Handlungsanweisungen darstellen und daß darüber hinaus - was gerade bei einem nur schwer in exakter Gesetzessprache ausformulierbaren Fragenkomplex besonders ins Gewicht fällt - sich auch kein gesellschaftlicher Konsens über das herausgebildet hat, was mit dem Gesetz zum Ausdruck gebracht werden soll[1]. Notwendig ist es deshalb, solche Konfliktminimierungsstrategien zu entwickeln, die auch einen Beitrag zur Aufhellung der von der Gesellschaft gewünschten jeweiligen Zielvorgaben leisten können.

In der vorliegenden Untersuchung kann natürlich nicht alles, was in diesem Zusammenhang von Bedeutung wäre, aufgearbeitet werden. Es sollen aber Ansatzpunkte für eine neue Politik geschaffen werden, die ein konstruktives Nebeneinander von Industriegesellschaft und Naturschutz ermöglicht, die auf die wachsenden Ansprüche der Bevölkerung an Gesundheit, Umweltschutz und Lebensqualität Rücksicht nimmt, ohne daß damit existenziell spürbare Einbußen in der Wirtschafts- und in der daran orientierten Wohlstandsentwicklung eintreten. Daß in diesen Fragen eine "neue Politik" notwendig ist, wird von den Politikern selbst zwar entschieden bestritten, in der Bevölkerung ist aber ein solcher Wunsch unverkennbar vorhanden. Das Institut für Forstpolitik und Raumordnung der Universität Freiburg (im folgenden "Institut" genannt) hat 1985 in einer bundesweiten Meinungsumfrage die Frage gestellt: "Wie beurteilen Sie die Gefährlichkeit des Waldsterbens" und dazu vier Antwortmöglichkeiten vorgegeben. Daraus entstand folgendes, in % aller Antworten ausgedrücktes Ergebnis:

Ich halte die Meldungen für übertrieben und sehe keine besonderen Gefahren	1
Ich glaube zwar, daß der Wald krank ist, aber das hat es immer gegeben und es wird sich wieder ändern	7
Wirtschaft und Technik, die durch Luftverunreinigungen das Waldsterben ausgelöst haben, werden mit Hilfe neuer umweltschonender Produktionsverfahren das Problem wieder lösen	17
Das Waldsterben ist ein Hinweis darauf, daß unsere gesellschaftliche Entwicklung zu sehr auf den Wohlstand des Einzelnen und zu wenig auf die Sicherung unserer Lebensgrundlagen geachtet hat, weshalb eine grundsätzliche Änderung dieser Politik erforderlich ist	75

Besonders aufschlußreich ist eine Aufgliederung dieser Antworten nach Altersklassen. Für eine "grundsätzliche Änderung der Politik" sprachen sich aus:

----
1. NIESSLEIN E. (1984): Engpässe der Naturschutzpolitik. In: WITTKÄMPER G., NIESSLEIN E., STUCKHARD P.: Vollzugsdefizite im Naturschutz. Schriftenreihe des Bundesministeriums für Ernährung, Landwirtschaft und Forsten, Heft 300, Münster-Hiltrup

18 - 24	25 - 34	35 - 44	45 - 59	60 + jährige

mit

84 %	86 %	81 %	70 %	61 %.

Politik, die ihre demokratische Legitimität bewahren und den in die Zukunft gerichteten Gestaltungsanspruch gerade der jüngeren Bürger nicht negieren will, muß aus solchen Erkenntnissen Konsequenzen ziehen.

Zu dieser Feststellung kommt man aber auch auf einem anderen Weg: Fragen der humanen Verantwortung und eines ethisch vertretbaren Verhaltens werden in unserer Gesellschaft mit zunehmender Intensität in Wort und Schrift diskutiert. Eine solche Diskussion führt zwangsläufig zu den Problemen der Umweltbelastung, der Vorsorge für den Freiheitsraum künftiger Generationen und des Eigenwertes der Natur als Lebensträger und Teil der Schöpfung. Auch aus dieser Sicht wird Politik neue Prioritäten setzen sowie das jeweilige Gewicht von materiellen und moralischen Zwängen neu definieren müssen, wenn sie den Anforderungen einer humanen Gesellschaft gerecht werden will.

2 Ein Forschungsvorhaben

2.1 Ausgangspunkte und Begrenzungslinien

Die folgenden Ausführungen basieren in weiten Teilen auf den Ergebnissen eines Forschungsvorhabens, das vom Bundesministerium für Forschung und Technologie unter dem Titel "Instrumente zur Durchsetzung von sachlichen und raumordnerischen Zielen des Bodenschutzes" gefördert wurde[2]. Es werden aber auch die Ergebnisse anderer Arbeiten des Instituts bzw. des Verfassers genutzt, soweit diese als Ansatzpunkte für politisch-instrumentelle Überlegungen Verwendung finden können. Auf sie wird anläßlich der Behandlung diesbezüglicher Fragen gesondert verwiesen. Zu dem hier im Mittelpunkt stehenden Forschungsvorhaben ist allerdings noch eine ausweitende und eine einengende Feststellung zu treffen.

Der Boden zählt zusammen mit Wasser und Luft zu den wichtigsten und allgegenwärtigen Naturgütern. Er stellt jedoch - im Gegensatz zu Wasser und Luft - kein vom Menschen unmittelbar nutzbares Naturgut dar, sondern seine Nutzbarkeit ergibt sich aus der Verbindung mit dem im Boden vorkommenden Grundwasser und ganz besonders in Verbindung mit den Pflanzen und Tieren, für die der Boden Lebensraum, Lebensquell und Basissubstanz darstellt. Dies wird auch im Naturschutzprogramm des Bundesministeriums für Umwelt, Naturschutz und Reaktorsicherheit[3] so gesehen und dazu gesagt, daß die Naturgüter Boden, Wasser und Luft sowie die Pflanzen- und Tierwelt Bestandteile des Ökosystems sind und sich unter Einfluß des Klimas in wechselseitiger Abhängigkeit befinden, "wobei der Boden an der Schnittstelle der gegenseitigen Beziehungen steht." Auch in einem Beschluß des Bundeskabinetts, betreffend die Maßnahmen zum Bodenschutz[4] wird festgestellt, daß die Maßnahmen des Naturschutzes und der Landschaftspflege "durch Sicherung, Pflege und Entwicklung von Flächen unmittelbar auch dem Schutz des Bodens Rechnung tragen". Daraus ist zu folgern, daß Bodenschutz nicht isoliert betrieben werden kann, sondern daß der Bodenschutz in aller Regel integriert ist in die Maßnahmen des Naturschutzes ebenso wie Bodenschutzmaßnahmen umgekehrt Naturschutzzielen dienen. Diese Feststellung führt zu dem Ergebnis, daß Untersuchungen über die Durchsetzung von Bodenschutzzielen gleichzeitig Untersuchungen über die Durchsetzung von Natur-

---

2. Bewilligungsbescheid vom 26.5.1987, 0339169 A
3. Naturschutzprogramm des Bundesministeriums für Umwelt, Naturschutz und Reaktorsicherheit, Entwurf, Stand September 1987, Seite 5
4. Maßnahmen zum Bodenschutz, Beschluß des Bundeskabinetts vom 8. Dez. 1987, Seite 14

schutzzielen sind und daß dabei die Komplexität gesehen werden muß, die den Boden umgibt und die sich auch mit Fragen der Pflanzen- und Tierwelt, der Bewirtschaftung im Rahmen verschiedener Bodennutzungsarten und des Biotopschutzes auseinandersetzen muß. Gerade in einer Zeit, die das ganzheitliche Denken immer stärker in den Vordergrund rückt und die Nachteile isoliert angewandten Expertenwissens zu verstehen beginnt, wäre es nicht vertretbar, Bodenschutz aus dem ökologischen Gesamtzusammenhang herauszulösen und das vielfältige Beziehungsgefüge zwischen Boden, Pflanzen- und Tierwelt, Wasserhaushalt sowie menschlichem Lebensraum nicht zu berücksichtigen.

Einengend ist auf folgendes zu verweisen: Bodenschutzprobleme, das sind also auch Naturschutzprobleme, treten in verschiedenen Bereichen auf. Es wurde bereits in Kap. 1 gegliedert nach Landschaftsverbrauch, unterschiedlicher Qualität in der Landschaftsnutzung, Bewirtschaftungsformen in der Land- und Forstwirtschaft sowie Stoffeinträge in den Boden. Angesichts der Notwendigkeit einer Eingrenzung der hier zu behandelnden Thematik wird das große Gebiet der Stoffeinträge, soweit sie nicht in einem unmittelbaren und ursächlichen Zusammenhang mit Bodenbewirtschaftungsmaßnahmen stehen, ausgeklammert. Zur Diskussion stehen also Fragen im Zusammenhang mit der Änderung der Bodennutzung und Fragen der Bodenbewirtschaftung, die sich insbesondere im Bereich der Raumplanung sowie im Bereich der Land- und Forstwirtschaft stellen.

Sowohl die grundlegenden Analysen als auch die bewertenden Überlegungen berücksichtigen noch nicht die fallweise abweichenden Sachverhalte in den neuen Bundesländern.

2.2 Der wissenschaftlich-methodische Ansatz

Der wissenschaftlich-methodische Ansatz des Forschungsvorhabens orientiert sich an den Grundlagen, die am Institut in den zurückliegenden 15 Jahren geschaffen worden sind und mit denen ein neues Verständnis für politikwissenschaftliches Arbeiten gefunden werden konnte. Dieses Verständnis wendet sich von der früher vorwiegend angewandten "normativen" Politikinterpretation mit Politikberatung ab. Es stellt demgegenüber sozialwissenschaftlich-empirische Untersuchungsmethoden in den Vordergrund, mit denen objektive Analysen, umfassende Sachverhaltsdarstellungen und insbesondere auch Einblicke in das soziale und politische Umfeld von Fachfragen geschaffen werden sollen. Diese Abwendung von einem normativen Wissenschaftsverständnis und die Hinwendung zu empirischen Untersuchungsmethoden erfolgt in Übereinstimmung mit diesbezüglichen Forderungen und Anleitungen des "Kritischen Rationalismus". Dazu wurde allerdings bereits ausführlich dargestellt[5], daß die vom "Kritischen Rationalismus" entwickelte methodische Betrachtungsweise nicht ausreicht, um sozialwissenschaftliche, insbesondere politikwissenschaftliche Aufgabenstellungen zu erfüllen. Empirische Prüfung, wie sie POPPER fordert, ist auch in den Geisteswissenschaften notwendig; sie allein kann aber keine geisteswissenschaftliche, respektive sozialwissenschaftliche Forschung tragen. Im Gegensatz zu POPPER, der sozialwissenschaftliche Forschung auf derartige empirische, damit auch nachvollziehbare Untersuchungen beschränkt wissen will, wird die Auffassung vertreten und an zahlreichen Beispielen auch nachgewiesen, daß politikwissenschaftliche Untersuchungen nur dann zielführend sein können, wenn sie mit einer umfassenden Problemanalyse beginnen, die zu einer Strukturierung des Problemfeldes führt, aus welcher sich Hypothesen entwickeln lassen, die dann im letzten Schritt einer empirischen Überprüfung zugeführt werden können. Problemanalyse, Strukturierung des Problemfeldes und Hypothesenbildung sind aber genauso wichtige wissenschaftliche Arbeitsabläufe, die mit demselben wissenschaftlichen Verantwortungsbewußtsein und mit hoher fachlicher Qualifikation durchgeführt werden müssen, wenn das wissenschaftliche Vorhaben insgesamt erfolgreich abgewickelt werden soll. Außerdem beinhalten Hypothesen zumeist auch Lösungsvorschläge für die praktische Politik (= Bausteine für eine Konflikt-Minimierungsstrategie), über deren Anwendung oder Nichtanwendung allerdings nur der verantwortliche Politiker entscheiden kann, die aber auf diesem Gebiet den Beitrag der Wissenschaft zum menschlichen Zusammenleben darstellen. Diese Vorgehensweise wurde als "Konstruktiver Rationalismus" bezeichnet und in zahlreichen Untersuchungen praktisch angewandt.

A.a.O.[6] wurden "Kardinalpunkte sektoraler Politikwissenschaft" entwickelt und dabei insbesondere deutlich gemacht, daß sektorale Politik (Forstpolitik, Agrarpolitik, Raumordnungspolitik, Umweltpolitik usw.) auf jeweils zwei sehr unterschiedlichen fachlichen Grundlagen aufbauen muß und dementsprechend ein zweigeteiltes Wissenschaftsverständnis benötigt. Einerseits sind die anstehenden Fachfragen entsprechend aufzubereiten und zu behandeln, andererseits sind sozialwissenschaftliches und politikwissenschaftliches Wissen und Instrumentarium heranzuziehen, wenn die Ergebnisse der fachlichen Beurteilung mit den gesellschaftlichen Auswirkungen in Verbindung gebracht werden sollen. Die Vielzahl und Vielfältigkeit der angeschnittenen Fragen machen es notwendig, bei der Analyse und bei der Strukturierung des Problemfeldes mit jeweils unterschiedli-

----

5. NIESSLEIN E. (1978): Forstpolitik als Wissenschaft. Allgemeine Forstzeitung, S. 79 ff.
6. NIESSLEIN E. (1985): Forstpolitik. Hamburg und Berlin

chem fachwissenschaftlichen Verständnis zu agieren und gegebenenfalls naturwissenschaftliche Untersuchungsergebnisse ebenso wie technische Erkenntnisse oder betriebswirtschaftliche Rechenmodelle in den Untersuchungsgang einzubeziehen. Die Strukturierung des Problemfeldes hat im wesentlichen nach hermeneutischen Gesichtspunkten zu geschehen, d.h. es muß mit Hilfe eines weitreichenden Verstehens und eines umfassenden Einblickes in die Zusammenhänge eine entsprechende Aufbereitung erfolgen. Zu beachten ist dabei die HEIDEGGERsche Erkenntnis vom "hermeneutischen Zirkel", die besagt, daß der Verstehende immer schon durch eigene Erfahrung ein Wissen von dem haben muß, was Gegenstand des Verstehens ist. Nicht gering geachtet werden darf der Umstand, daß gerade eine fachübergreifende Problembehandlung, wie sie hier beschrieben wird, besonders lebensnahe ist und die notwendige Annäherung zwischen theoretisch geprägter Wissenschaft und praktischem Untersuchungsgegenstand ermöglicht.

Der sehr wichtige Schritt einer empirischen Überprüfung ist in der sozialwissenschaftlichen Forschung in den meisten Fällen deswegen schwierig zu vollziehen, weil für die Überprüfung der denkbaren politikwissenschaftlichen Hypothesen keine "Spielwiese" verfügbar ist. Insofern unterscheiden sich Naturwissenschaften und Sozialwissenschaften in den Möglichkeiten der Methodenanwendung grundlegend. Angesichts dieser Tatsache muß deshalb auch eine ausführliche und sehr gewissenhafte Diskussion von vorgeschlagenen Lösungsmöglichkeiten (Hypothesen) als (eingeschränkte) empirische Überprüfung gewertet werden. Darüber hinaus stellen aber sozialwissenschaftlich-empirische Untersuchungen (Befragungen) wichtige Überprüfungsmethoden dar. Am Institut sind in den letzten 10 Jahren dazu Befragungsmethoden entwickelt, getestet und in zahlreichen Forschungsvorhaben angewendet worden. Die Befragungen basieren auf dem Versand von Fragebögen an ausgewählte Adressen, wobei sowohl bundesweite Umfragen, regionale Querschnittanalysen als auch Befragungen innerhalb von Berufs- bzw. Bevölkerungsgruppen durchgeführt wurden. Im Zuge der Methodenentwicklung sind Tests abgewickelt worden, die zur Feststellung berechtigen, daß die vom Institut angewandte Befragungsmethode für den jeweils angesprochenen Personenkreis zu repräsentativen Ergebnissen führt. Dabei wird die kostengünstige Anwendung der Methode erkauft mit Fehlergrenzen von wenigen Prozenten, sodaß insbesondere Aussagen hinter dem Komma ausgeschlossen sind. Gerade für die Zwecke politikwissenschaftlicher Untersuchungen, bei denen es darum geht, grundsätzliche Einstellungen, Trends oder Schwerpunktbildungen in der Bevölkerungsmeinung zu erkennen, ist diese Restriktion aber unerheblich[7].

Der methodische Ansatz dieser Untersuchung wird schließlich auch geprägt von den Erkenntnissen der Neuen Politischen Ökonomie[8]. Danach werden politische Entscheidungen weitgehend beeinflußt von den Nutzenvorstellungen der politischen Akteure, vor allem vom Bemühen um Machterwerb bzw. Machterhalt. Diese Betrachtungsweise rückt natürlich den Zusammenhang zwischen Politik und Bevölkerungsmeinung in den Vordergrund, womit wiederum sozialwissenschaftlich-empirische Untersuchungen ins Gespräch kommen.

All das erklärt, warum es der Politikwissenschaft so schwer fällt, die Ergebnisse ihrer Arbeit verständlich zu machen: Im Wissenschaftsbetrieb wird das Arbeiten mit "Meinungen" (Umfragen), die Respektierung von "Interessenpositionen" (das eigentliche Agens von Politik) und das Herleiten von Ergebnissen (Lösungsvorschlägen), die keinesfalls einen "Wahrheitsanspruch" erheben können, sondern bloß hohe Eintrittswahrscheinlichkeit, Realisierungschancen oder sogar nur "Mehrheitsfähigkeit" besitzen, oft als suspekt, unwissenschaftlich oder sonstwie zweitklassig angesehen. In der politischen Praxis und in der (von Medien gemanagten) Öffentlichkeit hingegen wird das objektive, oftmals mathematisch-statistisch abgesicherte Herleiten von Aussagen über Dinge, die "doch ohnedies Jeder (Politiker, Journalist, Stammtisch-Diskutant) selber beurteilen kann", zumeist als überflüssig und uninteressant abgetan - vor allem dann, wenn sich diese Aussagen nicht mit der eigenen Auffassung decken. Derartige Vorbehalte sollten den Leser aber nicht entmutigen, den weiteren Überlegungen zu folgen und sich auf das "Abenteuer" einer wissenschaftlichen Politik-Analyse einzulassen.

Wenn man die hier dargestellten methodischen Überlegungen auf das gegenständliche Forschungsprojekt überträgt, dann ergibt sich als erster Schritt die Durchführung von Konfliktfeld-Analysen und darauf aufbauend die Strukturierung der so entstandenen Problemfelder. Dazu wurden spezielle Verhältnisse im südbadischen Raum bzw. in ausgewählten Modellgemeinden dieses Raumes - ergänzt um einen Modellfall im Alpenraum - untersucht, um anhand von realen Situationen natur- bzw. bodenschutzrelevante Konflikte studieren zu können. Die Strukturierung des Problemfeldes hat dabei sowohl die sachlichen, also vor allem die naturwissenschaftlichen Gegebenheiten in bezug auf natur- und bodenbelastende Wirkungen zu erfassen als auch das gesellschaftliche und politische Um-

---

7. NIESSLEIN E. (1981): Humane Marktwirtschaft. Freiburg. Anhang: Methodische Erläuterungen
8. Im deutschsprachigen Raum u.a.: FREY B.S. (1977): Moderne Politische Ökonomie. Basel; HERDER-DORNEICH P. und GROSER M. (1977): Ökonomische Theorie des politischen Wettbewerbs. Göttingen

feld zu betrachten, das für diese Wirkungen verantwortlich ist. Als nächster Schritt sind sodann denkbare Problemlösungen zu konstruieren, die als wissenschaftliche Hypothese aufgefaßt werden müssen. Sie sind keine absolute Wahrheit, sondern Lösungsvarianten, die bei Verwendung aller zur Verfügung stehenden Einsichten und Erkenntnisse erarbeitet worden sind. Die Überprüfung dieser Hypothesen erfolgt einerseits durch eine umfassende Diskussion, andererseits durch Meinungsumfragen bei der Bevölkerung, bei Entscheidungsträgern und sonstigen relevanten Gruppen. Diese Umfragen haben natürlich auch nicht das Ziel, die absolute Wahrheit oder Richtigkeit solcher Vorschläge zu ergründen, sondern die politische Durchsetzbarkeit der vorgeschlagenen Lösungsmöglichkeiten zu testen.

Als Untersuchungsergebnis wird demnach eine Auflistung von Handlungsempfehlungen vorgelegt, die als Hilfe für die politischen Entscheidungsträger auf möglichst allen Ebenen gedacht ist. Die Entscheidung darüber, ob solche Vorschläge in die Praxis umgesetzt werden sollen oder nicht, kann aber nicht die Wissenschaft treffen, sondern sie bleibt Aufgabe der politisch Verantwortlichen.

Analysen

3. Diskussion der Naturschutzziele

3.1 Das Konfliktpotential

Naturschutz wird in der breiten Öffentlichkeit als Programm verstanden, das mit Begriffen wie bewahren, naturgemäß, lebendig, Lebensqualität und Gesundheit verknüpft ist. Diese und auch weitere damit im Zusammenhang stehende Begriffe signalisieren für den größten Teil der Menschen positive Wertvorstellungen. Dem Naturschutzgedanken wird deshalb weitreichende Zustimmung entgegengebracht; darüber hinaus regt er in vielen Fällen, insbesondere auch bei jungen Menschen, zu selbstlosen und hilfreichen Handlungen an.

Unabhängig von dieser gesamthaften und ideellen Betrachtungsweise spielt Naturschutz aber auch auf einer anderen Ebene eine große Rolle, nämlich bei Verwaltungsverfahren, etwa im Zusammenhang mit Standortsentscheidungen oder sonstigen Wirtschaftsmaßnahmen. Auf dieser Ebene löst sich die allgemeine Zustimmung ganz deutlich in unterschiedliche Einzelpositionen auf und es kann keineswegs mehr unterstellt werden, daß in allen diesen Einzelfällen die Naturschutzpositionen eine breite, weit überwiegende Mehrheit der Bevölkerung hinter sich haben. Im Gegenteil: Naturschutz wird beispielsweise in vielen entwicklungsbedürftigen, wirtschaftlich armen Regionen des ländlichen Raumes als Entwicklungshindernis und Wohlstandskiller angesehen.

Diese unterschiedliche Positionierung im öffentlichen Meinungsbild ist einerseits darauf zurückzuführen, daß es den Menschen immer leichter fällt, ideal dargestellte, aber weitgehend abstrakt formulierte Programme mitzutragen als die daraus folgenden detaillierten Einzelmaßnahmen, die sehr häufig auch mit bestimmten, persönlich spürbaren Belastungen verbunden sind. Zum andern spielt im konkreten Fall des Naturschutzes aber auch eine Rolle, daß eine sehr aktive und lautstark agierende Naturschutz-Lobby existiert, die ihre Ziele nicht nur konsequent, sondern auch kompromißlos verfolgt und damit sehr rasch Konflikte mit anderen gesellschaftlichen Interessen auslöst. Sozialwissenschaftlich-empirische Untersuchungen eines früheren Forschungsprojektes belegen, daß solche speziellen Naturschutz-Positionen keinesfalls identisch sind mit der Bevölkerungsmeinung[9]. Es zeigt, daß bei einer ganzen Reihe naturschutzrelevanter Fragen die Bevölkerungsmeinung durchgehend niedrigere Ansprüche an die Realisierung von Naturschutzzielen stellt als dies von den Mitgliedern und Funktionären der Naturschutzverbände getan wird. Weitergehende Differenzie-

----
9. NIESSLEIN E. (1984):Engpässe der Naturschutzpolitik, S.155 (siehe Fußnotenote S. 11)

rungen dieser Untersuchungen belegen auch, daß innerhalb der verschiedenen Naturschutzverbände kein einheitliches Meinungsbild herrscht, sondern daß es auch da deutliche Unterschiede gibt.

Die Kompromißlosigkeit, die fast alle aktiven Vertreter des Naturschutzes auszeichnet, ist verständlich. Naturschutz ist eine relativ junge Bewegung, die erst seit wenigen Jahrzehnten am gesellschaftspolitischen Entscheidungsprozeß teilnimmt und in dieser Phase mit besonderer Vehemenz darum bemüht sein muß, sich ein ausreichendes Mitspracherecht zu erkämpfen. Dazu kommt die Verständnislosigkeit und fehlende Bereitschaft zur Zusammenarbeit dort, wo dem Naturschutz Widerstand entgegengesetzt wird. Gerade weil es sich um eine junge, vielfach nicht verstandene und in ihrer existenziellen Bedeutung für menschliches Leben keineswegs von allen akzeptierte gesellschaftliche Position handelt, haben Wirtschaft, Verwaltung, Politik, also eigentlich alle etablierten Positionen im gesellschaftlichen Leben den Naturschutz in der Mehrzahl aller Streitfälle negiert. Dem stehen die vielen Erfolgsmeldungen und positiven Berichte von Politik und Verwaltung nicht entgegen. Denn darin werden in aller Regel Vorgänge beschrieben, die mit geringen Verlusten an herkömmlichen Interessen gelaufen sind. Die wirklich schwerwiegenden, naturbelastenden und umweltwidrigen Entwicklungen - vor allem, wenn deren Vermeidung mit spürbaren finanziellen Opfern verbunden gewesen wäre - sind in aller Regel zu Ungunsten des Naturschutzes entschieden worden. Dieses düstere Bild trifft heute in dieser Schärfe nicht mehr zu, es ist aber symptomatisch für das Geschehen in der zurückliegenden Zeit bis hinein in die jüngste Vergangenheit. Und aus diesem Geschehen hat sich, gewissermaßen als Reaktion und Abwehrhaltung, eine Kompromißlosigkeit bei den Vertretern des Naturschutzes herausgebildet, die heute zu erheblichen Schwierigkeiten innerhalb der Gesellschaft und der gesellschaftspolitischen Konsensbildung führt.

Ein weiterer Aspekt spielt dabei noch eine besondere Rolle. Naturschutz muß gesehen werden als Teil des umfassender konzipierten Umweltschutzes. Dieser Zusammenhang besteht nicht nur in der Sache, sondern er spiegelt sich auch in den Personen und Institutionen wider. Naturschutzpolitik ist in aller Regel auch Umweltpolitik und umgekehrt. Umweltpolitik und Umweltschutz haben dieselben, eben beschriebenen Erfahrungen machen müssen - bittere Erfahrungen, die über lange Strecken von einer vollständigen Verständnislosigkeit der Gesellschaft geprägt waren und die heute noch viel häufiger von schönen Reden und Programmen als von grundlegenden und weitreichenden Verbesserungen erzählen. In diesem breiten Spektrum des Umweltschutzes ist Naturschutz nur ein Ausschnitt. Während sich zentrale Fragen des Umweltschutzes mit der Luftverschmutzung und Wasserverunreinigung beschäftigen und dabei besonders potente wirtschaftliche Gegenpositionen wirksam werden, agiert Naturschutz - seiner inhaltlichen Zielvorstellung entsprechend - über weite Strecken im ländlichen Raum und stößt dort als Widerpart auf die Land- und Forstwirtschaft. Bei einer vergleichenden Betrachtung des Gesamtzusammenhanges fällt auf - und auch das ist menschlich verständlich -, daß die weit überwiegenden Mißerfolge des Umweltschutzes etwa an den Brennpunkten der Luftreinhaltepolitik, die mit Sicherheit zu den existenziellen Fragen der Lebensqualität in Mitteleuropa zählen, Auswirkungen am anderen Ende des Spektrums auslösen: Die Verbitterung und Frustration führt hier dazu, daß man gegenüber dem politisch wesentlich schwächeren Widerpart Land- und Forstwirtschaft mit um so mehr Nachdrücklichkeit auftritt und die hier gegebene Chance, sich politisch durchzusetzen, ohne jegliche Diskussionsbereitschaft wahrnimmt.

Dieses so gezeichnete Bild von gesellschaftlichen Positionen und Motivationen wurde nicht nur aus den Erfahrungen hergeleitet, die in vielen Einzelfällen im Zuge der Untersuchungen für dieses Forschungsprojekt gewonnen worden sind, sondern stützt sich in besonderer Weise auf die Ergebnisse einer vor kurzem abgeschlossenen Untersuchung über Entwicklungschancen im ländlichen Raum, die vom Ministerium für Ländlichen Raum, Ernährung, Landwirtschaft und Forsten Baden-Württemberg in Auftrag gegeben wurde[10]. Für politisches Handeln kann daraus folgendes abgeleitet werden:

1. Politische und verwaltungsrechtliche Entscheidungen zu Fragen des Umwelt- und Naturschutzes sind unausgewogen. Sie lassen aus der Sicht des Umwelt- und Naturschutzes insbesondere dort zu wünschen übrig, wo es um gravierende, existenzentscheidende Fragen geht, die einer schnellen Lösung bedürfen (z.B. Problematik Treibhauseffekt). Nicht zuletzt als politische Alibiveranstaltung wird demgegenüber Naturschutz überall dort, wo die gegnerischen Positionen weniger stark und durchschlagskräftig sind, sehr häufig überbewertet und entstehen daraus unnotwendige Eingriffe in betriebliche und räumliche Entwicklungen.

2. Die Unausgewogenheit im politischen und verwaltungsrechtlichen Entscheidungsgang begünstigt, ja veranlaßt geradezu die Beibehaltung kompromißloser und damit keinesfalls konstruktiver Positionen im Naturschutz. Die Nachteile dieser Haltung für den Naturschutz selbst zeigen sich nicht nur bei der fehlenden Gesprächsbasis zur Wirtschaft und den damit fehlenden Möglichkeiten einer konstruktiven und planenden Mitgestaltung des Naturschutzes

----

10. NIESSLEIN E. (1990): Restriktionsanalyse für den Ländlichen Raum. Forschungsbericht, vorgelegt dem Minister für Ländlichen Raum, Ernährung, Landwirtschaft und Forsten zu AZ 61-0803/89(88)

bei den verschiedensten Entwicklungsprojekten, sondern sie fallen insbesondere im ländlichen Raum ins Gewicht, wo die Land- und Forstwirtschaft das größte Potential von naturverbundenen Menschen stellt, die als erste Bundesgenossen der Naturschützer angesehen werden müßten - wenn man mit ihnen nicht ständig im Streit läge.

Werden tiefreichende gesellschaftliche Konflikte konstatiert, muß eine Konfliktminimierungsstrategie damit beginnen, emotionale Aufladungen und sachwidrige Argumentationsketten aus dem Geschehen herauszufiltern; muß sich weiters bemühen, den Konflikt auf seinen tatsächlichen Kern zurückzuführen und die legitimen beidseitigen gesellschaftlichen Positionen zu verdeutlichen; und muß schließlich den Versuch unternehmen, konsensfähige Positionen aufzubauen und auszuweiten. Auf einem solchen Weg stößt man zuallererst auf die Frage nach den gesellschaftspolitisch gerechtfertigten Zielen des Naturschutzes und nach der Operationalisierbarkeit der bestehenden bzw. angewandten Zielsysteme. Wenn man dieser Frage nachgeht, erkennt man sofort das ausgeprägte Defizit und kann das Fehlen eines klar formulierten und emotionslos diskutierbaren naturschutzpolitischen Zielbündels als eine wesentliche Ursache dafür ausmachen, daß in den vielen Einzelfällen weit überwiegend Streit zwischen den gegensätzlichen Positionen herrscht und kaum irgendwo der Versuch unternommen wird, in einem sachbezogenen Gespräch zu einem Konsens, wenigstens zu einem Kompromiß zu kommen. Aus der Behandlung vieler einzelner Fragen, wie sie in diesem Forschungsprojekt durchgeführt worden ist, aber auch aus darüber hinausreichenden Erfahrungen und Erkenntnissen, die anläßlich von wissenschaftlichen Arbeiten am Institut gewonnen werden konnten, soll nachfolgend eine Ziel-Diskussion eröffnet werden, um damit dem festgestellten Defizit in einem ersten Schritt zu begegnen.

3.2 Arbeitsfelder und Teilziele des Naturschutzes

Naturschutzziele beziehen sich auf sehr unterschiedliche Inhalte. Sie müssen deshalb in differenzierter Form analysiert und diskutiert werden. Dazu soll die nachfolgende Strukturierung nach verschiedenartigen Zielbereichen dienen.

Der *erste Zielbereich* ist charakterisiert vom Bemühen, den *Naturraum in seinem äußeren Umfang zu erhalten*, also vor Überbauung und sonstigen grundlegenden Veränderungen der Bodenoberfläche zu bewahren. In dieser Betrachtungsweise wird somit ein grundsätzlicher Unterschied angenommen zwischen den naturnahen Bodennutzungen der Land- und Forstwirtschaft und vergleichbarer

"Grünräume", einschließlich aller jener Flächen, die keiner Nutzung dienen, in der Regel dann aber ökologisch besonders hochwertige Verhältnisse aufweisen - einerseits; und andererseits den vom Menschen veranlaßten naturfernen Flächenverwendungen wie Verbauung, Asphaltierung, aber auch Einwirkungen auf Grünbestände, bei denen im Ergebnis der Charakter des "künstlichen" gegenüber dem "natürlichen" deutlich überwiegt (z.B. künstlich angelegter Rasen auf einem Fußballfeld, auf Tennisplätzen oder auf den Greens der Golfplätze).

Dazu ist allerdings eine definitorische Erläuterung erforderlich. Naturraum und naturnahe Bodennutzung werden hier ganz bewußt im Sinne der eben gegebenen skizzenartigen Grenz-Beschreibung verstanden. Dieses Verständnis orientiert sich an der vorherrschenden Bevölkerungsmeinung, nach welcher grüne Wiesen, Wälder, Gewässer, Moore u.ä. als Natur oder als natürlich verstanden werden, wogegen Häuser, Straßen, Parkplätze und Sportplätze den vom Menschen geschaffenen naturfernen Lebensbereichen zugezählt werden. Eine solche Abgrenzung entspricht auch in besonderer Weise den Bodenschutz-Gesichtspunkten, weil gerade damit der jeweilige Zustand des Bodens in den Vordergrund gerückt wird, der grundsätzlich anders zu beurteilen ist, je nachdem ob er mit Pflanzen bewachsen und durchwurzelt ist oder ob er durch Verbauung, Asphaltierung bzw. extreme Verdichtung einen nahezu hermetischen Oberflächenabschluß erfährt und eine nahezu vollständige Ausschaltung des Bodenlebens in dieser Zone in Kauf nehmen muß. Das, was in der Alltags-Diskussion als "Landschaftsverbrauch" immer wieder heftig beklagt wird und den täglichen Verlust von mehr als 100 ha (für das Gebiet der alten Bundesländer) an offenem und naturnahem Boden bedeutet, ist jenes Problem, das mit dieser Abgrenzung charakterisiert werden soll. Dieser besondere definitorische Hinweis ist deswegen notwendig, weil Naturschutzexperten in der Regel eine andere Grenzziehung zwischen Naturnähe und Naturferne verwenden, die mitten durch Wälder und Wiesen hindurchgeht und sich an bestimmten Pflanzengesellschaften orientiert, die dem ursprünglichen oder dem standörtlichen Klimaxstadium der Vegetationsentwicklung entweder näher (naturnah) oder ferner (naturfern) sind. Diese, für den Fachmann nachvollziehbare Abgrenzung ist aber vom Durchschnittsbürger nicht erkennbar, weil er weder im Wald noch im übrigen Grünraum die dort vorkommenden Pflanzen- und Tiergesellschaften nach solchen Gesichtspunkten unterscheidet bzw. unterscheiden kann. Deshalb kann eine solche Abgrenzung auch nicht Grundsatzpositionen einer für die Bevölkerung verständlichen Politik beschreiben.

Ein *zweiter Zielbereich* beschäftigt sich mit den *unterschiedlichen Bodennutzungsarten* des naturnahen Bereiches. Dabei ist zu sehen, daß Waldbestände - und zwar unbeschadet einer weiterreichenden Differenzierung nach Waldgesellschaften - in aller Regel ökologisch höherwertig einzustufen sind als landwirtschaftlich genutzte Flächen, auch höher als Brachflächen[11], oder daß Ackerflächen ökologisch unterschiedlich zu beurteilen sind, je nachdem ob ihre Bewirtschaftung mit einem hohen Chemieeinsatz verbunden ist oder nicht, ob die Geländeverhältnisse eine Bodenerosion erwarten lassen oder nicht u.ä. Sportplätze werden gegenüber landwirtschaftlichen Nutzflächen aus Naturschutz-Sicht geringerwertig einstufen sein, in sich aber wieder Differenzierungen erfordern nach Bodenverdichtung, Bewuchsform u.dgl.

Schließlich ist ein *dritter Zielbereich* dort erkennbar, wo ganz *spezifische Naturschutzziele* verfolgt werden, die sich alle innerhalb des naturnahen Bereiches und zumeist innerhalb der land- und forstwirtschaftlich genutzten Fläche ansiedeln, aber außerhalb der land- und forstwirtschaftlichen Nutzungsziele liegen. Ins Blickfeld kommen dabei seltene Pflanzen und Tiere, seltene Lebensgemeinschaften wie beispielsweise Feuchtbiotope und Auwaldgesellschaften. Zu dieser Kategorie von Naturschutz-Objekten gehört auch der Bewuchs oder die Bestockung mit besonders charakteristischen Pflanzengesellschaften, die sich entweder durch ausgeprägte Ursprünglichkeit oder durch einen Klimax-Zustand auszeichnen. Derartige Naturschutzziele müssen aber weiter unterteilt werden, weil sie sich in einer wesentlichen Frage nach zwei Kategorien differenzieren:

a) Zielsetzung ist die *Bewahrung vorhandener Biotope*, die den speziellen Anforderungen des Naturschutzes, wie sie eben skizziert worden sind, entsprechen;

b) Zielsetzung ist die *Schaffung bestimmter neuer, derzeit nicht vorhandener Pflanzen- und Tiergesellschaften*, die den erwähnten Anforderungen entsprechen.

Die drei bisher angeführten Zielbereiche beziehen sich auf ökologische Positionen des Naturschutzes, wo also Pflanzen und Tiere sowie die anorganische Natur im Mittelpunkt der Beurteilung und auch des Schutzes stehen und wo der Mensch nur mittelbar angesprochen wird. Dagegen orientiert sich der *vierte Zielbereich* an einem Schutzzweck, bei dem der Mensch selbst eine zentrale Rolle spielt. Es handelt sich um das *Landschaftsbild*, dessen Schutz vor Beeinträchtigung ebenfalls zu den Schutzgütern des Naturschutzes zählt. Beurteilungen in diesem Bereich werden aber nicht mit Hilfe naturwissenschaftlicher Analysen

----

11. Im Umweltgutachten des Rates von Sachverständigen für Umweltfragen 1974, über das der Deutsche Bundestag von der Bundesregierung mit der Drucksache 7/2802 unterrichtet wurde, ist folgende landschaftsökologische Bewertung enthalten: Wald Rang I (100 Punkte), Brache II (160), Grünland III (230), Ackerland IV (310)

vorgenommen, sondern basieren auf psychologischen und soziologischen Überlegungen. Denn der Wert und damit auch seine Beeinträchtigung bemißt sich beim Landschaftsbild nicht nach objektiven, naturwissenschaftlich fassbaren Größen, sondern ist abhängig von der jeweiligen, individuellen Beurteilung durch den Betrachter. Deswegen besitzt dieser Zielbereich des Naturschutzes eine eigene Dimension und muß in den sachlichen sowie in den politischen Konflikten nach den ihm eigenen Kriterien behandelt werden.

Natürlich kann man immer wieder Überschneidungen der genannten Zielbereiche feststellen, wenn beispielsweise aus Naturschutzgründen der Bau einer Straße unterbunden werden soll, und das nicht nur zwecks Verhinderung einer Ausweitung naturferner Bodennutzung, sondern gleichzeitig auch zum Schutz eines dort vorhandenen besonders hochwertigen Biotops.

Die vergleichende Betrachtung der Zielbereiche regt dazu an, der Frage nachzugehen, ob dabei *bestimmte Prioritäten* ausgemacht werden können. Damit wird ein ganz wichtiges Thema der Naturschutzpolitik angeschnitten, weil - wie eingangs erwähnt - die kompromißlose Vertretung von Naturschutzzielen bisher ein Differenzieren nach Prioritäten weder notwendig noch möglich gemacht hat. Gerade das erschwert aber die Durchsetzung von Naturschutzpositionen, weil die Realisierung bestimmter Ziele aus dem vielfältigen und breit gestreuten Zielbündel der Gesellschaft sich auf das jeweils wichtigste konzentrieren muß, falls weder politische Durchschlagskraft noch Finanzierungsmittel ausreichen, um alle Ziele gleichmäßig und gleichzeitig durchzusetzen. Wenn man diese Feststellung akzeptiert, muß man dem erstgenannten Zielbereich eine hohe Priorität zuerkennen. Denn die Bewahrung des vorhandenen Naturraumes vor ständiger Verringerung, womit gleichzeitig eine sehr deutlich quantifizierbare Einschränkung der natürlichen menschlichen Lebensgrundlagen verbunden ist, hat zweifellos eine große Bedeutung. Dieses Schutzziel wird in den meisten Fällen höherrangig sein als das Verhindern oder Anstreben qualitativer Veränderungen innerhalb des Naturraumes. Selbstverständlich ist dabei zu beachten, daß die Bewahrung der Naturraum-Grenzen nach außen hin unterschiedliches Gewicht besitzt, je nachdem ob sie in einem schon stark belasteten, d.h. eingeengten Naturraum angestrebt wird (z.B. in Verdichtungsräumen, im Umland großer Städte oder sonstiger Siedlungskonzentrationen) oder dort, wo die naturräumlichen Strukturen noch deutlich dominieren (so zumeist im ländlichen Raum).

Für Nutzungsänderungen innerhalb des von der Land- und Forstwirtschaft genutzten Areals gibt es - wie bereits erwähnt - sehr deutlich begründbare Prioritäten. Umwandlungen der Nutzungsart in Richtung Acker -> Grünland -> Wald sind immer - von Sonderfällen abgesehen - aus der Sicht des Naturschutzes zu begrüßen, weil sie zu einem ökologisch höherwertigen Ergebnis führen. Umwandlungen der Nutzungsart in der entgegengesetzten Richtung sind negativ zu bewerten. Eine solche Betrachtungsweise gilt aber nicht nur für Umwandlungen, sondern auch für Abläufe, bei denen der erste Zielbereich mit dem zweiten Zielbereich etwa so verbunden ist: die Anlage eines neuen Straßenstückes ist aus Gründen des öffentlichen Wohls wichtig und nicht zu verhindern; es besteht lediglich ein geringer Spielraum in Form von örtlichen Verlagerungen; weil die Trasse durch Wald führt, sollte erreicht werden, durch eine Verlagerung in landwirtschaftlich genutztes Areal die ökologisch höherwertige Vegetationsgesellschaft zu schonen. Diese Konkurrenzsituation zwischen Wald und landwirtschaftlich genutzter Fläche im Zuge der Errichtung von infrastrukturellen Einrichtungen wurde kürzlich durch eine bundesweite Expertenumfrage analysiert. Die Experten sollten den ökologischen Wert verschiedener Landnutzungsformen einschätzen, wobei 100 Punkte für die höchste Bewertung zu vergeben waren. Dabei erhielten Wald 80 Punkte, landwirtschaftliche Nutzflächen 50 Punkte[12].

Während also innerhalb des ersten und des zweiten Zielbereiches und auch zwischen ihnen gewisse Prioritäten und damit verbundene Gewichtungen für die Durchsetzung dieser Naturschutzziele erkennbar sind, lassen sich im dritten Zielbereich Prioritäten kaum definieren, weil Naturschutzpolitik hier noch besonders viele Fragen unbeantwortet gelassen hat. Die Rahmenformulierung für diese Fragen lautet: Welches Biotop soll an welcher Stelle aus welchem Grund geschützt oder durch gestalterische Maßnahmen geschaffen werden? Dabei lassen sich u.a. folgende Probleme erkennen:

Es ist unbestritten, daß Naturschutz sich um die Erhaltung oder Wiederherstellung von Zuständen bemüht, die den *ursprünglichen, vom Menschen wenig beeinträchtigten Verhältnissen im Naturraum möglichst nahe* kommen. Bei der praktischen Behandlung von Konfliktfällen stellt sich aber sehr häufig die Frage nach dem konkreten Zeithorizont, der für die Beurteilung von "ursprünglich" maßgeblich sein soll. Sind es die Verhältnisse am Beginn der Siedlungsgeschichte in Europa, also noch vor dem Wirksamwerden menschlicher Rodungsaktivitäten? Ist es ein Zeitpunkt irgendwann in der zweiten Hälfte dieses Jahrtausends, als die Rodungsaktivitäten des Menschen zu einem gewissen stabilen Gleichgewicht in der Verteilung von Wald und Flur geführt hatten? Sind es die Zustände in der ersten Hälfte unseres Jahrhunderts, die in etwa einhergehen mit dem ersten Auftreten der Naturschutzbewegung? Ist es der heutige Zustand, also der status quo, welcher vom Naturschutz bewahrt werden soll, auch angesichts der Tatsache, daß

---

12. JARRAS L., NIESSLEIN E., OBERMAIR G. (1989): Von der Sozialkostentheorie zum umweltpolitischen Steuerungsinstrument. Baden-Baden, S.123f.

dieser in aller Regel bloß eine Momentaufnahme aus einem langfristig ablaufenden und zumeist noch nicht abgeschlossenen Prozeß der natürlichen Landschaftsentwicklung ist? Wenn dieser Zustand maßgeblich sein soll, ist aber weiter zu fragen, ob sich das nur auf jene Verhältnisse bezieht, die durch Naturkräfte entstanden sind (z.B. die Feuchtgebiete in einer sich weiterentwickelnden Verlandungszone) oder ob darunter auch jene Verhältnisse fallen, die sich durch massives menschliches Eingreifen entwickelt haben (z.B. Trockenheit liebende Pflanzengesellschaften und felsbrütende Vogelarten in einem Steinbruch, der vor einigen Jahrzehnten angelegt worden ist). Und wenn auch solche vom Menschen geschaffene standörtliche Verhältnisse als Schutzobjekt gelten sollen, dann muß weitergefragt werden, ob das auch für solche Biotope gilt, die nicht nur vom Menschen in der jüngsten Vergangenheit hergestellt worden sind, sondern die in dem nunmehrigen Zustand nur dadurch verbleiben, daß sie weiterer massiver Eingriffe durch den Menschen ausgesetzt werden (z.B. ein Rieselfeld, das zur Ablagerung städtischer Fäkalien vor Jahrzehnten durch Waldrodung geschaffen worden ist und das nunmehr, nach Beendigung der Fäkalien-Verrieselung, durch Fortsetzung der künstlichen Bewässerung im Zustand eines Feuchtbiotops erhalten wird; oder die Bewahrung einer Heidelandschaft, die sich ohne menschliches Zutun in Wald verwandeln würde).

Und wenn in einem Landstrich mit dem natürlichen Trend zur Bewaldung weitere Aufforstungen aus Naturschutzgründen verhindert werden sollen, um damit einen bestimmten Landschaftscharakter oder eine bestimmte, derzeit vorhandene Pflanzengesellschaft zu erhalten, dann müßte dem als Orientierungsgröße ein maßgeblicher Zeithorizont nach Abschluß der siedlungsgeschichtlichen Rodungsentwicklung zugrundeliegen; wollte man nämlich die "ursprünglichen" Vegetationsverhältnisse als Maßstab nehmen, dann wäre Wald die adäquate Bodenbedeckung. Ähnliche Probleme stellen sich auch dort, wo Rodungen vor 20, 50 oder 200 Jahren vorgenommen worden sind und eine Rückführung der Fläche in Wald aus Naturschutzgründen als problematisch angesehen wird.

In der Praxis kommt es immer wieder vor, daß Naturschutz-Positionen in Konfliktfällen einmal so (z.B. Verhinderung der Wiederauffüllung eines Steinbruches zwecks Erhaltung wertvoller Trockenstandorte), das andere Mal gerade entgegengesetzt (Verhinderung der Errichtung eines Steinbruches ohne Rücksicht auf das damit verbundene Entstehen wertvoller Trockenstandorte) begründet werden. Weil mit einem solchen Verhalten nur allzuleicht der Verdacht genährt wird, Naturschutz-Vertreter würden vor allem Verhinderungs-Politik betreiben und die fachliche Begründung dafür wahlweise aus einer Vielzahl möglicher Argumentationslinien entnehmen, ist Naturschutzpolitik gefordert, in diesen Fragen systematische Klarheit zu schaffen und nachvollziehbare Orientierungsgrößen zur Verfügung zu stellen.

Solche Probleme ergeben sich aber nicht nur bei Umwandlungsvorhaben, sondern auch bei der Beurteilung gestalterischer Inhalte von Landnutzungsformen, speziell der Landwirtschaft. Diese war in den zurückliegenden 50 bis 100 Jahren einem starken Wandel ausgesetzt. Während man früher und auch noch zu Beginn dieses Jahrhunderts mit viel Arbeitseinsatz die vorhandenen Flächen ertragsfähig zu halten versuchte, hat sich in der jüngeren Vergangenheit eine differenzierte Entwicklung angebahnt: auf dem Großteil der Fläche wurde die Nutzungsintensität durch moderne Bewirtschaftungsmethoden, insbesondere durch vermehrten Einsatz von Dünge- und Pflanzenschutzmitteln, ganz erheblich vergrößert, auf anderen Flächen wurde die Bearbeitung der Flächen extensiviert oder ganz eingestellt, so daß es dort zum Brachfallen, zur flächenhaften Vernässung oder zum Auftreten bestimmter Pflanzengesellschaften gekommen ist, die von der landwirtschaftlichen Nutzung nun nicht beeinträchtigt werden. Im Falle der durch den Landbau intensiv genutzten Flächen strebt der Naturschutz eine Rückführung auf frühere Zustände an; auf den in den letzten Jahrzehnten wirtschaftlich vernachlässigten Flächen soll hingegen der gegenwärtige Zustand beibehalten und jede Nutzung untersagt werden, die sich einer früheren, damals üblichen landwirtschaftlichen Bodennutzung wieder nähert.

Neben der "Ursprünglichkeit" als generelle Zielvorstellung ist die *Seltenheit* als zweites Beurteilungskriterium des Naturschutzes von Bedeutung. In kausaler Betrachtungsweise steht Seltenheit in enger Verbindung mit Gefährdung, weshalb bei dieser Beurteilung die Roten Listen als Maßstab dienen. In diesen Listen[13] sind unter der Bezeichnung R 0 bis R 4 die ausgestorbenen, vom Aussterben bedrohten, die stark gefährdeten, die gefährdeten und die potentiell gefährdeten Arten aufgeführt. In manchen Veröffentlichungen zu diesen Roten Listen mit der Bezeichnung "Gefährdete Tiere und Pflanzen" werden aber noch weitere Tier- und Pflanzenarten angeführt, deren Vorkommen als selten bezeichnet wird und die deshalb dem Schutz empfohlen sind. Bei der Biotopkartierung und bei anderen Anlässen hat sich eingebürgert, diese Arten mit dem Vermerk R 5 zu versehen und in der weiteren Behandlung zu unterstellen, es würde sich ebenfalls um Arten der Roten Liste handeln. Daraus ergeben sich natürlich Mißverständnisse und Konflikte, die allein auf fehlende Definitionsklarheit zurückzuführen sind. Geklärt werden muß also, ob die Bezeichnung R 5 für solche Arten,

---

13. Zum Beispiel: Rote Liste der gefährdeten Tiere und Pflanzen in Baden-Württemberg (1986). Arbeitsblätter zum Naturschutz, hrsg. von Landesanstalt für Umweltschutz, Karlsruhe

die nicht zu den gefährdeten Arten zählen und deshalb nicht den Roten Listen unmittelbar zugeordnet sind, bei Biotopkartierungen und anderen Aufnahmen beibehalten werden soll. Wenn dies geschieht, muß weiter gefragt werden, mit welchem Gewicht das Vorhandensein solcher Arten eine besondere Schutzwürdigkeit des Standorts bzw. des Biotops begründet.

Weiter muß gefragt werden, ob und mit welcher Konsequenz Ziele des Biotopschutzes durchgesetzt werden müssen: ob etwa die jeweilige lokale oder kleinregionale Situation eine gewisse Flexibilität rechtfertigen kann. Wenn beispielsweise eine bachbegleitende Uferbepflanzung mit Erlen als wertvoller Biotop eingestuft ist und sich in dieser Form über mehrere Kilometer hinzieht, ist schwer einzusehen, daß eine Entfernung dieses Uferbewuchses auf etwa 20 m eine unerträgliche Beeinträchtigung dieses Biotops darstellen sollte. Eine ähnliche Frage stellt sich auch bei einem kleinregionalen massierten Vorhandensein einer besonderen, mit der Almwirtschaft verbundenen Rasenvegetation auf mehr als 1000 ha, wenn dort Verringerungen auf einigen wenigen ha zur Diskussion stehen. In umgekehrter Richtung ist aber vorzusorgen, daß nicht durch wiederholte kleine, als solche unbedenkliche Veränderungen insgesamt eine unerwünschte Entwicklung in Gang gesetzt wird.

Die Realisierung des gegen Gefährdung gerichteten Schutzzieles, das also ganz besonders die seltenen Arten begünstigen muß, ist somit in grundsätzlicher Sicht mit der Frage konfrontiert, ob jedes Vorkommen der gefährdeten Arten, jede beliebige Kombination des Vorkommens mehrerer solcher Arten uneingeschränkt schutzwürdig ist, ob diese Schutzwürdigkeit nach den Abstufungen R 1 bis R 4 differenziert gesehen werden muß und ob eine Relativierung der Schutzwürdigkeit angesichts besonders gewichtiger Argumente in Frage kommen kann, die das den Schutzbedürfnissen entgegenstehende Vorhaben begründen.

Ein besonderes Schutzziel zur Bewahrung oder Begünstigung naturnaher und schutzwürdiger Pflanzen- und Tiergesellschaften hat der Naturschutz in bezug auf den Wald entwickelt. Dieser unterscheidet sich nämlich von den landwirtschaftlich genutzten Flächen in der Regel dadurch, daß Naturschutz bzw. Biotopschutz auf den Freiflächen nur möglich ist, wenn die intensive landwirtschaftliche Nutzung eingestellt bzw. extrem extensiviert wird. Mit Ausnahme von wenigen Sonderstandorten beziehen sich die Naturschutzaspekte im Wald demgegenüber auf Bestände, in denen Naturschutzziele, also Vorstellungen über eine besonders naturnahe Bewirtschaftung oder Baumartenzusammensetzung vereinbar sind mit der Fortsetzung der Holzerzeugung und Holznutzung, wenn auch mit anderen holztechnischen und betriebswirtschaftlichen Ergebnissen. Diese besonders günstigen Gegebenheiten führen nun bei Vertretern des Naturschutzes mehr und mehr zu der Auffassung, im Wald müssen weitergehende Naturschutzziele verwirklicht werden, d.h. die gesamte Waldfläche, insbesondere auch alle zur Neuaufforstung vorgesehenen Flächen, müssen vorrangig bis ausschließlich nach Kriterien bewirtschaftet bzw. behandelt oder gestaltet werden, die vom Naturschutz vorzugeben sind.

Der Naturschutz im Wald wird also nicht so sehr vom Schutzziel des Bewahrens geprägt. Es kommt hier vielmehr das andere Teilziel zum Tragen, nämlich das Bemühen, eine Weiterentwicklung der vorhandenen Pflanzen- und Tiergesellschaften in eine ganz bestimmte Richtung in die Wege zu leiten. Die Richtung zielt hierbei in der Regel nicht auf Ursprünglichkeit im Sinne eines möglichst weit zurückliegenden, vom Menschen noch nicht beeinflußten Urzustandes. Dieser Zustand wäre in der wechselnden Abfolge der Waldgeschichte nicht nur schwierig zu identifizieren, sondern er ist in sehr vielen Fällen wegen der inzwischen eingetretenen Standorts- und Umweltveränderungen auch nicht mehr erreichbar. Es wird deshalb eine Entwicklung in Richtung einer sogenannten "potentiell natürlichen Vegetation (PNV)" gewünscht und damit angestrebt, daß die Forstwirtschaft sich jene Baumartenzusammensetzung und Waldbehandlung zum Vorbild nimmt, die aus der gegenwärtigen Situation heraus dann von selbst entstehen würde, wenn der Mensch keine Eingriffe in den Wald tätigt[14]. Ein solches Bild läßt sich mit Hilfe vegetationskundlicher Erkenntnisse sicherlich konstruieren, es wird aber in bezug auf die Baumartenzusammensetzung wesentlich klarer entstehen als in bezug auf den weiteren Ablauf des Geschehens im Bestand. Denn Waldwirtschaft ist nun einmal etwas anderes als urwaldartiges Kommen, Wachsen und Vergehen; Waldwirtschaft beeinflußt schon allein durch die Tatsache, daß es eben nicht zu mehrhundertjährigen Umtriebszeiten und einzelstammweisem Ausscheiden des Altholzes kommt, zwangsläufig auch die Lebensbedingungen der Bäume und begünstigt damit, ob sie will oder nicht, die eine Baumart stärker und die andere weniger stark.

Gefragt werden muß also, ob eine solche Zielsetzung auf der ganzen Waldfläche den gesellschaftlichen Interessen am Naturschutz entspricht oder ob eine Konzentration derartiger Bemühungen des Naturschutzes nur auf Flächenanteile vorgenommen werden soll, und wenn ja, in welchem Ausmaß; bzw. ob überhaupt ein solcher Umbau der heute vorhandenen Waldbestände ein erstrebenswertes gesellschaftliches Ziel ist. Als Alternative muß in einer solchen Abklärung das von vielen Forstwirten entwickelte Bild eines Waldaufbaues und einer Waldbehandlung im Sinne einer naturnahen Waldwirtschaft diskutiert werden, das sich

----

14. Hierzu u.a.: WALDENSPUHL T. (1990): Naturschutz durch naturnahe Waldwirtschaft. Forst und Holz, Nr. 13; VOLK H. (1988): Die Waldbiotopkartierung. Allgemeine Forstzeitschrift Nr. 4

an den Forderungen nach hoher Stabilität im Sinne von Gesundheit und an der weiteren Forderung nach Variabilität im Sinne einer mehr oder weniger starken Mischung der Baumarten orientiert. Ein solches Ziel schließt nicht nur die wohldosierte Heranziehung ausländischer Baumarten (z.B. Douglasie), wenn diese standortsgerecht sind, d.h. gesund heranwachsen können, sondern auch die bodenschonende Vornahme von Kahlschlägen ein.

Auf die zwischen Naturschutz und Forstwirtschaft offenen Fragen wird im Kapitel 4 noch ausführlich eingegangen.

Hinsichtlich des vierten Zielbereiches, der dem *Landschaftsbild* gewidmet ist, stellt sich natürlich auch die Frage einer Einordnung nach *prioritären Gesichtspunkten*. Dazu ist das Ergebnis einer Experten-Befragung interessant, die das Institut bei einem ausgewählten Kreis von naturwissenschaftlich orientierten Fachleuten durchgeführt hat[15]. Im Rahmen einer Gesamt-Punktezahl 100 ergab sich folgende Einstufung der Wichtigkeit unterschiedlicher Naturschutzanliegen:

Naturhaushalt	54
Erholung	28
Landschaftsbild	18

Daraus wird deutlich, daß unter "Naturschutz" in erster Linie ökologische Zielsetzungen zu verstehen und dementsprechend von der Naturschutzpolitik vorrangig zu gewichten sind, während die Bewahrung des Landschaftsbildes im Vergleich dazu geringere Bedeutung besitzt und deshalb im Konfliktfall auch zurückhaltender vertreten werden sollte.

Zum selben Ergebnis kommt man aber auch auf Grund einer ganz anderen Überlegung:

Es wurde bereits darauf verwiesen, daß sich der Wert des Landschaftsbildes, damit auch die Wichtigkeit seines Schutzes, aus der jeweiligen Beurteilung durch den Betrachter ergibt. Diese *Beurteilungen sind individuell, emotional geprägt und im Zeitalter einer beinahe ausufernden Medienkultur auch manipulierbar.* Weil die Beurteilung eines Landschaftsbildes nicht unwesentlich vom ästhetischen Empfinden gesteuert wird, haben Landschaftsbild und Kunst manches gemeinsam. Bei der Beurteilung von Kunstwerken ist es unstritten, daß die jeweils persönlichen Standpunkte sehr weit auseinanderklaffen können, daß es kaum allgemein verbindliche Regeln für den Wert oder Unwert eines Kunstwerkes gibt und deswegen - zu Recht - auch keine staatlich verordnete Meinung für die Beurteilung von Kunst existiert. Ganz im Gegenteil: Wenn der Staat aus irgendeinem Anlaß,

----

15. JARASS L.,NIESSLEIN E.,OBERMAIR G. (1989), S. 118 ff. (siehe Fußnote S. 28)

z.B. im Zusammenhang mit der Vergabe von Subventionen, eine Auswahl von Kunstwerken vornimmt, läuft er sehr rasch Gefahr, aus der Sicht der Nicht-Ausgewählten mit dem Vorwurf der Zensur konfrontiert zu werden.

Ähnlich ist es auch mit der Beurteilung von Qualität oder Beeinträchtigung des Landschaftsbildes. Wir wissen, daß beispielsweise die Errichtung einer das Landschaftsbild massiv umgestaltenden Autobahn-Talbrücke von vielen Menschen als Verschandelung der Landschaft empfunden und deshalb kategorisch abgelehnt wird. Andere wiederum sehen darin eine Bereicherung des Landschaftsbildes, das nun von der Harmonie zwischen technischer Linienführung und natürlichen Konturen geprägt wird.

Der Naturschutz selbst ist in Fragen des Landschaftsbildes häufig gespalten. So ergab sich beispielsweise bei der raumordnerischen Bearbeitung zweier nahe zueinander gelegenen, bergig strukturierter Schwarzwaldgemeinden folgendes: In der einen Gemeinde lehnte der Naturschutz die Errichtung eines Golfplatzes in einem großflächigen Weidegebiet unter anderem deswegen ab, weil damit die charakteristische gelbgrüne Färbung dieser extensiv bewirtschafteten Fläche verloren ginge und dem satten Grün der mit frohwüchsigem Rasen ausgestatteten Golfbahnen weichen müßte. In der anderen Gemeinde haben die Landwirtschaftsbetriebe größte existentielle Schwierigkeiten, wehalb u.a. ein großflächiges Extensivierungsprogramm diskutiert wurde. Der Naturschutz lehnte eine solche Entwicklung deswegen ab, weil dadurch das satte Grün der bisher regelmäßig gemähten Wiesen verschwinden und von einem gelbgrünen, durch den Weidebetrieb geprägten Landschaftbild abgelöst würde, womit eine Beeinträchtigung dieses Landschaftsbildes verbunden wäre.

Besonders deutlich sind solche Auffassungsunterschiede auch im Zusammenhang mit Bäumen, mit Wald und bei Aufforstungen erkennbar. Während im einen Fall Bäume und Waldflächen in den waldarmen Ebenen als belebende Elemente und wertvolle Landschaftsbestandteile bezeichnet und ihnen ein hoher landschaftsästhetischer Wert zugebilligt wird, entwickelt sich in anderen Fällen in vergleichbarer Umgebung ein heftiger Widerstand gegen kleinflächige Aufforstungen in der Flur oder gegen das Anpflanzen von Bäumen auf einzelnen, zumeist wirtschaftlich nicht mehr anders nutzbaren Flächen - und das ebenfalls mit landschaftsästhetischer Begründung.

Diese Feststellungen dürfen natürlich nicht dazu führen, Gesichtspunkte des Landschaftsbildes als Naturschutz-Kriterien zu negieren. Dem stünde auch der Text der Naturschutzgesetze entgegen. Es ergibt sich daraus aber die Notwendigkeit, Landschaftsbild und Landschaftsästhetik bei rechtlich relevanten Stellungnahmen in einer sehr zurückhaltenden Weise zur Geltung zu bringen. Denn bei

Respektierung der demokratischen Strukturen des Landes muß vermieden werden, daß einige wenige Personen - Beamte und Naturschutz-Experten - der Bevölkerung vorgeben, welche optisch-ästhetische Empfindungen sie zu haben hat. Denn man kann nicht unterstellen, daß die mit der Behandlung von Naturschutzfragen befaßten Beamten, Experten und Richter eine Art von Über-Instinkt für das besitzen, was die Mehrheit der Bevölkerung zu Fragen des Landschaftsbildes meint. Im Gegensatz zu den rationalen Fragen der Gesetzesauslegung, für die Beamte und Juristen besonders geschult sind, können sie in Fragen der Landschaftsästhetik ausschließlich ihre eigene persönliche und emotional geprägte Wertung in das Verfahren einbringen. Wie sehr beispielsweise Naturschutzexperten gerade in dieser Frage anders votieren als die Bevölkerung, wurde aus einem Forschungsvorhaben deutlich, das am Institut im Zusammenhang mit der Anlage von Kurzumtriebswäldern durchgeführt worden ist[16]. Hiezu wurden in Baden-Württemberg parallel-laufende Befragungen der Bevölkerung und von Experten durchgeführt. Dabei hat sich bei der Einschätzung ökologisch relevanter Sachverhalte eine weitreichende Übereinstimmung ergeben. Lediglich bei der Frage, ob die Anlage von Kurzumtriebswäldern in der landwirtschaftlichen Flur als eine Beeinträchtigung des Landschaftsbildes zu bewerten sei, gingen die Meinungen weit auseinander: Während nur 12 % der Bevölkerung eine solche Beeinträchtigung befürchteten, haben sich 40 % der Experten für eine solche Bewertung entschieden.

Auch in dem vorher beschriebenen Fall der landwirtschaftlichen Extensivierungsabsicht in einer Schwarzwaldgemeinde konnte ein ähnlicher Dissens zwischen Naturschutz-Standpunkt und Bevölkerung festgestellt werden. Bei einer Gästebefragung erklärten nämlich 89 % der Befragten, daß sie gegen das Entstehen von Weideflächen nichts einzuwenden hätten, während nur 11 % die gemähten Grünflächen im Landschaftsbild ausdrücklich bevorzugten; der Naturschutz hingegen hat sich - wie schon berichtet wurde - einer solchen Ausweitung der Weideflächen aus Gründen der Bewahrung des Landschaftbildes widersetzt.

Mit der hier vorgenommenen Kategorisierung nach Zielbereichen und mit der Beschreibung einer Reihe von Unklarheiten in bezug auf die jeweiligen Inhalte sollte deutlich gemacht werden, daß der Herbeiführung eines gesellschaftlichen Konsenses über die Durchsetzung von Naturschutzzielen eine klare Definition dieser Ziele vorangehen muß, damit rationale Diskussionen geführt werden können, welche erfahrungsgemäß die Voraussetzung zur Herstellung eines Einvernehmens sind.

----
16. NIESSLEIN E.,POGERTH H. (1989): Meinungen zum Energiewald, Holz-Zentralblatt Nr. 149

Ziele zu definieren und diesen Definitionen auch mit einer differenzierenden Gewichtung auszustatten, ist nicht nur um der klaren Aussage willen notwendig. Eine solche Vorgehensweise ist unabdingbar, wenn Ziele nicht isoliert betrachtet werden sollen, sondern sich innerhalb eines vielfältigen gesellschaftlichen Zielbündels durchsetzen müssen. Darauf wurde bereits hingewiesen. Hier sollen die dabei zu berücksichtigenden gesellschaftlichen Rahmenbedingungen analysiert und hinsichtlich ihres Zusammenhanges mit Naturschutzzielen diskutiert werden. Dabei kommen als erstes die *Raumnutzungsanforderungen der Gesellschaft* ins Blickfeld.

Naturschutzziele zählen ganz ohne Zweifel zu den hochrangigen gesellschaftlichen Zielen, weil sie in vieler Hinsicht auch Überlebens-Ziele sind. Trotzdem muß gesehen werden, daß Naturschutzziele häufig eine Behinderung für gesellschaftliche Ausbau- und Entwicklungsvorhaben darstellen, die ebenfalls hohen Stellenwert besitzen können. In einer solchen Situation muß eine gesellschaftspolitische Konfliktminimierungsstrategie den vorhandenen Handlungsspielraum auf beiden Seiten analysieren. Es müssen also die voraussehbaren negativen Auswirkungen bei Ablehnung eines bestimmten Vorhabens genauso bedacht werden wie die möglichen negativen Auswirkungen im Bereich des Naturschutzes bei Genehmigung des Vorhabens. Der Abwägungsprozeß hat sich also nicht nur zu orientieren an der grundsätzlichen Wichtigkeit von Naturschutz einerseits und geplantem Vorhaben andererseits, sondern vor allem an den gesellschaftlich relevanten Verlusten im einen und im anderen Bereich, die bei jeweils negativer Entscheidung entstehen. Dabei muß auch berücksichtigt werden, daß die Menschen in unserem Lande, darüber hinaus in ähnlicher Weise in ganz Mitteleuropa, in den zurückliegenden Jahrzehnten eine stark spürbare Weiterentwicklung in fast allen Lebensbereichen erfahren haben. Ob diese Entwicklungen immer in einer positiven Richtung verlaufen sind, mag hier offen bleiben. Sicher ist aber, daß sie im weit überwiegenden Bereich des Geschehens den Wünschen der Menschen entsprochen haben, daß diese Menschen also nicht bereit sind, die Entwicklung zurückzukurbeln oder aber weitere gleichgerichtete Entwicklungen ohne weiteres zu stoppen. Signifikantes Beispiel dafür ist die Wohnraumversorgung und der Wohnungsstandard. Es ist unstrittig, daß in dieser Hinsicht noch weitere Bedarfe bestehen und gedeckt werden müssen. Das gilt insbesondere mit Blick auf das von den Menschen und auch von der Politik immer wieder vertretene Gleichheitspostulat. Denn es gibt heute Wohnungen sehr unterschiedlicher Größe und unterschiedlicher Qualität. Daraus entsteht ein Anreiz für die bisher schlechter versorgten Bevölkerungsteile, sich ebenfalls um größere und qualitativ bessere Wohnungen zu bemühen. Verbunden mit demokrafischen Entwicklungen, etwa dem zahlenmäßigen Ansteigen der Einpersonenhaushalte, aber auch verbunden mit der Zuwanderung von Aussiedlern und Asylanten, ergibt sich daraus ein in der Flächennutzung spürbarer zusätzlicher Wohnungsbedarf. Gesellschaftspolitische, hier insbesondere raumplanerische Entscheidungen müssen davon ausgehen, daß dieser Bedarf auf jeden Fall zu decken ist. Interventionen von seiten des Naturschutzes können sich deshalb sinnvollerweise nicht auf die Zurverfügungstellung von Grundflächen, also auf die notwendige Verschiebung der Grenze zwischen naturnahen und naturfernen Flächen beziehen, sondern ausschließlich auf spezielle Standortsentscheidungen, um hochqualitative naturnahe Standorte zu schützen.

Aus dem Wohnflächenbedarf ergibt sich noch ein spezielles, gesellschaftspolitisch relevantes Problem: Die Stellung des Bodens als wirtschaftliches Gut und seine Einbindung in das herrschende marktwirtschaftliche System. Grundlage einer diesbezüglichen Betrachtung ist die Feststellung, daß Boden ein knappes Gut darstellt und zwar nicht nur "knapp" im Sinne der wirtschaftswissenschaftlichen Theorie, sondern auch im Sinne des praktischen Sprachgebrauches[17]. Zwar nicht für Zwecke der land- und forstwirtschaftlichen Nutzung, wohl aber für Zwecke der Verbauung steht Boden keinesfalls in dem gewünschten oder benötigten Umfang zur Verfügung. Das hängt einerseits mit den naturräumlichen Verhältnissen zusammen, die in vielen Fällen das Bauen im Anschluß an bestehende Siedlungsgebiete erschweren oder unmöglich machen (ungünstige Hanglagen, Waldgebiete, vernäßte Standorte u.ä.). Zum anderen aber wird die faktische Knappheit von der Raumplanung bewirkt, die nicht zuletzt unter dem Eindruck von Naturschutz-Überlegungen die Ausweisung von Baugebieten restriktiv handhabt. In dieselbe Richtung wirken die gesetzlichen Bestimmungen zur Beschränkung des Bauens im Außenbereich. Weil aber Boden ein Gut ist, das am Grundstücksmarkt gehandelt werden kann, steigen die Bodenpreise ganz beträchtlich besonders dort, wo sie ohnedies schon hoch sind, weil die Knappheitssymptome in den stark nachgefragten Lagen, ebenso auch in den bevorzugten Wohnlagen besonders spürbar werden.

Im Rahmen des nationalen Forschungsprogrammes "Nutzung des Bodens in der Schweiz"[18] wurde hierzu festgestellt, daß "die Bodenpreise eigentlich viel höher sein müßten als sie es schon sind", und weiter, daß die Bodenpreise "nie hoch

---

17. Siehe dazu auch ESSMANN H. (1989): Bodenbelastung durch Landverbrauch. Habilitationsschrift, Freiburg, Selbstverlag
18. RUH H., BRUGGER F., SCHENK CH. (1990): Ethik und Boden. Nationales Forschungsprogramm Nr. 22, Heft 52, Liebefeld-Bern

genug" sind. Es wird damit an die - offensichtlich nur zum Teil verstandene - wirtschaftswissenschaftliche Theorie angeknüpft, wonach in einer freien Marktwirtschaft steigende Preise zu einer Nachfragereduzierung führen. Diese so beschreibbare marktwirtschaftliche Gesetzmäßigkeit ist aber nur die eine Seite der Medaille. Die andere besteht darin, daß steigende Preise auch die Produktion des so besonders nachgefragten Gutes anregen und durch eine Erhöhung der Produktion sich allmählich wieder ein Gleichgewicht am Markt einspielt, das eine Rückführung der Preise ermöglicht. Und diese zweite Komponente des marktwirtschaftlichen Geschehens gilt für den Boden nicht. Denn Boden ist ein unvermehrbares Gut, das nicht produziert werden kann, sondern nur in dem bereits vorhandenen Umfang nutzbar ist. Verknappungserscheinungen hinsichtlich des Bodens führen also nicht zu der in der Marktwirtschaft gewünschten Reaktion einer vermehrten Produktion und damit verbunden eines nachfolgenden Marktausgleiches, sondern sie haben ausschließlich zur Folge, daß sowohl die Einnahmen des Verkäufers als auch die Ausgaben des Käufers permanent ansteigen. Und weil Boden eben ein knappes Gut ist, andererseits aber sehr häufig als unverzichtbar empfunden wird, zahlen die Nachfrager letztlich jeden beliebigen Preis. Steigende Bodenpreise werden deshalb in der Regel nicht dazu führen, daß der Bodenverbrauch für bauliche Zwecke zurückgeht. Eine solche Auswirkung kann höchstens dort eintreten, wo die wirtschaftlich schwächsten Bevölkerungskreise an Bauland interessiert sind und dann den Preis dafür nicht mehr zahlen können. Damit ist aber gleichzeitig die gesellschaftspolitisch wichtige und gleichermaßen unerwünschte Konsequenz angesprochen, daß steigende Bodenpreise in erster Linie zu Lasten der einkommensschwachen Bevölkerungsschichten gehen. Steigende Bodenpreise sind also offensichtlich kein wirkungsvolles Instrument und daher auch kein effektives raumordnerisches bzw. gesellschaftspolitisches Ziel im Zusammenhang mit dem Naturschutz und mit der Eindämmung des Bodenverbrauches für bauliche Zwecke.

Anders als bei den Wohnbauflächen ist die Situation bei der Deckung von Verkehrsbedürfnissen. Hier haben die Straßenplaner in der Vergangenheit in verschiedenen Fällen einem Flächen-Luxus gehuldigt, der mit Recht den Widerspruch des Naturschutzes heraufbeschworen hat. Es wird also in Zukunft gelten müssen, daß dringende Verkehrsbedürfnisse so flächenschonend wie möglich zu decken sind, daß umgekehrt aber Verkehrsanlagen in dem Umfang, als die damit verbundenen menschlichen Positionen als Grundbedürfnisse eingestuft werden müssen, realisierungswürdig sind. In solchen Fällen wird man ebenfalls nicht das Projekt als solches, sondern die Trassenwahl aus Naturschutzsicht zur Diskussion stellen.

Rahmenbedingungen für die Durchsetzung von Naturschutzzielen ergeben sich aber nicht nur aus dem gesellschaftspolitischen und raumordnerischen Abwägungsprozeß, sondern auch aus der *rechtspolitischen Einstufung von Eigentumspositionen*, was insbesondere für die Realisierung von Naturschutzzielen auf land- und forstwirtschaftlichen Flächen und im Konflikt mit land- und forstwirtschaftlichen Betrieben von Bedeutung ist. Dazu muß eine Überlegung vorausgeschickt werden.

Es wurde bereits daran erinnert, daß die Menschen in Mitteleuropa gerade in den zurückliegenden Jahrzehnten eine geradezu atemberaubende Vorwärts- und Aufwärtsbewegung mitgemacht haben, wenn wir an Wohlstand, Bequemlichkeit, Freizeitmöglichkeiten und technischen Fortschritt denken. Die Garnfabrik aus der Zeit zwischen den beiden Weltkriegen, die damals ihre Produkte in die nächste Stadt geliefert hat, exportiert heute nach Malaysia; der Sportfan, der in den 30er Jahren etwa eine der großen internationalen skisportlichen Veranstaltungen entweder gar nicht oder nach einer mühevollen Reise, u.U. auch mit Hilfe eines Radioberichtes miterleben konnte, erhält diese Veranstaltung heute via Fernsehen ins Haus geliefert und zwar mit einer Informationsqualität, die weit über das hinausgeht, was man bei Teilnahme am Ort auf den allerbesten Plätzen mitbekommen kann; die Familie, die früher ihren Urlaub im nächstgelegenen dünnbesiedelten Landschaftsraum verbracht hat, fliegt heute nach Kenia oder auf die Kanarischen Inseln; die heute noch lebenden, älteren Menschen erinnern sich an den zumeist körperlich schweren Einsatz der Arbeiter bei der Güterproduktion, im Bauwesen oder auch im Verkehrswesen, wo heute ein Großteil der Arbeitsverrichtungen per Knopfdruck vonstatten geht; und der Staat fördert den Export mit Hermes-Bürgschaften ebenso wie er den Bau von Freizeiteinrichtungen mitfinanziert und das Fortschreiten des technischen Fortschrittes aus öffentlichen Mitteln unterstützt. Einzig und allein die Landwirtschaft hat an dieser Entwicklung nicht teilhaben können, sie war einem ständigen Schrumpfungs- und Reduktionsprozeß unterworfen, als dessen Folge zum heutigen Zeitpunkt eine ganz reale Existenzgefährdung des Großteils der bäuerlichen Betriebe steht und der auch für die Zukunft keine günstigere Entwicklung verspricht. Dieser Feststellung steht nicht die Tatsache entgegen, daß auch die Landwirtschaft in einem hohen Maße öffentliche Mittel beansprucht. Es geht uns hier um das Ergebnis, wie es beim einzelnen Bauern und Landwirt ankommt. Und dieses Ergebnis ist - im Vergleich mit allen anderen Berufssparten sowie Arbeits- und Lebensbereichen - stark negativ. Dabei haben die Landwirte noch vor wenigen Jahrzehnten zu den tragenden gesellschaftlichen Schichten gehört: im Jahre 1950 haben beispielsweise 25 % der Bevölkerung in der Landwirtschaft gearbeitet. Heute sind es nurmehr 4,5 %.

Vor dem Hintergrund dieser gesellschaftlichen Prozesse bekommen Eingriffe in Rechtspositionen der Landwirtschaft eine spezielle Qualität. Sie sind nicht vergleichbar mit anderen einengenden hoheitlichen Entscheidungen zur Flächennutzung, etwa bei einem Straßenbauvorhaben, wenn der von öffentlichen Stellen vorgelegte Plan im öffentlichen Interesse verworfen wird; oder bei der Untersagung eines Bauvorhabens, bei dem der Grundstückseigentümer die bisherige Nutzung als Wiese nicht automatisch auf den Rechtsanspruch ausweiten kann, auf dieser Fläche auch ein Haus erbauen zu können. Wir sprechen hier demgegenüber von der Fortführung des land- und forstwirtschaftlichen Betriebes und von einer, der übrigen Gesellschaftsentwicklung vergleichbaren Intensivierung dieser Nutzung bzw. von einer Heranziehung der in der Gesellschaft so vielgestaltig verwendeten und verwendbaren technischen Möglichkeiten auch in der Landwirtschaft. Um dabei nicht mißverstanden zu werden: eine solche für die Landwirtschaft sprechende Betrachtungweise schließt nicht den übermäßigen, die Grundwasserreinheit beeinträchtigenden Gebrauch von Düngemitteln oder die Verwendung von Pflanzenschutzmitteln ein, wenn diese zu einer dauerhaften Kontaminierung des Bodens und damit ebenfalls langfristig zu einer Gefährdung von Trinkwasserqualität und menschlicher Gesundheit führen.

In allen jenen Fällen, bei denen Landwirte in vertretbarer Weise ihre land- und forstwirtschaftlichen Ressourcen nutzen wollen und daran aus Naturschutzgründen gehindert werden, ist diese Behinderung als ein Eingriff in das Eigentumsrecht zu klassifizieren, der Entschädigungspflicht auslöst. Das Bundesverfassungsgericht hat in einer Grundsatzentscheidung zur Eigentumsordnung dazu folgendes ausgesprochen: "Der Grundsatz: Sachen, von denen erhebliche Gefahren für die öffentliche Gesundheit ausgehen, können dem Eigentümer ohne Entschädigung entzogen werden, stellt eine dem Sacheigentum immanente Sozialbindung dar. Daraus ergeben sich zugleich aber die Grenzen dieser Sozialbindung". Dieser Fall wird gegenübergestellt "den typischen Fällen der Enteignung. Bei dieser liegt es so, daß die öffentliche Gewalt aus eigenem Interesse aktiv, offensiv gegen den Privateigentümer vorgeht, weil sie sein Eigentum für einen öffentlichen Zweck 'braucht', d.h. in irgendeiner bestimmten Weise nutzen will. Im vorliegenden Fall wird dagegen ein bestimmter Eigentumsgegenstand wegen seiner Beschaffenheit, wegen seines gefährlichen Zustandes, indem er sich befindet, dem Eigentümer entzogen. Der Staat ist hier nicht primär am Eigentum interessiert; er bedarf seiner nicht, er will es nicht wirtschaftlich oder sonstwie nutzen. Er verhält sich defensiv; er geht gegen den Eigentümer nur vor um Rechtsgüter der Gemeinschaft vor Gefahren zu schützen, die vom Eigentum ausgehen"[19]. Wenn wir also den Beruf eines Landwirtes und die wirtschaftliche Nutzung der ihm zur Verfügung stehenden Ressourcen als Betriebsgeschehen klassifizieren und dieses Betriebsgeschehen mit allen anderen betrieblichen, speziell gewerblichen und industriellen Abwicklungen als vergleichbar einstufen, dann ist aus dieser Entscheidung des Bundesverfassungsgerichtes herzuleiten, daß die Gesellschaft landwirtschaftliche Flächen "braucht", um ihre Naturschutzziele zu verwirklichen, daß sie also eine konkurrenzierende, den Eigentümergebrauch zurückdrängende Nutzung im Auge hat. Aus der zitierten Entscheidung ist in solchen Fällen zu folgern, daß die den Betrieb beeinträchtigenden Auswirkungen finanziell abzugelten sind.

Diese eigentums- und entschädigungsrechtlichen Überlegungen werden hier nicht aus agrarpolitischen oder sonstigen, die Landwirte begünstigenden Gründen zur Diskussion gestellt. Der Hinweis darauf ist vielmehr aus naturschutzpolitischen Gründen zwingend. Denn das bewußte Offenlassen bzw. Ausklammern der Entschädigungsfrage im Zusammenhang mit Naturschutzfragen hat dazu geführt, daß Naturschutzanliegen gerade dort so schwer durchsetzbar sind und auf so massiven Widerstand stoßen, wo sie eigentlich am leichtesten zu realisieren sein sollten: nämlich im Naturraum, in Zusammenarbeit mit naturverbundenen Menschen und vor dem Hintergrund einer agrarpolitischen Entwicklung, die ohnedies Extensivierung und Flächenstillegung bei den landwirtschaftlichen Betrieben forciert. Eine neue Flächennutzungspolitik sollte dazu führen, daß Naturschutzziele auf land- und forstwirtschaftlichen Flächen in Hinkunft nicht im Konflikt realisiert werden, sondern daß der Naturschutz über die notwendigen Mittel verfügt, damit er die benötigten Flächen langfristig pachten oder ankaufen kann und dann alle Möglichkeiten hat, seine Ziele in optimaler Weise zu verwirklichen.

Zu den gesellschaftlichen Vorgaben zählen vor allem auch die *Gesetze*. Der Rückgriff auf Gesetzestexte ist sehr häufig hilfreich, wenn man auf der Suche nach einer klaren Zieldefinition ist, auch dann, wenn es sich um fachbezogene Ziele handelt. Für die Ziele des Naturschutzes gilt das nicht. Es wurde nämlich schon in einem früheren Forschungsprojekt[20] aufgrund von Gesetzes- und Entscheidungs-Analysen folgende Feststellung gemacht: "Die Festlegungen des Gesetzgebers hinsichtlich der Frage, wie Anliegen des Naturschutzes zu verwirklichen sind und insbesondere in welchem Umfang sie gegenüber andersartigen,

----

19. BVerGE 20,351, zit. in: NIESSLEIN E. (1980): Waldeigentum und Gesellschaft. Hamburg und Berlin
20. NIESSLEIN E. (1984): Engpässe ..., S.147 (siehe Fußnote S. 11)

entgegenstehenden öffentlichen Nutzungsansprüchen durchgesetzt werden sollen, sind vage und unbestimmt; sie reichen keinesfalls aus, um der Verwaltungsbehörde im Einzelfall eine klare Richtschnur zu geben. Sie reichen damit auch nicht aus, um nachfolgenden Verwaltungsgerichtsverfahren sachbezogene, dem Willen des Gesetzgebers entsprechende und eine einheitliche politische Willensbildung wiedergebende Urteile fällen zu können." Diese Feststellung, die auch heute noch gültig ist, soll durch einige erläuternde Hinweise noch besser verständlich gemacht werden.

Zentrale Bestimmung des Naturschutzgesetzes ist die sogenannte *Eingriffsregelung*, mit deren Hilfe alle wesentlichen Veränderungen im Naturraum aus Gründen des Naturschutzes untersagt oder ihre Gestattung mit Auflagen versehen werden können. § 8 Abs. 1 des Bundesnaturschutzgesetzes sagt hierzu: "Eingriffe in Natur und Landschaft ... sind Veränderungen der Gestalt oder Nutzung von Grundflächen, die die Leistungsfähigkeit des Naturhaushaltes oder das Landschaftsbild erheblich oder nachhaltig beeinträchtigen können." Mit dieser Formulierung werden zwei Fragen aufgeworfen.

"Erheblich" und "nachhaltig" werden vom Gesetzgeber als zwei unterschiedliche Begriffe angesehen, weil sonst das dazwischenstehende Wort "oder" sinnlos wäre. Nachhaltig muß sich also - wenn seine gesonderte Erwähnung etwas aussagen soll - auf solche Fälle beziehen, die nicht bereits unter dem Begriff "erheblich" subsumiert sind. Nachhaltig kann demnach an dieser Stelle des Gesetzes nur jene Fälle meinen, die nicht erheblich, also unerheblich, jedoch nachhaltig beeinträchtigen. Ist vom Gesetzgeber tatsächlich gewollt, daß nicht nur die von ihm ausdrücklich erwähnten erheblichen Beeinträchtigungen als Eingriffe verwaltungstechnisch abgehandelt werden sollen, sondern auch alle unerheblichen Eingriffe, wenn diese auf Dauer angelegt sind?

Zum anderen stellt sich die Frage, was unter "erheblichen Eingriffen" zu verstehen ist. Eine fachliche Definition dieses Begriffes führt natürlich zur ganzen Breite vorhandener unterschiedlicher Positionen und Wertungen; sie könnte nur durch eine klare gesellschaftliche Aussage oder Normierung dem Meinungsstreit entzogen werden. Das ist bisher nicht geschehen. Man überläßt es deshalb den Gerichten, mit Hilfe von juristischen Interpretationen diese Frage zu lösen. So hat beispielsweise der Verwaltungsgerichtshof Baden-Württemberg eine erhebliche Beeinträchtigung dann konstatiert, "wenn die Aufforstung das Landschaftsbild so krass stört, daß (der Betrachter) die Aufforstung nicht nur als unschön, sondern als häßlich und unlusterregend empfindet"[21]. Der gleiche Gerichtshof hat aber in einem anderen Verfahren entschieden, daß eine erhebliche Beeinträchti-

---

21. Verwaltungsgerichtshof Baden-Württemberg vom 25.4.1978, X 2296/76

gung dann vorliege, wenn "Natur und Landschaft in einer Weise nachteilig verändert werden, die nicht als völlig unwesentlich angesehen werden kann"[22] Es stehen sich somit zwei Gerichtsurteile desselben Gerichtshofes, allerdings von unterschiedlichen Senaten, gegenüber, bei denen "erheblich" das eine Mal - in Verbindung mit krass und häßlich - im oberen Bereich denkbarer Beeinträchtigungen angesiedelt wird, im anderen Fall aber nahezu alle Beeinträchtigungen umfaßt, weil nur das ausgeklammert werden dürfe, was nicht "völlig unwesentlich" ist. Daß eine solche Rechtsprechung und die damit verbundene Interpretation von Zielen des Naturschutzes weder für den Naturschutz selbst, noch für die Verwaltungspraxis und schon gar nicht für die betroffenen Bürger hilfreich ist, braucht nicht näher begründet zu werden.

Paragraph 4 Abs. 5 des Landschaftsgesetzes für Nordrhein-Westfalen legt in Übereinstimmung mit dem Bundesnaturschutzgesetz (§ 8 Abs. 3) fest: "Der Eingriff ist zu untersagen, wenn die Belange des Naturschutzes und der Landschaftspflege bei der Abwägung aller Anforderungen an Natur und Landschaft im Rang vorgehen und die Beeinträchtigung nicht zu vermeiden oder nicht im erforderlichen Maße auszugleichen ist". Wir können davon ausgehen, daß der geforderte Ausgleich von Beeinträchtigungen in diesem und in anderen Landesgesetzen verständlich definiert ist. Das allein ist aber kein ausreichendes Kriterium für die Handhabung dieser Gesetzesbestimmung. Es muß vielmehr geklärt werden, ob "die Belange des Naturschutzes und der Landschaftspflege bei der Abwägung aller Anforderungen an Natur und Landschaft im Rang vorgehen". Der Gesetzgeber hat völlig offen gelassen, nach welchen Gesichtspunkten eine solche Rangfolge aufzustellen ist. Der dazu notwendige Abwägungsprozeß wird also weitgehend von den individuellen Auffassungen der damit beschäftigten Beamten gestaltet. Abgesehen davon, ob derartige gesetzliche Regelungen, die den Verwaltungsbehörden die gesamte Breite eines nur irgendwie möglichen Handlungsspielraumes offen lassen, ohne für die Entscheidungen Grundsätze vorzugeben, den verfassungsrechtlichen Vorgaben an ein Gesetz entsprechen, ist eine solche Rechtslage - wie schon an anderer Stelle dargelegt - zutiefst unbefriedigend für alle an Verwaltungsverfahren Beteiligten, insbesondere für den Bürger. Da es sich bei der verlangten Aufstellung einer Rangfolge vorwiegend um Fragen der Raumnutzung und damit der Raumordnung handelt, könnte dieser gesetzestechnische Mangel behoben werden durch klare Aussagen in den Plänen der Raumordnung und Landesplanung, die mit Verbindlichkeit ausgestattet sind und eine authentische Interpretation des mit einer solchen Rangfolge verbundenen öffentlichen Interesses zuließen. Dazu wären in erster Linie Regionalpläne geeignet. In diesen

---

22. Vom 18.9.1980, VII 1497/79

sind aber kaum verwendbare Ansätze für eine solche Aussage enthalten, wenn man etwa von der Ausweisung der regionalen Grünzüge absieht. Regionalpläne enthalten vielmehr eine Vielzahl von sich widersprechenden Aussagen zu den einzelnen Fachbereichen und sind bisher deswegen nicht in der Lage, einen Abwägungsprozeß im konkreten Einzelfall zu determinieren.

Das Bundesnaturschutzgesetz enthält seit 1987 auch Bestimmungen zum Biotopschutz. Damit wurden bereits vorher schon punktuell existierende Schutzbestimmungen für bestimmte Standorte zu einer allgemeinen Biotopschutz-Regelung mit dem Verbot einer Beeinträchtigung dieser Biotope ausgeweitet. Die detaillierte inhaltliche Ausgestaltung dieser Regelung obliegt den Landesausführungsgesetzen. Das "Gesetz zur Änderung des Naturschutzgesetzes (Biotopschutzgesetz)" für Baden-Württemberg[23] sieht hierzu vor, daß (exemplarisch zitiert) Feuchtbiotope, Zwergstrauch- und Wacholderheiden sowie Trokken- und Magerrasen, offene Felsbildungen, Höhlen und Feldhecken zu den vom Gesetz geschützten Biotopen zählen. Wenn man die Biotopkartierungen damit vergleicht, so zeigt sich, daß beispielsweise in den Modellgemeinden dieses Forschungsprojektes, in denen auch die Biotopkartierung analysiert worden ist, die weit überwiegende Zahl der kartierten Biotope durch diese Regelung nicht erfaßt wird (siehe Kap.5.3.2, Seite 113ff.). Biotopschutz wird deshalb auch weiterhin in erheblichem Umfang auf unklaren rechtlichen Grundlagen basieren. Denn es ist vorauszusehen, daß der Naturschutz bei Eingriffsverfahren immer dann, wenn kartierte Biotope davon betroffen werden, ein Entgegenstehen der Belange des Naturschutzes (so die Formulierung des baden-württembergischen Naturschutzgesetzes, § 11 Abs. 1) konstatieren und den Eingriff damit als unzulässig qualifizieren wird. Damit unterscheiden sich aber die bloß kartierten Biotope hinsichtlich ihrer Auswirkung auf Vorhaben in Natur und Landschaft in nichts von den besonders geschützten Biotopen, für die der Gesetzgeber einen solchen besonderen Schutz speziell geschaffen hat. Gegensätzliches Argumentieren hierzu und weitreichende sachliche Unsicherheit sind in solchen Verfahren damit vorprogrammiert.

Zusammenfassend kann gesagt werden, daß die gesetzlichen Vorgaben für die Realisierung von Naturschutzzielen in vielen Punkten unklar sind, weil sie die jeweils zu erwartenden Konfliktpositionen zwischen Naturschutz und anderen gesellschaftlichen Interessen weder im Detail beschreiben, noch sonstwie auf diese eingehen, und daß man es dem einzelnen Verwaltungsverfahren überläßt, den daraus entstehenden Streit in aller Schärfe und ohne klare Leitlinie auszutragen. Der Schaden, der daraus erwächst, schlägt sich in beiden Bereichen nieder: der

----
23. Gesetzblatt Nr. 29/1991

Naturschutz wird durch die vielfältig aufgebauten Frontstellungen immer weiter in die Defensive gedrängt und hat keine Chance, in einer verständnisvollen Kooperation mit den anderen Fachbereichen zu jeweils optimalen Lösungen beizutragen; die jeweils anderen betroffenen Bereiche müssen Unsicherheiten in der Planung in Kauf nehmen, die kaum in einem anderen Fachgebiet in diesem Umfang bestehen, haben mit langen Genehmigungsverfahren, allenfalls auch mit anschließenden Gerichtsverfahren zu rechnen, was auch unter dem Gesichtspunkt volkswirtschaftlicher Effizienz keineswegs wünschenswert ist.

3.4 Im Hintergrund: Ethische Vorgaben

Begründung und Rechtfertigung für die Realisierung von Naturschutzzielen werden zumeist aus der Interessensposition des Menschen hergeleitet, die in langfristiger Schau für die Bewahrung des Naturraumpotentials, der in Pflanzen- und Tierwelt vorhandenen Optionen, insgesamt also für eine nachhaltige Nutzungsmöglichkeit der Naturgüter sprechen. Das ist der eine, der nutzenorientierte Ansatz. Daneben gibt es aber viele Stimmen, die der Natur einen Eigenwert zusprechen und es als sittliche Verpflichtung des Menschen ansehen, Erfordernisse des Schutzes und der Erhaltung von Natur zu respektieren. Denn Natur selbst hat keine Stimme, wenn es um die Austragung politischer Konflikte geht oder wenn Verfahren über die Belastung von Natur und Landschaft abgewickelt werden. Sie kann auch keinen Widerstand leisten gegen das, was Menschen mit ihr machen, das Prinzip der Chancengleichheit findet keine Anwendung. Die Natur ist deshalb darauf angewiesen, daß Menschen mit ihr fürsorglich umgehen, daß sie sich verantwortlich fühlen für den Erhalt und das Gedeihen von Pflanzen und Tieren in ihrer Umwelt.

Daraus ergibt sich zwangsläufig die Frage, was es denn im einzelnen und konkret ist, das wir aus Verantwortung bedenken, schützen und pflegen sollen. Denn es geht offensichtlich um mehr als um das Gießen der Blumen im Vorgarten und das Füttern der Vögel im Winter; nämlich um den gesamthaften Bestand dessen, was in unserer Umwelt ursprünglich ist und nicht vom Menschen konstruiert wurde. Aber auch daran können wir keine konkreten Vorstellungen knüpfen, denn die Natur zu respektieren kann nicht heißen, jedem Teilchen dieser Natur ein unbedingtes und uneingeschränktes Lebensrecht zu garantieren. Nahezu jede Lebensäußerung des Menschen zieht doch bereits einengende Konsequenzen zuungunsten der Natur nach sich. Die Statuierung eines uneingeschränkten Lebensrechtes für Natur scheidet deshalb aus. Wo ist aber dann jener

Punkt, bei dem die bis dahin tolerierte Naturzerstörung des Menschen endet und von dem ab ein verantwortliches Handeln dem Lebensrecht der Natur Vorrang einräumen muß?

Wenn man versucht, dieses Lebensrecht aus den Gesetzmäßigkeiten der Natur selbst herzuleiten, dann stoßen wir beim Betrachten dieser Gesetzmäßigkeiten auf eine permanente Auseinandersetzung zwischen den Individuen um Standraum, Nahrung und Überleben. Das gilt sowohl für die Tierwelt als auch für die Pflanzenwelt. Die Entwicklung der Waldbestände, in deren Verlaufe sich einzelne Bäume als herrschende Elemente herauskristallisieren, die dann zur Unterdrückung der Beherrschten führt und mit dem Absterben dieser, in ihrer Lebensexistenz eingeengten Exemplare endet, ist dafür ein gutes Beispiel. Solche und andere Abläufe in der Natur, wozu auch Naturkatastrophen gehören, führen aber immer wieder zu dem Ergebnis, daß den einzelnen Arten jeweils spezifische Überlebenschancen verbleiben. Der Dualismus von ständigem Kampf, Sieg und Tod einerseits und Überlebensgarantie für Arten in großräumiger Betrachtungsweise andererseits ist offenbar eine Gesetzmäßigkeit, die wir als Naturprinzip anzuerkennen haben. Sie wird nicht durch den Hinweis in Frage gestellt, daß im Verlauf der Jahrmillionen die Überlebensgarantie offensichtlich nicht eingehalten worden ist. Denn diese Betrachtungsweise schließt Zeiträume mit ein, die wir im Detail kaum oder gar nicht beurteilen können, weshalb wir auch keine exakten Kenntnisse darüber haben, welche Veränderung in den Rahmenbedingungen oder welche besonderen, die Evolution beeinflußenden, katastrophenähnlichen Ereignisse für das Verschwinden von Arten verantwortlich waren. Wir wollen uns hier auf aktuelles menschliches Handeln und auf Veränderungen, die vom Menschen kurzfristig hervorgerufen werden, damit also auch zum Vergleich auf eine Betrachtung der Natur innerhalb überschaubarer Zeiträume beschränken.

Die so erkannte dualistische Gesetzmäßigkeit - "töten und überleben lassen" - kann man als Minimalstrategie betrachten, die zwar in der Natur für die Auseinandersetzung mit Seinesgleichen ausreicht, die aber nicht als Spielregel für Auseinandersetzung dieser Natur mit dem dominanten Menschen verstanden werden kann.

Könnte durch dieses Hinzutreten des Menschen etwa eine Gesetzmäßigkeit erkennbar werden, die für die Dimensionierung der Lebensrechte von Natur hilfreich ist?

Obwohl der Mensch in naturwissenschaftlicher, insbesondere in biologischer Betrachtungsweise als der Natur zugehörig anzusehen ist, erkennt man bei sozialwissenschaftlicher Beurteilung doch eine ganze Reihe von Abgrenzungstatbeständen. Dabei unterscheidet sich der Mensch von allen anderen Geschöpfen auf dieser Erde in einem entscheidenden Punkt: kein anderes Lebewesen hat konstruktive geistige Fähigkeiten wie er, also die Fähigkeit zu planen, zu entwerfen, zu erfinden und mit Hilfe logischer Denkprozesse ein Ziel anzusteuern. Kein anderes Lebewesen kann Entscheidungen treffen, die allein auf abstrakten, geistigen Motivationen beruhen. Der Mensch ist der Natur also überlegen, sein Umgang mit der Natur wird von Fähigkeiten bestimmt, denen von seiten der Natur nichts gleichartiges entgegegesetzt werden kann. Diese Fähigkeiten sind aber nicht nur auf Weiterentwicklung und Wohlstandsvermehrung, auf Nächstenliebe und idealistische Ziele ausgerichtet, sondern sie dienen auch dem Ausschöpfen menschlicher Niederungen, dem Bau von Atombomben und der Ausrottung ganzer Volksstämme. Wenn wir daraus Gesetzmäßigkeiten ableiten wollten für Dimensionierung der Lebensrechte von Natur, dann würde dies offensichtlich einer Aufopferung dieser Natur gleichkommen, weil aus dem bisherigen Verhalten des Menschen nichts erkennbar wird, was seinen Ausschließlichkeitsanspruch, seine überfordernden Wohlstandswünsche und seine vermeintliche Meisterschaft auf allen Gebieten begrenzen könnte.

Alle diese Überlegungen führen zu dem Schluß, daß der Umgang des Menschen mit der Natur nicht von Naturgesetzen oder den natürlichen Abläufen nachempfundenen Spielregeln bestimmt werden kann. Es ist vielmehr notwendig, dort nachzufragen, wo ganz allgemein das sittliche Verhalten des Menschen postuliert wird. Es müssen also ethische Vorgaben für den Umgang des Menschen mit der Natur und für die Dimensionierung der Lebensrechte von Natur gefunden werden.

Es ist sicherlich beeindruckend und großartig, was menschlicher Geist, menschliche Erfindungsgabe zu leisten imstande sind. Das gilt nicht zuletzt auch für das Tempo des damit in Zusammenhang stehenden technischen Fortschrittes. Und dennoch: alle diese Leistungen werden übertroffen von den vernetzten und nicht mehr überschaubar verästelten Bauprinzipien des pflanzlichen, tierischen und menschlichen Lebens, von den unendlich vielgliedrigen Prozessteuerungen sowohl im einzelnen Individuum als auch in den Pflanzen- und Tiergesellschaften, von der unbegreiflichen Präzision chemischer Vorgänge in den Organismen - und das alles als Entwürfe aus einer Zeit, die schon so lange zurückliegt das wir sie gedanklich gar nicht mehr erreichen können. Daraus folgert, daß menschliches Leben und menschlicher Erfindergeist gesehen werden müssen im Zusammenhang mit der weit darüber hinaus reichenden Dimension bereits vorhandener logischer Konstrukte und daß der Mensch dementsprechend die Begrenzheit dessen was er tut und kann, zu akzeptieren und zu respektieren hat. Daraus können wir eine Leitlinie für menschliches Handeln erkennen, deren Beachtung viele Irrwege ersparen würde. Denn nahezu alle unseren Lebensraum bedrohenden aktuellen Probleme sind deswegen entstanden, weil Menschen glaubten, alles im Griff zu haben, mit ihren Konstruktionsentwürfen auf alle Fragen eine technische Antwort geben zu können, jegliches Beziehungsgefüge durchschauen und beurteilen zu können, also "Meister" zu sein auf allen Gebieten. Die inzwischen eingetretene Ernüchterung sollte deswegen nicht nur eine Korrektur der Praktiken, sondern vor allem eine Revision der geistigen Grundeinstellung bewirken. Irrwege sind nämlich dann vermeidbar, wenn sich der Mensch jederzeit der Großartigkeit des bis ins Detail gehenden Schöpfungsentwurfes bewußt ist, wenn er im Vergleich dazu die Begrenztheit seiner Einblicke und Möglichkeiten überdenkt und wenn er sich die Gefährlichkeit jeglichen Eingriffes in diese Schöpfung mit den für ihn in keiner Weise abschätzbaren vielfältiges Folgen ununterbrochen in Erinnerung ruft. Dies führt zu der Forderung, die natürlichen Strukturen nur in dem Umfang zu verändern, als dies nach gewissenhafter Prüfung sowohl im Zielbereich als auch im Rechtfertigungsbereich unbedingt erforderlich erscheint. Eine solche Einstellung und ein solches Verständnis von den globalen Zusammenhängen und Wertigkeiten scheinen den einzigen Weg zu weisen, um jene Dimensionierung von Lebensrechten der Natur vornehmen zu können, die zu suchen hier als Aufgabe erkannt wurde.

4 Wald als Überlebensmodell

Generelles Ziel von Konfliktminimierungsstrategien, wie sie hier vorgestellt worden sind, ist das Ansteuern eines Ausgleiches zwischen divergierenden Positionen und Interessen. Im Vordergrund steht nicht die Rechtfertigung einer Seite oder das kompromißlose Durchsetzen einer Vorstellung, sondern vielmehr das "Leben lassen" aller Beteiligten und das Finden von Kompromissen, die eine möglichst große Nutzen-Summe nach allen Seiten möglichst gerecht/gleichmäßig verteilt. Denn die Probleme des 21. Jahrhunderts werden nur zu bewältigen sein, wenn man die Erfordernisse der wirtschaftlichen Existenzsicherung, für große Regionen gleichzeitig auch die Überwindung von Armut mit Hilfe neuer Energien und Techniken, gleich ernst nimmt wie die Gefahren der Naturraumzerstörung, damit also die Notwendigkeiten des Umweltschutzes. Dabei wird der Handlungsspielraum der Menschen immer enger, nicht nur wegen des ständigen Anwachsens der Bevölkerung, sondern auch wegen der immer größer werdenden Vorbelastung unserer Umwelt und wegen der bereits in die Zukunft wirkenden Schädigungen, die durch unser Handeln ausgelöst werden. Einzig und allein gefragt kann deshalb eine Politik sein, die ein Höchstmaß an ökonomischen, d.h. der wirtschaftlichen Existenzsicherung zugute kommenden Effekten mit einem Mindestmaß an ökologischen Belastungen verbindet. Nicht gefragt ist hingegen das hundertprozentige Durchsetzen von wirtschaftlichen Zielvorstellungen auf Kosten der Umwelt oder die kompromißlose Durchsetzung von Umweltschutzzielen auf Kosten wirtschaftlicher Entwicklungsmöglichkeiten.

Es hat den Anschein, als könnte der Wald, seine nachhaltige Bewirtschaftung und sein vielfältiger Nutzen ein Beispiel dafür sein, wie eine Gesellschaft sowohl ökonomische als auch ökologische Ziele mit einem Höchstmaß an Nutzen synchron verfolgen kann und wie auf einem solchen Weg "Überleben" möglich ist in einer Welt voll zunehmender Gefährdungen und scheinbar auswegloser globaler Fehlentwicklungen.

Wenn wir diesem Gedanken im Folgenden nachgehen, wird gleichzeitig die Diskussion der Naturschutz-Ziele des vorhergehenden Abschnittes fortgesetzt und an einem speziellen Objekt beispielhaft vertieft.

4.1 Wald - ein multifunktionales Gebilde

Wald ist naturwissenschaftlich definierbar, auch als Objekt der Forstgesetzgebung kann er eindeutig abgegrenzt werden. Aus politikwissenschaftlicher Sicht ist aber Wald ein Objekt, an das vielfältige Erwartungen herangetragen werden. Wald ist somit Konfliktbereich verschiedenartiger gesellschaftlicher Interessen. Aus jeder Interessenposition heraus werden dem Wald andere Aufgaben zugewiesen und wird die wünschenswerte Zukunft des Waldes anders definiert.

Wald - das ist Erholungs- und Freiraum für den Menschen, der in seinem Wohn- und Arbeitsbereich häufig starken Einengungen und Belastungen ausgesetzt ist, die wir heute mit dem modernen Wort Stress umschreiben und die nicht nur das Wohlbefinden, sondern auch die Gesundheit nachteilig beeinflussen. Im Wald ist Ruhe, Freiraum und naturnahe Umgebung; hier kann man körperlich und geistig auftanken, hier fühlen sich alte und junge Menschen wohl. Wald ist als Erholungsraum für unsere Industriegesellschaft unverzichtbar geworden.

Wald - das ist Schutz vor Naturgewalten, z.B. als Erosions-, Hochwasser- und Lawinenschutz in den Gebirgsländern; aber auch als Schutz für die Reinheit des Grundwassers, Schutz vor Lärm und Schutz vor Klimaextremen. Allein die erkennbaren Engpässe im Bereich der Wasserversorgung zeigen, wie wertvoll die großen Trinkwasserreservoirs geworden sind, die mit Hilfe des Waldes gespeichert und reingehalten werden.

Wald - das ist aber auch Arbeits-und Produktionsstätte, Lieferant eines vielseitig verwendbaren und stark nachgefragten Rohstoffes, von dem wir in Deutschland, aber auch in der EG doppelt soviel benötigen, als wir im eigenen Land erzeugen. Holz wiederum ist nicht nur ein Rohstoff, sondern gleichzeitig auch ein für die Umwelterhaltung wichtiges Produkt, weil bei der Holzerzeugung im Wald mit Hilfe der Sonnenenergie Kohlenstoff gebunden wird und auf diese Weise ein positiver Beitrag zur CO_2 - Bilanz entsteht. Wenn dieses Holz nicht verbrannt wird oder im Wald vermodert, sondern als Möbel, Baustoff oder Papier über lange Zeit erhalten bleibt, so entsteht durch die Holzverwendung zusätzlich eine CO_2-Senke. Im Wald muß also Holz erzeugt werden, weil es nicht nur für die Wirtschaft, die Erhaltung von Existenzen und für die Deckung des Bedarfes benötigt wird, sondern weil es auch einen wichtigen Beitrag zum Umwelt-Gleichgewicht liefert.

Wald - das ist Eigentum vieler hunderttausend Menschen in Deutschland, auch Eigentum von Voll- und Nebenerwerbslandwirten, die aus der wirtschaftlichen Nutzung des Waldes einen Beitrag zur Existenzsicherung ihres bäuerlichen Betriebes erwarten.

Wald - das ist Lebensraum für viele Wildarten und flächenhafte Voraussetzung für die Ausübung der Jagd, die ihrerseits für viele Menschen eine traditionell hochgeschätzte (Freizeit-) Betätigung ermöglicht.

Wald - das ist nicht zuletzt jener Landschaftsraum, wo menschliche Einwirkungen noch am wenigsten spürbar werden, wenn man andere Bodennutzungsarten zum Vergleich heranzieht. Im Wald gibt es viele natürliche, das heißt sich selbst überlassene Abläufe; es gibt eine Vielzahl von Tieren, die dort ihren Zuflucts- und Lebensraum haben, es gibt innerhalb der etwa hundertjährigen Wachstumsperiode des Waldes eine Vielzahl unterschiedlicher Erscheinungsformen und ökologisch relevanter Gesellschaftsbildungen von Pflanzen und Tieren. Wald ist also gerade in unserer zivilisatorischen und technisierten Welt als quasi - Naturraum von größter Bedeutung und insofern auch Objekt des Naturschutzes.

Wenn wir diese Sachverhalte, die - jeder für sich allein genommen - unstrittig sind, miteinander verbinden, so entsteht in sozialwissenschaftlicher/politikwissenschaftlicher Betrachtungsweise ein Beziehungsgefüge, das so interpretiert werden kann: der Wald ist aufgrund seiner multifunktionalen Eigenschaften in der Lage, eine Vielzahl unterschiedlicher Leistungen zu erbringen, die jeweils für andere Personengruppen von Nutzen sind. Diese vom Wald ausgehenden Leistungen sind aber nur die eine Seite der Medaille. Auf der anderen Seite sind die Anforderungen und Erwartungen abgebildet, die von den verschiedenen Personengruppen (= sozialen Systemen) ausgehen. Jede dieser Personengruppen hat andersartige Zielvorstellungen und in diesen Zielvorstellungen spielt Wald jeweils eine andere Rolle. Wald ist somit nicht nur vielgestaltiger Leistungsträger, sondern gleichzeitig auch Empfangszentrale unterschiedlicher Wünsche, Anforderungen und Erwartungen. Diese Unterschiedlichkeit führt im gesellschaftlichen Leben dazu, daß Wald damit zu einem Konfliktraum wird, in dem gegensätzliche Zielvorstellungen aufeinander stoßen und wo die sich daraus ergebende Auseinandersetzungen ausgetragen werden. Das gilt nicht nur für den Wald im allgemeinen, sondern auch für die konkrete Waldfläche, wo an ein und demselben Ort eine Mehrzahl von gesellschaftlichen Anforderungen wirksam werden kann. Abbildung 1 stellt diese Zusammenhänge bildlich dar und verdeutlicht die Position des Waldes als Funktionsträger und Konfliktraum. Diese Betrachtungsweise kann natürlich auch auf andere Objekte der Raumnutzung angewendet werden und hat insofern für die politikwissenschaftliche Konfliktforschung in Raumnutzungsfragen allgemeingültige Bedeutung. Wichtig ist dabei, daß - in Übereinstimmung mit der vorausgegangenen Beschreibung der einzelnen Sachverhalte - die unterschiedlichen Positionen rund um den Wald als legitim betrachtet werden müssen, denn die damit verbundenen Erwartungen ergeben sich zwangsläufig aus der jeweiligen Situation und den vorgegebenen Rahmenbedingungen der betreffenden Gruppierungen: wenn jemand Jäger ist - und die Tatsache des "Jäger-Seins" ist legitim -, dann übt er zwangsläufig die Jagd aus, was wiederum das Vorhandensein von Wild voraussetzt, natürlich von Wild in einem solchen Zustand und in einer solchen Zahl, wie es aus der Sicht des Jägers wünschenswert ist. In gleicher Weise kann für jede andere Position die Legitimität der Erwartungen hergeleitet werden. Nur dann, wenn man diese Legitimität akzeptiert, können Konfliktminimierungsstrategien entworfen werden, die nicht der einen oder anderen Position einen einseitigen Vorrang einräumen, sondern die einen optimalen Interessenausgleich anstreben, mit höchstmöglichem Nutzen und geringsten Belastungen für alle und mit einer möglichst gerechten bzw. gleichmäßigen Verteilung.

Abbildung 1

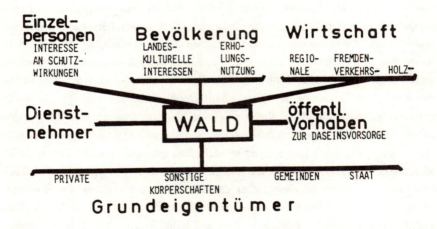

4.2 Mehrzweckforstwirtschaft

In Mitteleuropa hat sich seit etwa 200 Jahren eine traditionell gefestigte Waldbehandlung herausgebildet, die auf die Multifunktionalität des Waldes mit einer adäquaten, die unterschiedlichen Zielvorstellungen nebeneinander berücksichtigenden Behandlungsweise antwortet. Diese für die mitteleuropäischen Verhältnisse typische Mehrzweckforstwirtschaft unterscheidet sich allerdings grundlegend von der Waldbehandlung auf anderen Kontinenten (Afrika, Südamerika), wo Wald auf großen Flächen ohne Rücksicht auf die Kontinuität der Waldnutzung abgeholzt wird, was zumeist mit einer Zerstörung des Waldstandortes verbunden ist. Auch in Nordamerika hat das Prinzip der Mehrzweckforstwirtschaft noch nicht überall Eingang gefunden und ist die Überführung von Urwäldern in neu angepflanzten Wald ebenso mit zahlreichen Problemen verbunden wie die Anlage von großflächigen Waldplantagen mit hohen wirtschaftlichen Ertragserwartungen und zumeist geringer Umtriebszeit. Wegen dieser unterschiedlichen Gegebenheiten muß ausdrücklich hervorgehoben werden, daß die hier folgenden Ausführungen sich nur auf die Waldbewirtschaftung mitteleuropäischer Prägung beziehen.

Was ist nun das Wesen dieser Mehrzweckforstwirtschaft?

Im Vordergrund steht die Waldbewirtschaftung mit dem Ziel der Holzerzeugung. Das bedeutet aber nicht eine einseitige Bevorzugung ökonomischer Ziele, sondern spiegelt einerseits den Arbeitszeiteinsatz wieder, der sich weit überwiegend an den Erfordernissen der Holzproduktion orientiert, anderseits steht die Holzerzeugung auch deswegen im Vordergrund, weil sie - bisher - die einzige Einnahmequelle darstellt, die Maßnahmen im Wald und für den Wald überhaupt ermöglicht. Diese Waldbewirtschaftung ist aber nicht frei von beschränkenden Auflagen - was sie eben auch von der außereuropäischen Waldbewirtschaftung in vielen Fällen unterscheidet -, und sie wird definiert durch ein traditionell gewachsenes Selbstverständnis der Forstleute und Waldbesitzer, das durch strenge forstgesetzliche Bestimmungen auch gegenüber Außenseitern wirksam gemacht wird.

Mehrzweckforstwirtschaft ist vor allem nachhaltig. Das bedeutet eine Festlegung der jährlichen Nutzungsmengen in einem solchen Umfang, daß sich Holzentnahmen und Holzzuwachs die Waage halten. Zur nachhaltigen Waldbewirtschaftung gehört auch die Wiederverjüngung des Waldes nach der Nutzung des Altholzes, so daß die Kontinuität des Waldes und auch der vom Wald erbrachten Leistungen gesichert ist. Solche Aufforstungen werden mit standortsangepaßten Baumarten vorgenommen, wobei einerseits die spätere wirtschaftliche Nutzbarkeit des Baumes Berücksichtigung findet, anderseits aber auch die Stabilität der Waldbestände, insbesondere also das gesunde und gegen Schädigungen und Schädlinge möglichst resistente Heranwachsen der Bäume gesichert sein soll. In einer solchen Baumartenwahl haben auch ausländische Baumarten, z.B. die Douglasie oder die Roteiche, durchaus ihren Platz, wenn ihre Bedürfnisse mit den jeweiligen Standortsverhältnissen harmonieren. Auch die Fichte, die derzeit etwa 40 % des deutschen Waldes repräsentiert und als "Brotbaum der deutschen Forstwirtschaft" angesprochen wird, ist ein Fixstarter der Mehrzweckforstwirtschaft. Die forstfachlichen Vorstellungen gehen aber schon seit vielen Jahrzehnten dahin, keine reinen Fichtenbestände, sondern Fichtenwälder gemischt mit Buche, Tanne oder sonstigen, den jeweiligen Standortverhältnissen angepaßten Mischbaumarten (mit einem Anteil von mindestens 10 bis 20 %) zu begründen, weil damit die Stabilität der Bestände und im Wege des Düngereintrages durch die Streu auch die Ertragskraft des Bodens erhöht werden können. Ebenso weiß man schon seit langer Zeit, daß die flachwurzelnde Fichte auf vernäßten und zur Vernässung neigenden Standorten nicht angebaut werden soll, weil sie dort einem hohen Windwurfrisiko ausgesetzt ist. Die verheerenden Stürme des Jahres 1990, die dem deutschen Wald eine Windwurfkatastrophe im bis dahin noch nicht gekannten Ausmaß beschert haben, deckten gleichzeitig die Tatsache auf, daß sich die Praxis nicht überall an diese Anbauempfehlungen gehalten hat, weil Fichtenbestände insbesondere in solchen zur Vernässung neigenden Lagen extrem geschädigt wurden. Mit diesem Hinweis soll gleichzeitig zum Ausdruck gebracht werden, daß die hier beschriebene Konzeption der Mehrzweckforstwirtschaft natürlich nicht immun ist gegen Abweichungen seitens einzelner, gegen fehlerhafte Interpretation und kurzsichtige Anwendung; vergleichbares kennen wir auch aus anderen Abläufen und beruflichen Tätigkeiten. Für die Bewertung des Konzeptes ist aber wichtig, wie das Gros der Entwicklungen aussieht und wie die weit überwiegenden Effekte zu beurteilen sind.

Mehrzweckforstwirtschaft mitteleuropäischer Prägung bemüht sich im zunehmenden Maße, Großkahlschläge zu vermeiden und mit viel Naturverjüngung anstelle von Aufforstungen zu arbeiten. Das geschieht vor allem deswegen, weil das Ergebnis sowohl hinsichtlich der waldbaulichen Effekte und des zu erzielenden Zuwachses als auch hinsichtlich der Kosten in der Regel günstiger ist. Aktivitäten unter dem Leitbegriff "Naturnahe Waldwirtschaft" haben diese Entwicklung schon vor vielen Jahrzehnten forciert; der Begriff "Naturnahe Waldwirtschaft", der heute weitgehend identisch mit den Zielsetzungen einer Mehrzweckforstwirtschaft ist, wird allerdings von vielen Forstleuten dann nicht akzeptiert, wenn sich mit ihm dogmatisches Denken und mangelnde Flexibilität beim Eingehen auf standörtliche und betriebliche Sondersituationen verbinden.

Auch der Waldstraßenbau gehört zu einer Mehrzweckforstwirtschaft, und zwar in jenem Umfang, der durch die Erfordernisse einer Holzeinbringung geboten ist, die technisch machbar, kostengünstig, gleichzeitig aber auch pfleglich für den Boden und die verbleibenden Bestände ist. Übertriebene Aufschließungsdichte entspricht dabei ebensowenig dem Konzept wie perfektionistische Wegbefestigungsmaßnahmen. Ähnlich ist der Maschineneinsatz im Wald zu beurteilen, der vor allem von der Notwendigkeit getragen wird, die schwere Arbeit bei der Holzschlägerung und Holzeinbringung für die daran beteiligten Menschen zu erleichtern; er muß sich gleichzeitig daran orientieren, daß Waldboden und verbleibende Waldbestände möglichst geschont werden.

Schließlich gehört es zu den Prinzipien der Waldbewirtschaftung innerhalb einer solchen Mehrzweckforstwirtschaft, daß keine Chemikalien eingesetzt werden oder im Ausnahmefall nur dann, wenn durch einen solchen Chemikalieneinsatz gegen Forstschädlinge der Totalverlust des Waldes abgewendet werden soll. Die Forstwissenschaft hat ein umfangreiches Bündel von biologischen Maßnahmen entwickelt, mit deren Hilfe Schädlinge mit großem Erfolg bekämpft werden können und die in der Regel ausreichen, um die Existenz und das Wachstum der Waldbestände zu gewährleisten.

Hand in Hand mit dieser Bewirtschaftung geht aber auch die Begünstigung und Sicherung der Schutzwirkungen des Waldes. Zumeist wird dies bereits durch die ordnungsgemäße Bewirtschaftung erreicht. Im Konfliktfall hat aber die Schutzwirkung absoluten Vorrang gegenüber den Zielsetzungen der Holzproduktion. Es muß hervorgehoben werden, daß gerade diese Priorität im Forstgesetz fest verankert ist und keine Abweichung zuläßt.

Mehrzweckforstwirtschaft integriert ebenso auch die Bedürfnisse der Erholungsuchenden, die in der Regel mit dem Holzproduktionsbetrieb ohne Schwierigkeiten zu synchronisieren sind. Denn in einem Wald, der 100 Jahre wächst, wird in einem Jahr Holz nur auf einem Hundertstel der Waldfläche geschlägert; wenn man Pflege und Durchforstungsmaßnahmen dazuzählt, mögen es insgesamt im Jahr vielleicht 2 oder 3 % der Fläche sein, die bearbeitet werden, und auch das nicht während des ganzen Jahres, sondern auf Teilflächen hintereinander. Es ist leicht einzusehen, daß derartige Bewirtschaftungsmaßnahen mit den Bedürfnissen der Erholungsuchenden nach Ruhe und Natürlichkeit des Erholungsraumes in Einklang gebracht werden können. Befragungen der Waldbesucher bestätigen dies.

Mischwaldbegründung, besondere Pflege der Waldränder, Verzicht auf Großkahlschläge - das alles befriedigt gleichzeitig auch Ansprüche an die Qualität des Landschaftsbildes, das natürlich in erster Linie durch den Wald als solchen, seine flächenhafte Einbindung in die Umgebung und seine speziellen Bestandes- und Aufbauformen geprägt wird. Beeinträchtigungen des Landschaftsbildes können allenfalls im Zusammenhang mit einer flächenhaften Nutzung oder mit dem Bau von Forstwegen vermutet werden. Dabei muß aber auch für die Waldbewirtschaftung der Grundsatz gelten, der etwa bei der Renovierung von denkmalgeschützten Bauten selbstverständlich ist, daß nämlich vorübergehende Baustellen zur Aufrechterhaltung des zu schützenden Objektes zu tolerieren sind.

Mehrzweckforstwirtschaft akzeptiert natürlich das Vorhandensein von Wild und sieht in der Waldfläche gleichzeitig auch eine Jagdfläche. Das gilt allerdings nur in Verbindung mit einer klaren Prioritätensetzung, bei der Wald vor Wild eingestuft wird. Jagd und Wildhege müssen also die vorrangigen Ansprüche der Waldbewirtschaftung akzeptieren, die sich vor allem auf die Vermeidung von Schälschäden sowie auf die Vermeidung eines die Mischwaldbegründung gefährdenden Verbisses der Jungpflanzen konzentrieren. Im wesentlichen sind diese Forderungen durch eine Anpassung bzw. Reduzierung des Wildstandes zu erfüllen. Daß diese Forderungen heute im beträchtlichen Maße noch unerfüllt sind, bestätigt die bereits besprochene Tatsache, wonach Mehrzweckforstwirtschaft zwar als Prinzip klar definiert werden kann, bei der Umsetzung in die Praxis aber Mängel auftreten können, die im Falle der Jagd nicht der Forstwirtschaft selbst, sondern den von außen kommenden Einflußnahmen zuzurechnen sind.

Wir erkennen also, daß Mehrzweckforstwirtschaft eine Bodennutzungsart ist, die ganz unterschiedliche Anforderungen an die Fläche miteinander vereinigt und die es möglich macht, daß bei ein und derselben Waldbehandlung unterschiedliche Nutzerwünsche nebeneinander und gleichzeitig erfüllt werden: es kann Holz produziert und geerntet werden, Erholungssuchende können sich im Wald bewegen und aufhalten, es kann die Jagd ausgeübt werden und der Wald erbringt kontinuierlich landeskulturelle Schutzwirkungen. Der größte Teil aller dieser Anforderungen ist wechselseitig miteinander vereinbar, dabei erforderliche Rücksichtnahmen sind zumutbar und werden auch getätigt. Man kann es auch so ausdrücken: Auf 90 % der Strecke gehen alle am Wald interessierten Gruppen denselben Weg, behindern sich kaum und pflegen gutes Einvernehmen. Lediglich auf den letzten 10 % dieses Weges kann es zu Konflikten und zu einem Auseinanderdriften der Wege kommen; z.B. wenn in einem speziellen Fall der Inhaber eines Sanatoriums die permanente Lärmschutzwirkung des umgebenden

Waldes gegenüber der nahe vorbeiführenden Autobahn reklamiert und gleichzeitig der Eigentümer des Waldes eine Waldbewirtschaftung für vorteilhaft hält, die diesen Schutz nicht kontinuierlich gewährleistet; wenn die Erholungsnutzung des Waldes in einem besonders intensiv genutzten Gebiet wegen spezieller Wünsche an den Waldzustand mit den produktionswirtschaftlichen Zielsetzungen nicht vereinbar ist; wenn aus Naturschutzgründen ein besonderes Biotop so erhalten oder gepflegt werden soll, daß dadurch die ansonsten ordnungsgemäße Waldbewirtschaftung beeinträchtigt wird. Solche Fälle sind selten, sie stellen das Prinzip der Synthese innerhalb der Mehrzweckforstwirtschaft im Grundsatz nicht in Frage und sie sind in der Regel auch ohne Schwierigkeiten zu entflechten, wenn man nämlich die dabei auftretenden Beeinträchtigungen legitimer produktionswirtschaftlicher Ziele mit einem entsprechenden finanziellen Ausgleich abgilt.

Mehrzweckforstwirtschaft stellt also eine Besonderheit dar, die es in der Raumnutzung nirgendwo gibt. Denn in allen anderen Fällen hat sich zu Recht eine Betrachtungsweise eingebürgert, die von nur einer Nutzungsmöglichkeit ausgeht: man kann entweder die landwirtschaftliche Nutzung beibehalten oder auf derselben Fläche eine Straße bauen; man kann entweder ein bestimmtes Biotop bewahren oder auf dieser Fläche Bauland ausweisen; man kann entweder die heute überwiegend geübte intensive landwirtschaftliche Nutzung durchführen oder auf derselben Fläche eine ganz andersartige chemielose, biologisch konzipierte Landwirtschaft betreiben. Raumnutzung und ganz besonders Naturschutz haben sich also daran gewöhnt, mit klar abgegrenzten, gegensätzlichen Positionen umzugehen und die Durchsetzung der jeweils bevorzugten Raum- und Bodennutzung zu betreiben. Aus der Sicht des Naturschutzes ist dabei verständlicher Weise alles negativ zu beurteilen, was mit ökonomischen Zielvorstellungen in Verbindung steht oder von solchen geprägt wird - denn nur bei Ausschaltung solcher ökonomischer Zielvorstellungen sind ökologische Schutzziele zu realisieren. Aus diesem Gegensatz heraus haben sich jene politischen Gegensätze entwickelt, von denen eingangs schon berichtet worden ist. Die Besonderheiten der Abläufe im Wald machen es möglich, demgegenüber ein ganz andersartiges Denkmodell zu entwickeln. Wir haben gesehen, daß der Wald Gemeinsamkeiten zwischen ökonomischen und ökologischen Zielvorstellungen zuläßt, daß er mehrere Interessen gleichzeitig befriedigen kann, auch wenn diese Interessen in ihrer grundsätzlichen Zielrichtung weit auseinanderklaffen.

Wald ist somit ein Modell dafür, daß Gegensätze überbrückt, mit Hilfe wechselseitiger Rücksichtnahme zufriedenstellende Problemlösungen erreicht und die Summe des Nutzens in einer für alle Beteiligten zufriedenstellenden Weise optimiert werden kann. Mehrzweckforstwirtschaft ist das Stichwort dafür, daß dieses Nebeneinander und Miteinander tatsächlich möglich wird. Mehrzweckforstwirtschaft ist damit gleichzeitig aber auch ein Modell für die ganze Gesellschaft, immer und überall Wege zu suchen, die in den Konfliktsituationen zwischen Ökonomie und Ökologie nicht das Trennende und Gegensätzliche, sondern das Verbindende und Ausgleichende aufspüren, und wo mit Rücksichtnahmen, die nur geringe Beeinträchtigungen zur Folge haben, große gesamtgesellschaftliche Erfolge erzielt werden könnten. Eine solche Betrachtungsweise führt dann zwangsläufig auch zu der Erkenntnis, daß Wirtschaften an sich nichts Naturschutz-widriges ist, daß wirtschaftlich positive Effekte dem Naturschützer nicht von vornherein suspekt sein müssen, sondern daß gerade die Vereinbarkeit von Wirtschaften und Umweltschutz unserer Gesellschaft erst die Chance dafür bietet, die Herausforderungen der Zukunft zu bewältigen.

4.3 Naturschutz und Mehrzweckforstwirtschaft

Weil Mehrzweckforstwirtschaft so sehr aus dem Rahmen gängiger Denkprozesse herausfällt, sind Mißverständnisse und falsche Interpretationen in Verbindung mit Wald an der Tagesordnung. Wer Raumnutzungskonflikte ständig in Schwarz-Weiß-Kontrasten erlebt (z.B. Autobahn oder unbeeinträchtigte Landschaft; Abwassereinleitung oder reines Wasser im Fluß), für den ist es eben schwer oder anfangs überhaupt nicht verständlich, daß wirtschaftliche Effektivität, Intensivierung der Produktion und kostenbewußtes Handeln vereinbar sind mit ökologischen Zielvorstellungen, Freiraumnutzung für erholungssuchende Menschen und Bewahrung der Schutzfunktionen des Waldes. Es gibt deshalb sehr viele Repräsentanten von grünen oder ökologischen Gruppierungen, die den Ja-Nein-Mechanismus im übrigen Umweltschutzbereich und die Rezeptur der Verhinderung wirtschaftlicher Intensivierungsmaßnahmen im Naturraum auch auf den Wald übertragen, ohne zu merken, daß dies unbegründet ist. Daraus entstehen häufig auch Konflikte zwischen Naturschutz und Forstwirtschaft. Nachfolgend soll das an einigen Beispielen erläutert werden.

In einer Fernsehwerbung hat eine Firma der Hygiene-Artikel-Branche den Slogan vermarktet: "Wenn du morgen noch im Wald spazieren gehen willst, dann mußt du heute Zellstoff aus Altpapier verwenden". Das Forcieren von Altpapier-Einsatz und das dahinterstehende Prinzip des Rohstoff-Recycling ist richtig und unterstützenswert, weil damit dem sparsamen Umgang mit Rohstoffen das Wort geredet wird. Abgesehen davon, daß natürlich auch Altpapier aus Waldholz hergestellt wurde, sich die Recycling-Fähigkeit dieses Altpapiers erschöpft und auch deswegen Waldholzeinsatz unerläßlich ist, vermittelt dieser Slogan aber den Eindruck, *Holznutzung, also Holzverwendung ist für den Wald schädlich*, gefährdet sogar seine zukünftige Existenz. Gerade das Gegenteil ist der Fall. Holz für die Zellstofferzeugung wird zumeist im Wege der Durchforstung aus den jüngeren Beständen gewonnen und stellt dort eine wichtige Pflegemaßnahme dar; mit der Hilfe der Durchforstung werden die Bäume standfester (eine Vorsorge gegen Schneedruck und Wind), es können kranke und krüppelige Exemplare entnommen werden (was das Entstehen nicht nur wertvoller, sondern auch schöner Altholzbestände erleichtert), es wird das Weiterwachsen der ansonsten häufig unterdrückten und sodann absterbenden Mischbaumarten gewährleistet und es werden auch Auflichtungseffekte erzielt, die der organischen Humusverwertung zugute kommen.

Ähnliches gilt für die Altholznutzung, also für das Entnehmen der nach wirtschaftlichen Gesichtspunkten hiebsreifen Stämme, die von der Sägeindustrie oder von anderen auf Starkholzverwendung spezialisierten Betrieben verarbeitet werden. Wenngleich Bäume 100, 120 oder noch mehr Jahre alt werden - also während einer Zeitspanne leben, die den Erfahrungshorizont eines einzelnen Menschen um ein mehrfaches übersteigt -, so ist dieses Leben doch irgendwann einmal zu Ende. Die alten Bäume werden durch junge ersetzt. Dieses kontinuierliche Werden und Vergehen ist ein natürlicher Kreislauf. Er läuft im Urwald genauso ab wie im Wirtschaftswald. Im Urwald ist die Zeitspanne länger, weil die Alterungs- und Absterbensphase der Bäume voll ausgeschöpft wird und weil auch in vielen standortsbedingten Fällen die Wiederverjüngung mit mehr oder weniger großer Verzögerung aufkommt. Wenn wirtschaftlich hiebsreife Bäume geerntet werden, dann wird dadurch der natürliche Ablauf des Geschehens im Walde also nur korrigiert und gestrafft, keineswegs geändert und es wird deswegen die Existenz des Waldes oder die ökologische Vielfalt und Stabilität, wie sie sich seit Jahrzehnten und Jahrhunderten im Wald herausgebildet hat, nicht im geringsten gefährdet oder nachteilig verändert.

Natürlich könnte man den Standpunkt einnehmen, besser als der vom Menschen korrigierte Wachstumsvorgang sei der ursprüngliche und vollständig naturhafte. Man könnte sich wünschen, daß die Wälder in Deutschland wieder zu Urwäldern werden. Damit wäre aber nicht nur das Ende der Holznutzung und menschlichen Holzverwendung programmiert, sondern ebenso auch das Ende vieler dem Menschen liebgewordener, teilweise für die menschliche Existenz notwendiger Leistungen des Waldes im nicht-produktionswirtschaftlichen Bereich. Erholen, Spazierengehen und Wandern im Wald würden immer problematischer werden, weil absterbende Bäume eine Gefahr für den Waldbesucher darstellten, weil umgestürzte Bäume die Wege und Pfade unpassierbar machten und weil sich insbesondere der Stadtbewohner in einem solchen ungepflegten und unwirtlichen Wald nicht mehr wohlfühlen würde. Auf die Schutzwirkungen des Waldes, die insbesondere in den Berggebieten eine große landeskulturelle Bedeutung besitzen, müßte weitgehend verzichtet werden, weil ein sich selbst überlassener Wald während langer Zerfalls- und Aufbauphasen keine oder nur minimale Schutzwirkungen (z.B. Erosionsschutz, Lawinenschutz, Lärmschutz) ausüben kann. Schließlich würde die Ausübung der Jagd immer schwieriger und der Wildstand immer höher werden, was ein erhebliches Ansteigen der Wildschäden auf den angrenzenden landwirtschaftlichen Flächen zur Folge hätte.

Die Menschen in diesem Lande würden eine solche Entwicklung niemals wollen, sie vielmehr als ein Horror-Szenarium einstufen. Trotzdem sollte an diese Konsequenzen erinnert werden, um deutlich zu machen, daß dies die zwangsläufige Folge von Forderungen oder Wunschvorstellungen ist, die das Wirtschaften im Walde für schlecht halten, es einstellen möchten oder die das Entnehmen von Holz als Ökosystem-schädlich oder suspekt betrachten und damit letztlich zum selben Ergebnis kommen. Die theoretisch denkbare Alternative im Zusammenhang mit solchen Wunschvorstellungen wird von den Menschen in diesem Lande mit Sicherheit aber auch nicht gewollt: daß man nämlich das Wirtschaften im Walde und die Holzverwendung einstellt, stattdessen aber mit hohem finanziellen Aufwand die Wälder pflegt, die Wege und Steige begehbar hält, auftretende Massenvermehrungen von Insekten bekämpft, ohne daß diesen Aufwendungen ein finanzieller Ertrag gegenüber steht. Wald muß also auch bewirtschaftet werden, damit Schutz- und Erholungswirkungen der Gesellschaft annähernd kostenlos oder zu erträglich geringen Kosten zur Verfügung stehen.

Der Gedanke, Urwälder wieder entstehen zu lassen und sie als Versuchs- und Demonstrationsobjekte, aber auch als Lebensraum für nur dort existierende Pflanzen- und Tierarten zu nutzen, ist als solcher zu begrüßen. Strittig ist dabei lediglich das Ausmaß, in dem solche Vorstellungen verwirklicht werden sollen. In entsprechenden Grenzen kann die Realisierung derartiger Zielsetzungen auch ohne gesellschaftspolitische Schwierigkeiten erwartet werden, wie dies etwa die von der Baden-Württembergischen Landesforstverwaltung geschaffenen Bannwälder oder andere Waldreservate beweisen. Der Anteil von Staatswäldern (etwa ein Drittel der Gesamtwaldfläche) macht es möglich, solche Reservatsflächen ohne Inanspruchnahme des Privatwaldes einzurichten und damit in der eigenen Kompetenz öffentlicher Institutionen die damit verbundenen Zielsetzungen zu verwirklichen. In Ansehung des Landes- bzw. Gemeindehaushaltes müßte dann entschieden werden, auf welcher Fläche die Öffentlichkeit auf Holznutzungen verzichten und wieviel Kosten sie zur Pflege und Erhaltung der dort entstehenden naturbelassenen Wälder aufwenden will.

Eine ähnliche Fehleinschätzung der gesellschaftspolitischen Aufgaben des Waldes wird erkennbar, wenn zwar die Bewirtschaftung des Waldes zugestanden wird, dieser Bewirtschaftung aber weitreichende, die betriebswirtschaftlichen Erfordernisse ignorierende Auflagen gemacht werden sollen. Das gilt insbesondere für die Ablehnung jeglichen Anbaus ausländischer Holzarten, für die weitreichende, manchmal sogar kompromißlose Zurückdrängung der Fichte und für das Verlangen, den Wald im Sinne einer "potentiell natürlichen Vegetation" umzubauen. Weil Waldbewirtschaftung ja "Wirtschaften" bedeutet und nicht das Verfolgen andersartiger Zielvorstellungen, führen solche einengende Vorstellungen sehr rasch zum gleichen Ergebnis wie die eben besprochene Forderung nach Einstellung der Nutzung.

Wenn vom *Ausländer-Anbau* die Rede ist, dann soll hier keinesfalls einer unbegrenzten und kritiklosen Verwendung ausländischer Baumarten das Wort geredet werden. Wer zypressenähnliche Bäume in unseren Wäldern anpflanzen will, wird mit Recht auf Widerstand stoßen. Wenn man aber weiß, daß beispielsweise die Douglasie auf verschiedenen deutschen Anbauorten bereits eine Umtriebszeit lang getestet wurde und alle Erwartungen hinsichtlich hoher Ertragskraft, Gesundheit und Mischwald-Verträglichkeit erfüllt hat, dann gibt es keinen Grund, sich gegen die Beimischung der Douglasie auf den ihr zusagenden Standorten und in einer angemessenen Mischung auszusprechen. Denn nicht nur das schnelle Wachstum und in Verbindung damit die hohe ertragswirtschaftliche Leistung dieser aus Nordamerika kommenden Baumart sprechen für ihre Verwendung, sondern auch der positive Beitrag, der von diesem Baum in waldästhetischer Hinsicht ausgeht und die Vielfalt der in Europa - im Vergleich zu Nordamerika - ohnedies wenig abwechslungsreichen Nadelwaldbestände erhöht. Ist doch gerade die Douglasie ein Baum, der durch sein frisches Grün und seine weichen Linien ästhetischen Ansprüchen im besonderen Maße genügt und der deswegen auch beliebt ist. Die kompromißlose Ablehnung des Anbaus ausländischer Baumarten durch manche Naturschutz-Vertreter ist deshalb ebenso unverständlich wie sachfremd. Sie ist auch nicht vereinbar mit gesellschaftlichem Verhalten auf anderen Gebieten: würde man vor mehreren hundert Jahren beim Anbau der Kartoffel ähnlich gehandelt haben, stünde heute ein Volksnahrungsmittel nicht zur Verfügung, das von der deutschen Speisekarte kaum mehr wegzudenken ist.

Auch die häufig propagierte *Ablehnung der Fichte*, die von manchen schon als eine "Verteufelung" bezeichnet worden ist, entbehrt in dieser Form jeglicher sachlicher Grundlage. Der weltweit anerkannte Fichtenexperte Professor SCHMIDT-VOGT stellt dazu fest: "Wenn die Fichte bei uns in Mißkredit gekommen ist, so liegt es nicht an der Baumart Fichte, sondern an dem fehlenden Wissen um deren Gesetze. Ziel eines naturnahen Waldbaues muß also sein, diesen Baum besser kennen und verstehen zu lernen"[24]. Aus diesem früheren Nichtverstehen haben sich vor allem zwei Fehler in der Behandlung der Fichte herausgebildet, die heute unerwünschte Folgen zeitigen: massiver Anbau in Reinbeständen auf nichtgeeigneten Standorten und eine zu engständige Begründung und Erziehung. Heute weiß man, daß Fichte am besten zusammen mit bodenpflegenden Mischbaumarten (Laubbäume) angebaut wird und dann nicht nur bessere Erträge liefert, sondern daß dabei auch eine standortverschlechternde Rohhumusbildung weitgehend hintangehalten wird. Auch ist bekannt, daß der Anbau von Fichte auf vernäßten oder zur Vernässung neigenden Standorten unterbleiben muß, weil dort neben anderen Schädigungen insbesondere die Windwurfgefahr sehr groß ist. Weil Mitteleuropa, mit Ausnahme der Berggebiete, außerhalb des natürlichen Verbreitungsgebietes der Fichte liegt, ist weiters die Erkenntnis von SCHMIDT-VOGT wichtig, daß die Grenzen dieses Verbreitungsgebietes nicht identisch sind mit den Grenzen der waldbaulich möglichen Anbaugebiete. Denn der Rückzug der Fichte aus Mitteleuropa hat vor allem deswegen stattgefunden, weil hier klimax-optimale Baumarten wie Tanne und Buche, die als schattenliebende Holzarten mit einer besonderen Konkurrenzfestigkeit ausgestattet sind, die Fichte verdrängt haben. Die Fichte kann also auch in Mitteleuropa als sich natürlich verjüngende und einheimische Baumart akzeptiert werden, wenn man dabei ihre besonderen standörtlichen Ansprüche respektiert, die insbesondere eine sehr gute Wasserversorgung (mindestens 600 bis 800 mm Jahresniederschlag) verlangen.

Mehrzweckforstwirtschaft und naturnaher Waldbau haben also einen großen Spielraum, um Fichte in Mischwäldern heranzuziehen, natürlich zu verjüngen und durch entsprechende Pflegemaßnahmen in dieses Waldwachstum auch bodenverbessernd einzugreifen. Die Baumart Fichte, die in Deutschland[25] etwa 40 % der Waldfläche einnimmt, wird als "Brotbaum" des deutschen Waldes bezeichnet, weil sich ihr die günstigsten Verwertungsmöglichkeiten eröffnen. Schon allein deshalb wird die Fichte auch in Zukunft in sehr vielen Regionen wichtigste Baumart bleiben und muß im Zuge der Mehrzweckforstwirtschaft entsprechende

----

24. SCHMITD-VOGT H. (1991): Naturnahe Fichtenwirtschaft. Heft 31 der Wilhelm-Münker-Stiftung
25. alte Bundesländer

Beachtung finden. Jede undifferenzierte Ablehnung der Fichte und des Fichten-anbaus ist nicht nur sachlich falsch, sondern verstellt den Blick auf die tatsächlich vorhandene Aufgabe, nämlich Fichte standortsgemäß und ihren Eigenschaften entsprechend anzubauen und zu bewirtschaften bzw. eine Ablehnung der Fichte dort durchzusetzen, wo sie auf Grund standörtlicher Gegebenheiten fehl am Plat-ze ist.

Die weitauseinanderklaffende Beurteilung der Fichte - einerseits als Säule einer naturnahen Mehrzweckforstwirtschaft in Mitteleuropa, andererseits als standortswidriges und deshalb aus der Sicht des Naturschutzes absolut abzuleh-nendes Forst-Konstrukt - macht deutlich, daß extreme Naturschutz-Positionen zwar von Waldbewirtschaftung sprechen, die ökonomischen Erfordernisse einer solchen Bewirtschaftung aber nicht akzeptieren.

Ähnlich ist es auch mit den Aussagen des Naturschutzes, wenn der *Umbau des Waldes auf großer Fläche im Sinne einer "potentiell natürlichen Vegetation"* ver-langt wird oder wenn neu aufzuforstende Flächen nach solchen Grundsätzen ge-staltet werden sollen. Damit erhält Waldwirtschaft eine völlig neue, nicht-wirtschaftliche Orientierung und ist dann eben keine Wald-"Wirtschaft" mehr. Der Wunsch nach einer solchen grundlegenden Umgestaltung der Waldbehand-lung ist als partielles Anliegen des Naturschutzes legitim. Für seine Realisierung und damit für die Bevorzugung dieses Naturschutz-Standpunktes gegenüber an-deren gesellschaftlichen Interessen wäre allerdings eine zwingende sachliche Be-gründung erforderlich. Dabei ist von der Tatsache auszugehen, daß wir kaum ir-gendwo in Mitteleuropa heute noch "natürliche" Verhältnisse im Sinne einer sol-chen Definition vorfinden. Der größte Teil des Landes (Siedlungs- und Verkehrs-flächen, aber auch die landwirtschaftlichen Nutzflächen) ist vom Menschen um-gestaltet worden. Potentiell natürliche Vegetation wäre auf diesen Flächen in den meisten Fällen Wald. Auch viele Flächen, die heute als hochwertige Natur-schutzobjekte eingestuft werden, sind Kunstprodukte des Menschen; immer wie-der zitiertes Beispiel dafür ist das Naturschutzgebiet Lüneburger Heide, das sich allmählich in Wald verwandeln würde, wenn es nicht durch den Menschen bzw. durch die Beweidung mit Schafen im gegenwärtigen Zustand erhalten bliebe. Nach den Gesetzen der Logik spricht kaum etwas dafür, angesichts dieser Vor-aussetzungen aus dem vielgestaltigen Landnutzungssystem einen Teilbereich her-auszugreifen und von der bisherigen, den menschlichen Bedürfnissen angepaßten Nutzung in eine andere, das bisherige Nutzungsziel vernachlässigende Behand-lung überzuführen, die ausschließlich dem gesellschaftlichen Teilziel "Natur-schutz" dient. Ein solches Vorgehen wäre vor allem auch deshalb unlogisch, weil damit jene Bodennutzungsform betroffen würde, die den natürlichen Abläufen ohnedies am nächsten steht und die in ihrer Form der Mehrzwecknutzung Gesichtspunkte der Ökologie und des Naturschutzes in einem erheblichen Umfang integriert. Dazu kommt, daß die ökologischen Vorteile einer solchen, vom Naturschutz gewünschten Entwicklung keineswegs eindeutig beschrieben werden können. Denn in allen Waldgesellschaften sowie in allen unterschiedlichen Altersstadien des Waldes bilden sich spezifische Lebensgemeinschaften von Tieren und begleitenden Pflanzen heraus. Die Entscheidung für einen bestimmten anderen Waldtyp ist gleichzeitig immer eine Entscheidung gegen die Lebensrechte jener Pflanzen und Tiere, die in den gegenwärtig vorhandenen Waldtyp integriert sind. Wenn man einen Fichten-Tannen-Douglasien-Mischwald mit starker Buchen- bzw. auf entsprechenden Standorten auch Ahorn-Beimischung als derzeitige Bestockung eines naturnahen Wirtschaftswaldes vergleicht mit der dort denkbaren potentiellen natürlichen Vegetation, die möglicherweise aus einem Buchenwald mit Tannenbeimischung besteht, dann kann auch nicht erkannt werden, welche ökologischen oder sonstwie der Gesellschaft zugute kommenden Vorteile mit einer Umwandlung in Richtung potentielle natürliche Vegetation verbunden sein sollen. Dasselbe gilt für Standorte im Flachland, wo ein Kiefern-Fichten-Wald mit Laubholzbeimischung oder ein Kiefern-Eichen-Wald umgewandelt werden sollte in einen reinen Laubwald, bestehend aus Eichen und Hainbuchen.

Wie wenig schlüssig das Verlangen nach Entwicklung einer potentiell natürlichen Waldvegetation mit den vorherrschenden Bedingungen in unserem Lebensraum zu vereinbaren ist, zeigt sich auch bei Betrachtung des Verhältnisses von Wald und Wild. Der Wildbestand wird heute nicht mehr - wie in den Zeiten des Vorherrschens "natürlicher" Verhältnisse - vom Raubwild einerseits und vom Futtermangel im Winter andererseits reguliert, denn Raubwild gibt es nicht mehr und der Futtermangel wird von den Jägern durch Fütterung ausgeglichen. Die Folge ist ein hoher Wildstand, der im Wald erheblichen Schaden anrichtet, besonders aber den Aufbau von Mischwäldern gefährdet bzw. unmöglich macht, weil das Wild ganz gezielt die jungen Laubbäumchen abfrißt und auf diese Weise eine negative Auslese betreibt. Wenn bereits der Aufbau von Mischungen im Wirtschaftswald ohne massiven Abschuß (der unter bestimmten Voraussetzungen bis zum Freihalten von Wild, speziell von Hochwild führen müßte) nicht erreichbar ist, dann ist an das Heranwachsen reiner Laubwälder im Sinne der Entwicklung einer potentiell natürlichen Vegetation noch weniger zu denken, wenn nicht gleichzeitig die Wildbestände radikal dezimiert werden. Das aber ist heute nur durch entsprechendes Eingreifen des Menschen erreichbar. Soll also der Mensch wohl das Wild, nicht aber den Wald bewirtschaften?

Resümierend ist festzustellen, daß der Gedanke des vom Naturschutz geforderten Waldumbaus mit dem Ziel der Herstellung einer potentiellen natürlichen Vegetation zwar einen naturschutzphilosophischen Eigenwert besitzt, in die gesellschaftspolitische Auseinandersetzung um Landnutzungsmöglichkeiten aber kaum Vorteile einbringen kann, die eine Ablöse der Mehrzweckforstwirtschaft mit ihrem vielfältigen gesellschaftlichen Nutzen und ihrem hohen ökologischen Standard auf großer Fläche rechtfertigen würden. Der Konflikt läuft also auf die Frage hinaus: Partielle Maximierung oder gesamthafte Optimierung?

Schließlich ist darauf zu verweisen, daß auch der *Kahlschlag* vom Naturschutz heftig kritisiert wird. Kahlschläge werden im Rahmen der Mehrzweckforstwirtschaft in Form einer zumeist schmalen, flächigen Freistellung in regional unterschiedlichem Umfang vorgenommen. Die bodenschonende Ausführung und die Anpassung an vorhandene Bestandesstrukturen, die oftmals eine andere Art der Nutzung gar nicht zulassen, rechtfertigen eine solche Waldnutzung ebenso wie der damit verbundene ökologische Gewinn in Form des Auftretens völlig andersartiger Pflanzen- und Tiergesellschaften. Zu bedenken ist dabei, daß Wald nicht aus einjährigen Pflanzen gebildet wird, sondern aus solchen, die eine Lebenszeit von 100 und mehr Jahren haben. Die sich dabei stark ändernden Größenordnungen des einzelnen Individuums führen zu einem laufend sich verändernden Zusammenspiel der Individuen untereinander. Im Altersklassenwald, der in Mitteleuropa vorherrscht und von mehr oder weniger großen, jeweils gleichaltrigen Beständen gebildet wird, finden wir die vielen verschiedenartigen Phasen der Bestandesentwicklung von der Jungkultur bis zum Altholz. Jede dieser Bestandesphasen ermöglicht anderen Pflanzen- und Tiergesellschaften eine temporäre Existenz. So nutzen beispielsweise viele Tierarten, auch Vögel, die in das Dickungsalter übergehende Jungwuchsphase als geschützten Lebensraum, als günstige Nistgelegenheit und als Fluchtareal. Im sich auflockernden Altholz entstehen dann Halbschatten-liebende Pflanzengesellschaften. Und am Beginn der Altholzphase treten die Pilze in den Vordergrund des Interesses sowohl der Botaniker als auch der Pilzsammler. In dieser Abfolge kommt auch dem Kahlschlag eine ganz besondere Bedeutung zu, denn nur dort entwickelt sich die bekannte und üppige Kahlschlagflora, die ganz wesentlich zur Vegetations-Vielfalt in Waldlandschaften beiträgt und auch für das Tierleben, nicht zuletzt für das Wild von Bedeutung ist. Kahlschlag ist also nicht - wie es von manchen Naturschützern vertreten wird - eo ipso ein naturwidriger und deshalb strikt abzulehnender Bewirtschaftungseingriff im Wald, sondern er kann in wohldosierter Ausdehnung und bei standortsangepaßter Anwendung eine Bereicherung an Flora und Fauna innerhalb des ansonsten weit überwiegend geschlossenen Waldes darstellen, ganz abgesehen von dem landschaftlichen Reiz der Kahlschlagflora und des dort möglichen weiterreichenden Ausblickes.

Neben diesen zentralen Konfliktpunkten zwischen Naturschutz und Mehrzweckforstwirtschaft gibt es noch eine Reihe anderer Fragen, die fallweise zu gegensätzlichen Positionen führen. Genannt sei u. a. der Forstwegebau. Dieser hat in der Zeit nach dem zweiten Weltkrieg in der mitteleuropäischen Forstwirtschaft eine große Bedeutung gehabt und es ist durch die Anlage eines weitverzweigten Forstwegenetz-Systems erst möglich geworden, kleinflächige und pflegliche Waldwirtschaft in der heute vorhandenen, intensiven Form zu betreiben. Diese Maßnahmen der Forstaufschließung sind weitgehend abgeschlossen und bedürfen nur in Einzelfällen noch einer Ergänzung. Unabhängig davon, daß Konfliktfälle deswegen immer seltener werden, ist darauf zu verweisen, daß die meisten Lkw-befahrenen Forstwege wenige Jahre nach ihrem Bau im Landschaftsbild nicht mehr erkennbar sind, von den heranwachsenden benachbarten Beständen bald überdeckt werden und überdies zahlreiche ökologisch vorteilhafte Auswirkungen haben, beispielsweise den Auflichtungs- und Begrünungseffekt innerhalb geschlossener Waldbestände, der in aller Regel auch mit einer neuen Traufbildung, vielleicht mit der zusätzlichen Schaffung von Vogelnistmöglichkeiten und dem Entstehen weiterer spezifischer Lebensräume verbunden ist. Bei pfleglicher, d. h. ordnungsgemäßer Ausführung des Waldwegebaus reduzieren sich seine ökologischen Nachteile auf die Durchschneidung und Einengung des Lebensraumes bestimmter Tiere, insbesondere Kleinlebewesen, die nicht in der Lage sind, die Wegetrasse zu überqueren. Wenn man diesen Nachteil mit dem betriebswirtschaftlichen Vorteil, auch mit den Vorteilen der Nutzbarkeit von Forstwegen durch Erholungssuchende vergleicht, fällt es schwer, den Widerstand gegen Maßnahmen pfleglicher Waldaufschließung zu verstehen.

Bekräftigt werden die konfliktträchtigen Standpunkte des Naturschutzes u. a. durch die von der Bundesforschungsanstalt für Naturschutz und Landschaftsökologie herausgegebenen "Leitlinien des Naturschutzes und der Landschaftspflege in der Bundesrepublik Deutschland"[26]. Diese ins Detail gehende Darstellung wurde hinsichtlich der Aussagen zum Wald zwar von ZUNDEL in zahlreichen Einzelheiten korrigiert[27], sie läßt in ihren zentralen Aussagen aber klar erkennen, worum es dem Naturschutz geht. Zum einen wird postuliert: "Sukzessive Umwandlung nichtbodenständiger Bestockung (in großen Teilen des Landes sind dies Nadelholzforste) in eine solche, die mit den gegebenen Standortbedingun-

----

26. Beilage zum Beitrag BOHN, U.; BÜRGER, K. und MADER, H.-J.(1989):"Leitlinien des Naturschutzes und der Landschaftspflege" in Natur und Landschaft, Heft 9
27. ZUNDEL, R.(1991): Wie naturfern sind unsere Wälder? Natur und Landschaft, Nr. 6

gen und der natürlichen Artenverbreitung in Einklang stehen (Wirtschaftsbaumarten in Mischung halten)." Damit ist der Umbau des Waldes in eine potentielle natürliche Vegetation gemeint, wobei das nicht näher definierte "Halten von Wirtschaftsbaumarten in Mischung" offensichtlich als eine Konzession an die Forstwirtschaft zu verstehen ist.

Zum andern werden die ungefähren Flächenbedarfe für die Schaffung von Vorrangflächen zugunsten des Naturschutzes angemeldet: für die Bewahrung vorhandener sogenannter naturnaher Wälder etwa 10 % der Waldfläche; für die Anlage weiterer Schutzgebiete etwa 5 %, welche sich allerdings mit dem Flächenareal der naturnahen Wälder überlappen; und schließlich für die naturnahe Gestaltung der Waldränder 2 - 4 % der Waldfläche. Wenn man daraus insgesamt eine Größenordnung von etwa 15 % der Waldfläche ableitet, so kommt dies jener Forderung nahe, die seit 1987 im Entwurf eines Naturschutzprogrammes des Bundesministers für Umwelt, Naturschutz und Reaktorsicherheit aufscheint: "Um ausreichende Lebensräume für Pflanzen- und Tierarten zu sichern, ist anzustreben, daß zukünftig auf mindestens 20 % der Waldfläche die ökonomischen Zwecke hinter die Naturschutzzwecke zurücktreten ". Im Gegensatz zu den erwähnten Leitlinien ist dieser Entwurf nicht mehr partielle Position des Naturschutzes, sondern ein Papier, das letztlich auf der Regierungsbank zu einem gesellschaftlichen Konsens führen soll. Abgesehen davon, daß nicht erkennbar ist, wie in diesem Entwurf der Vorrang des Naturschutzes vor ökonomischen Zielen der Waldbewirtschaftung zu verstehen ist bzw. zu welchen tatsächlichen Konsequenzen in der Waldbehandlung er führen soll, erscheint es fraglich, ob auf dieser Basis tatsächlich ein Konsens erzielt werden kann, der ja insbesondere von den Ländern realisiert werden müßte. Denn sicher scheint zu sein, daß eine solche Bevorzugung von Naturschutzzielen im Wald nicht auf den im Privateigentum stehenden Flächen und vermutlich auch nicht in den Gemeindewäldern, sondern ausschließlich im Staatswald realisiert werden kann, das ist also der Wald im Eigentum der Bundesländer. Dies bedeutet bei einem ca. 30 %igen Anteil des Staatswaldes an der Gesamtwaldfläche, daß 20 % der Gesamtwaldfläche identisch sind mit zwei Drittel der Staatswaldfläche. Eine Verwirklichung der im Entwurf vorgesehenen Grundsätze für die Waldbewirtschaftung würde also zur Folge haben, daß zwei Dritteln der Staatswaldfläche nicht mehr nach ökonomischen, sondern vorrangig nach Naturschutzzielen zu behandeln, also nicht mehr zu bewirtschaften sind.

Eines ist sicher: eine Umstellung der Waldbewirtschaftung in der angestrebten Form kann innerhalb einer Wahlperiode bestenfalls angedacht und vorbereitet, kaum in die Wege geleitet und schon gar nicht in einer spürbaren Weise umgesetzt werden. Der Wald mit seiner hundertjährigen Umtriebszeit ist deshalb ein schlechtes Experimentierfeld für Politik-Profilierung, er erlaubt aber andererseits profilierungsträchtige Programmaussagen, ohne daß ihm damit ein Schaden zugefügt wird. Dieser Umstand, verbunden mit der Tatsache, daß die für den Laien verhältnismäßig schwer durchschaubaren Sachverhalte bis jetzt ein Zuendedenken dieser Problematik im politischen Raum noch gar nicht zugelassen haben, führt zu dem Schluß, daß Mehrzweckforstwirtschaft nach wie vor das gesellschaftspolitisch maßgebliche Modell für die Waldbehandlung in Deutschland bleiben wird. Das gilt um so mehr, wenn die nachfolgenden Überlegungen mit berücksichtigt werden.

4.4 Holz - zukunftsorientierte Energie

Holz ist nicht nur der älteste Roh- und Werkstoff, sondern auch der umweltfreundlichste. Bei seiner Produktion im Walde gibt es keinerlei schädliche Nebenwirkungen, bei seiner Bearbeitung treten kaum unerwünschte Emissionen auf und der dabei notwendige Energiebedarf hält sich in Bruchteilsgrenzen gegenüber dem Energiebedarf etwa bei der Verarbeitung von Stahl oder bei der Ausformung von Öl-Derivaten; für die Herstellung von Fensterrahmen aus Holz werden beispielsweise 1 - 4 % jener Energiemenge benötigt, die bei der Herstellung von Aluminium- oder Kunststofffenster zum Einsatz kommt. Schließlich verursacht Holz auch keine Abfallprobleme, weil es verrottet und dieser Prozeß in der Natur ununterbrochen in gleicher Weise abläuft. Bereits diese Eigenschaften machen Holz zu einem besonders umweltfreundlichen Gut. Dazu kommen aber noch folgende, in der gegenwärtigen Situation besonders wichtige Fakten:

Holz wird im Wege des bisher nur der Natur zugänglichen Assimilationsprozesses mit Hilfe des Sonnenlichtes aus dem in der Luft frei vorhandenen Kohlenstoff gebildet. Der Wald ist damit ein voll funktionierendes "Sonnenkraftwerk", in dem Rohstoff, aber auch ein zur Energiegewinnung verwendbarer Grundstoff mit Hilfe des Sonnenlichtes aus der Luft hergestellt wird. Dieser Vorgang bewirkt außerdem, daß CO_2 gebunden wird. Dieses CO_2 wird mit dem Absterben der Bäume und dem Vermodern des Holzes wieder freigesetzt. Auf diese Weise kommt ein natürlicher CO_2-Kreislauf zustande. Wenn man Holz aber als Bau- oder Werkstoff verwendet oder aber auch für die Herstellung von Papier und Platten einsetzt, wird die Abgabe des CO_2 an die Atmosphäre deutlich - über Jahrzehnte und Jahrhunderte - hinausgezögert. Damit wirkt also Holzverwendung als CO_2-Senke, was angesichts der akuten Bedrohung des Weltklimas durch CO_2-Anreicherung in der Atmosphäre (Treibhauseffekt) von enormer Bedeutung ist.

Unter diesem Gesichtspunkte bekommt auch die Diskussion um die Anpflanzung von Kurzumtriebswäldern auf den wegen Überproduktion ausscheidenden landwirtschaftlichen Nutzflächen ein zusätzliches Gewicht. Solche Kurzumtriebswälder sind Pappel- und Weiden-Wälder, die alle 3 - 5 Jahre genutzt werden und sich durch Stockausschläge selbsttätig wieder verjüngen. Der Zuwachs solcher Wälder beträgt das 5 - 7fache des Zuwachses in den herkömmlichen auf Altholzanzucht ausgerichteten Waldformen. Dementsprechend hoch ist auch die mit dem Holzzuwachs automatisch verbundene CO_2-Anreicherung. Mit Hilfe der modernen Technologie kann dieses rasch erzeugte Holz in Hackschnitzelheizungen zur Gewinnung von Wärmeenergie Verwendung finden, wobei die Verbrennung außerordentlich umweltfreundlich stattfindet und Emissionen verursacht, die im günstigen Bereich von Gasfeuerungen liegen und überhaupt keinen Schwefel enthalten. Das unmittelbar vorher beim Heranwachsen der Bäume gebundene CO_2 wird bei der Verbrennung wieder freigesetzt und auf diese Weise der natürliche CO_2-Kreislauf in Gang gebracht. Entscheidend ist aber, daß durch den Einsatz von Hackschnitzelheizungen sich die Verbrennung anderer Energieträger erübrigt und daß auf diese Weise ein belastender Ausstoß von CO_2 dort unterbleibt, wo ihm keine natürliche Bindung und Anreicherung im Zuge eines natürlichen Kreislaufes vorausgegangen ist; denn das in Kohle oder Öl gebundene CO_2 ist vor unvorstellbar langen Zeiträumen über ebenso lange Zeiträume hinweg gebunden worden und hat dieser Bindungsvorgang auf die gegenwärtige CO_2-Bilanz keinen entlastenden Einfluß mehr. Holz als Energieträger ist deshalb nicht nur ein besonders umweltfreundlicher Rohstoff, sondern gleichzeitig auch ein Energie-Rohstoff, der keinerlei Belastung der CO_2-Bilanz mit sich bringt, sondern sich innerhalb des natürlichen CO_2-Kreislaufes bewegt.

Wenn man die Umweltprobleme unserer Zeit gewichtet, dann kann kein Zweifel darüber bestehen, daß die Fragen der Luftverschmutzung, mit einem gewissen Abstand auch der Wasserverschmutzung, ganz besonders aber die Fragen der durch Luftverschmutzung befürchteten Klimaveränderung ganz deutlich im Vordergrund stehen. Es sollten deshalb primär alle Maßnahmen ergriffen und gefördert werden, die diesen Umweltbelastungen entgegenwirken. Das von der Bundesregierung angestrebte Ziel einer 25 %igen Verringerung des CO_2-Ausstoßes wird allerdings nicht anders erreichbar sein als durch Ausschöpfung sämtlicher vorhandenen Möglichkeiten. Dazu gehört zweifellos auch die vermehrte Holzverwendung, als Rohstoff ebenso wie als Energieträger. Die mit Hilfe von Wald und Holz selbst unter den ungünstigen Verhältnissen in Deutschland mögliche Reduzierung der CO_2-Belastung in der Größenordnung von 5 bis 10 % der Gesamtemission[28] zeigt, daß es sich dabei keinesfalls um eine vernachlässigbare Größe handelt. Umweltpolitisch zu fordern ist daher - und dieser Forderung müßte sich auch der Naturschutz anschließen -, die Holzverwendung in jeder nur erdenklichen Weise zu forcieren, die Zuwächse in den bestehenden Wäldern zu vergrößern (weil jeder Holzzuwachs gleichzeitig CO_2-Bindung bedeutet), darüber hinaus aber auch Aufforstungen in spürbaren Größenordnungen vorzunehmen, womit ebenfalls ein positiver Beitrag zur CO_2-Bilanz geleistet werden kann.

Aufforstungen in Form von Kurzumtriebswäldern sollten gezielt zur Gewinnung von Wärmeenergie Verwendung finden und damit wenigstens in Teilbereichen ein rasches Umsteigen von CO_2-emittierenden Wärmeproduzenten auf CO_2-neutrale Wärmeproduzenten ermöglichen. Weil es sich bei den zur Aufforstung in Frage kommenden landwirtschaftlichen Nutzflächen fast ausschließlich um Land im Privateigentum handelt, ist die Frage der Realisierung eines solchen Aufforstungsprogrammes von der für den Eigentümer ausschlaggebenden ökonomischen Auswirkung nicht zu trennen. Die Anlage von Kurzumtriebswäldern und die nachfolgende Verwendung des Holzes als Energierohstoff läßt ein solches Projekt auch in wirtschaftlicher Hinsicht als realisierbar erscheinen[29]. Die vom Naturschutz entgegengehaltene Behauptung, daß solche Aufforstungen in der landwirtschaftlichen Flur das Landschaftsbild stören würden (diese Behauptung widerspricht allen bisherigen Aussagen des Naturschutzes über die "ausgeräumten landwirtschaftlichen Flächen", "die Notwendigkeit einer Gliederung der Landschaft durch Büsche und Hecken" und die wünschenswerte Förderung des Ausschlagwaldes), ist nicht haltbar. Untersuchungen des Instituts in Form von Umfragen haben ergeben, daß 82 % der Bevölkerung keine solche Beeinträchtigung befürchten.

Besonders an dieser Frage wird die eingangs hier aufgestellte Forderung verständlich, daß der Naturschutz Prioritäten setzen muß. Umwelt- und Naturschutz werden sich entscheiden müssen, ob sie tatsächlich etwas gegen den befürchteten Treibhauseffekt und für eine weniger belastende Energiegewinnung tun wollen. Wenn dies der Fall ist, kann das nicht nur mit der Forderung nach Energieeinsparung geschehen, weil mit der Veränderung eines Zuwachses im Energieverbrauch oder mit einem gering Rückgang das Problem noch lange nicht gelöst ist;

----

28. die zahlenmäßige Herleitung erfolgte in Anlehnung an BURSCHEL P.,KÜRSTEN E.(1992): Wald und Forstwirtschaft im Kohlenstoffhaushalt der Erde,in "Produktionsfaktor Umwelt - Klima, Luft", hrsg. von der Verbindungsstelle Landwirtschaft-Industrie e.V.
29. NIESSLEIN E.(1988): Haben Kurzumtriebswälder eine Zukunft? Holz-Zentralblatt Nr.3/4 und Nr.6

es geht vielmehr darum, das auch weiterhin vorhandene Gros des Energiebedarfes in umweltfreundlicher Weise zu decken. Dazu bietet die Holzverwendung und auch die Holzverbrennung eine Möglichkeit. Wenn man also umweltfreundliche Energiegewinnung verwirklichen möchte, dann muß man zur verstärkten Holzverwendung und Holzproduktion, zur zusätzlichen Aufforstung landwirtschaftlicher Flächen und zur Heranziehung von Kurzumtriebswäldern für Zwecke der Energiegewinnung ja sagen. Wenn man das nicht tut, dann unterstützt man die weitere Verwendung von CO_2 und Schwefel emittierenden Energierohstoffen und die Zementierung der vorhandenen, ungeliebten Strukturen der Energiewirtschaft.

4.5 Überlebensmodell?

Warum wurde die Mehrzweckforstwirtschaft in der Überschrift dieses Kapitels als "Überlebensmodell" bezeichnet. Nachdem wir nun das Wesen dieser Mehrzweckforstwirtschaft und ihre Möglichkeit zur Befriedigung gesellschaftlicher Bedürfnisse analysiert haben, können wir diese Frage beantworten. In den Abläufen der Mehrzweckforstwirtschaft sind all jene Verhaltensformen erkennbar und die mit ihnen verbundenen Zielsetzungen erfolgreich verwirklicht, welche zum Überleben der von Krisen keineswegs freien Industriegesellschaft in Mitteleuropa notwendig sind. Dabei geht es um den Ausgleich der vielfältig auftretenden und immer wieder hervorbrechenden Gegensätze zwischen Wirtschafts-, Sozial- und Umweltpolitik und um eine Stabilisierung der bereits bis zur Existenzgefährdung heranreichenden Turbulenzen im Verhältnis zwischen Mensch und Natur.

O Mehrzweckforstwirtschaft beweist, daß eine Synthese von Wirtschaft und Umwelt möglich ist, daß man wirtschaftlich wichtige und notwendige Güter nach ökonomischen Grundsätzen produzieren und gleichzeitig die Bedürfnisse der Natur sowie die Forderung nach Bewahrung naturnaher Abläufe in ausreichendem Umfang berücksichtigen kann. Weil Befriedigung wirtschaftlicher Erfordernisse auch in Zukunft wichtig sein wird, weil nur mit Hilfe wirtschaftlicher Stabilität und wirtschaftlichen Wachstums soziale Spannungen vermindert werden können, und weil innerhalb eines zukünftigen großen europäischen Wirtschaftsraumes die Ungleichgewichte zwischen den hochentwickelten zentral- und nordeuropäischen Industrieländern und den deutlich ärmeren Ländern des Mittelmeerraumes und des Ostens nur mit Hilfe eines erheblichen wirtschaftlichen Potentials aus den Industrieländern ausgeglichen werden können; weil aber der Spielraum einer expandierenden Wirtschaft innerhalb des menschlichen Lebensraumes und angesichts der Notwendigkeit, nicht nur ökonomische sondern auch ökologische Lebensqualität zu erhalten, immer geringer wird, ist eine Synthese der beiden Zielsetzungen, ein Kompromiß zwischen Wirtschaft und Umwelt, der zukunftsorientierte Entwicklungen ermöglicht, eine Überlebensfrage geworden.

O Ein besonders hervorstechendes Prinzip der Mehrzweckforstwirtschaft ist die Nachhaltigkeit. Unter Nachhaltigkeit wird eine solche Waldbewirtschaftung verstanden, die künftige Generationen in gleicher Weise, wie dies für die gegenwärtige Generation möglich ist, am Nutzen des Waldes und an seinen vielfältigen positiven Wirkungen teilhaben läßt. Nachhaltigkeit bezieht sich also nicht nur auf eine Regelung der Holznutzung, wonach Einschlag und Zuwachs einander die Waage halten sollen; sie beinhaltet außerdem Vorkehrungen dafür, daß die vielfältigen infrastrukturellen Leistungen des Waldes auch den künftigen Generationen zugute kommen können. Damit wird ein Prinzip, das in anderen Lebensbereichen, insbesondere in der Rohstoff-, Energie- und Umweltpolitik permanent und gröblichst verletzt wird, in der Mehrzweckforstwirtschaft zur maßgeblichen Handlungsanweisung erklärt. Es wird auf diese Weise gezeigt, daß erfolgreiches und den Bedürfnissen der Gegenwart entsprechendes Wirtschaften möglich ist, ohne die Optionen künftiger Generationen zu beeinträchtigen bzw. Lasten in die Zukunft zu verschieben.

O Mehrzweckwirtschaft wird betrieben nach dem Grundsatz, daß die Optimierung in den einzelnen Zielbereichen nicht bis zum letztmöglichen Intensitätsgrad vorgenommen wird, sondern nur bis zu etwa (um das Gesagte mit einer Zahl zu verdeutlichen) zu einer 90 %-Marke. Bis zu einer solchen geringfügig eingeschränkten Zielverwirklichung ist ein einvernehmliches Vorgehen möglich und damit eine gesellschaftspolitische Gesamt-Optimierung machbar. Was auf dem letzten, kleinen Teil des gemeinsamen Weges nicht erreicht werden kann, ist Ausdruck von Rücksichtnahme und Toleranz, die notwendig sind, wenn Menschen auf engem Raum und enger gegenseitiger Abhängigkeit miteinander existieren wollen.

O Die Mehrzweckforstwirtschaft ist auch einer Konfliktminimierungsstrategie zugänglich, die einen Interessenausgleich mit Hilfe von finanziellen Leistungen dort vorsieht, wo es wegen legitimer Berücksichtigung entgegenstehender gesellschaftlicher Interessen zu spürbaren Einschränkungen ebenso legitimer eigener Zielvorstellungen kommen muß (z. B. Ausweisung eines Naturschutzgebietes im Wald und Ersatz des ausfallenden wirtschaftlichen Ertrages an den Waldeigentümer in Geld).

O Mehrzweckforstwirtschaft nutzt in großem Maße den technischen Fortschritt und die verschiedenartigen Möglichkeiten, die sich aus dem Einsatz des menschlichen Erfindergeistes ergeben, um nicht nur bessere wirtschaftliche Ergebnisse zu erzielen, sondern um gleichzeitig auch ökologischen Erfordernissen in verbesserter Weise Rechnung zu tragen. Durch den Einsatz der Technik kann also ein Konflikt zwischen Wirtschaft und Umwelt verringert werden. Die Technik ist es auch, die dem Holz (allgemein gesagt: umweltfreundlichen Rohstoffen) neue Verwendungsmöglichkeiten und zusätzliche Märkte erschließt. Technik und Produktgestaltung, damit gleichzeitig Wachstum und Fortschritt sind also nicht nur ökonomisch relevante Mechanismen, sondern sie können auch für Umweltzwecke, für eine Verbesserung der Lebensqualität und damit wiederum für die Milderung der Gegensätze zwischen Wirtschaft und Umwelt erfolgreich eingesetzt werden.

Mehrzweckforstwirtschaft ist nach all dem Gesagten primär ein Handlungsprogramm. Sie ist gleichzeitig aber auch eine Denkrichtung, die auf Gemeinsamkeit, nicht auf Konfrontation, auf Problemlösung und nicht auf Rechthaben, auf Zukunftsverträglichkeit und nicht auf Wahlperioden-gerechtes Handeln ausgerichtet ist. Dieses Denken vor allem wird für ein Überleben der Industriegesellschaft unabdingbar sein.

5   Instrumente

Für die Durchsetzung von Naturschutzzielen ist nicht nur das Vorhandensein eines in sich stimmigen und gut verständlichen Zielsystems erforderlich - worüber diskutiert wurde -, sondern es müssen auch geeignete Instrumente zur Verfügung stehen, die das Zustandekommen und Umsetzen entsprechender Entscheidungen ermöglichen. Solche Instrumente sollen nun besprochen werden. Dabei geht es nicht um die Vorstellung eines vollständigen Instrumenten-Kataloges, sondern um die Behandlung einiger Schwerpunkte, die gleichzeitig auch beispielhaft zu verstehen sind und Denkanstöße geben sollen. Eine solche punktuelle Behandlung der Thematik ergibt sich aus der Struktur des zugrundeliegenden Forschungsvorhabens, das in einigen Modellgemeinden ausgewählte Problemsituationen aufgegriffen und analysiert hat[30]. An zwei Beispielen wird die Arbeitsweise in den Modellgemeinden in diesem Kapitel eingehender beschrieben. Insbesondere aus den Ergebnissen solcher Analysen wurden die nachfolgenden Vorschläge entwickelt.

Instrumente des gesellschaftlichen Entscheidungsprozesses können unterschiedlicher Natur sein. Sie dienen einerseits der verbesserten und vergleichenden Herleitung bestimmter entscheidungserheblicher Informationen (z.B. aus der Statistik entwickelte signifikante Grenzwerte, Gefahrenzonenpläne als Grundlage für die Flächennutzungsplanung, Biotopbewertung als Ausgangspunkt einer Prioritätensetzung), andererseits werden mit Hilfe solcher Instrumente die Entscheidungsgänge formalisiert und nach bestimmten Gesichtspunkten ausgerichtet (z.B. Umweltverträglichkeitsprüfung, Anwendung von Raumordnungsverfahren, Regelungen über die Heranziehung alternativer Planungen). Instrumente können aber auch unmittelbar mit bestimmten Entscheidungsinhalten gekoppelt bzw. auf solche ausgerichtet sein (z.B. Landschaftsabgabe, raumordnerischer Fachplan zur Walderhaltung). Alle diese unterschiedlichen Arten von Instrumenten sind in den nachfolgenden Vorschlägen enthalten. Die Gliederung dieser Vorschläge erfolgt aber nach anderen Gesichtspunkten, nämlich nach sachbezogenen Kategorien der Raumnutzung.

----

30. An den wissenschaftlichen Arbeiten zur Untersuchung der Modellfälle haben mitgewirkt: cand.forest.Christoph Brill, Dipl.Fw.Franz-August Emde, Dipl.Fw.Thomas Enters M.A., Priv.Doz.Dr.Hans Essmann, Dr.Sadik Hassan, Dipl.Fw.Christine Hausburg-Weishaar, Dipl.Fw. Jürgen Jakobs, cand.forest.Uwe Schapeit, Dipl.Fw.Hans-Joachim Zurmöhle

5.1 Raumnutzung allgemein

5.1.1 *Eckwerte zur Freiraumsicherung*

Es wird häufig beklagt, daß die noch vorhandenen naturnahen Freiräume ständig verkleinert, weil anderweitig in Anspruch genommen werden und daß dabei keine ausreichende Rücksicht auf die Erhaltung der naturnahen Umwelt genommen wird. Eine sinnvolle Begrenzung der Freiraum-Belastung durch bauliche Vorhaben verschiedenster Art ist jedoch auf schematische Weise nicht möglich. Denn eine totale Untersagung von Vorhaben im Freiraum kann ebensowenig ein realistisches Ziel sein wie eine Begrenzung nach irgendwelchen mathematischen Größenordnungen; es ist vielmehr bei den auch weiterhin notwendigen Einzelentscheidungen ein solches Vorgehen anzustreben, das Umweltbelange hoch gewichtet und für eine entsprechende Berücksichtigung sorgt. Dabei muß die jeweilige Ausgangslage bedacht werden, wobei sowohl die vorhandene Belastungsintensität als auch sonstige raumrelevante Gesichtspunkte (z.B. vorhandene Flächennutzung, Reliefenergie, Nutzungsschwerpunkte) zu beachten sind. Solche an sich sinnvolle Einzelentscheidungen leiden aber wiederum an regionaler Unausgewogenheit, sie geben Raum für das unerwünschte Durchsetzen von Machtpositionen und sie verfügen über wenige sachlich fundierte Entscheidungskriterien. Dem kann begegnet werden, wenn auf objektive und wissenschaftlich abgesicherte Weise Orientierungslinien entworfen werden, anhand derer die jeweilige Ausgangssituation kategorisierbar ist. Mit Hilfe dieser Orientierungslinien soll also der jeweils vorhandene Grad der Freiraumbelastung in leicht verständlicher und leicht herleitbarer Form aufgezeigt werden. Das bedeutet nicht, daß daraus Grenzwerte definiert werden, die von sich aus bereits eine Entscheidung treffen über die Zulässigkeit oder Nichtzulässigkeit einer weiteren Freiraumbelastung. Diese Orientierungslinien sollen lediglich eine Entscheidungshilfe darstellen, die es der entscheidenden Stelle ermöglicht, die bereits vorhandene Belastung und damit auch die Brisanz weiterer Belastungen entsprechend einschätzen und in der Entscheidung berücksichtigen zu können. Mit Hilfe von "Eckwerten" sollten die Orientierungslinien dort markiert werden, wo die Situation in einer Gemeinde - aus dem Vergleich mit anderen, ähnlich strukturierten Gemeinden - in einen bedenklichen Bereich hinüberwechselt. Auch diese Eckdaten sind aber keine Grenzwerte, sondern sie sollen als Ausrufungszeichen verstanden werden, die dann, wenn sie in einer Gemeinde bereits überschritten sind, eine besondere Zurückhaltung bei der Entscheidung verlangen und im Vorlauf bereits ein deutliches Plus zugunsten des Naturschutzes in das Entscheidungskalkül einführen.

Die im Rahmen des Forschungsvorhabens entwickelten Eckwerte zur Freiraumsicherung wurden auf zwei Ebenen hergeleitet. Zum einen wird vorgeschlagen, aus vier Einzelkriterien für die Raumbelastung (Siedlungsflächenanteil, Einwohnerdichte, Industriebeschäftigtendichte, Verkehrsflächenanteil) auf additive Weise einen Belastungswert zu errechnen, der einen allgemeinen Indikator für die Belastung des gegenständlichen Raumes durch Besiedelung, Wirtschaft und Verkehr darstellt. Die zwischen 1 und 4 liegenden Belastungskennziffern geben also einen Hinweis darauf, ob wir es in der Gemeinde mit einem gering belasteten, belasteten, stark belasteten oder sehr stark belasteten Raum zu tun haben. Hervorzuheben ist dabei eine Besonderheit, die von der Art der Herleitung dieser Werte geprägt wird und der Aussage, die mit Hilfe der Werte zustande kommt, eine ganz bestimmte Qualität vermittelt:

Wenn man Belastungsindikatoren analysiert, stößt man sehr bald auf die in keiner Weise überraschende Tatsache, daß sich in der Regel ein deutliches Gefälle zwischen den stark verdichteten und stark industrialisierten Räumen auf der einen Seite und den dünn besiedelten, besonders ländlich geprägten Räumen auf der anderen Seite ergibt. Wenn man also Belastungswerte linear ermittelt, dann werden die hohen Belastungswerte immer in den Verdichtungsräumen und die niederen Belastungswerte in den ländlichen Räumen aufscheinen. Aus einer solchen Datensammlung kann wenig gewonnen werden. Ganz anders ist es, wenn man unterschiedlich belastete, jedoch homogene Räume untersucht und die Belastungskennziffern jeweils für diese Räume gesondert errechnet. Bei einer solchen Berechnung wird der für die jeweilige Raumkategorie spezifische Mittelwert als Ausgangspunkt für die Klassifizierung gewählt. Diese Vorgangsweise führt dazu, daß man für jede Raumkategorie (z.B. ländlicher Raum, vorverdichteter Raum, Randzone der Verdichtungsräume) eine spezifische Betrachtungsweise einführen kann und daß die Aussagen "gering belastet" oder "stark belastet" sich auf jenen Durchschnitt beziehen, der in der jeweiligen Raumkategorie, z.B. im ländlichen Raum, unter den dort gegebenen Verhältnissen ausgewiesen wird. Derartige Eckwerte haben eine hohe raumordnerische Signalwirkung, weil sie Gleiches mit Gleichem in Verbindung bringen und innerhalb solcher vergleichbarer Raumkategorien die unterschiedliche Belastungsintensität zu erkennen geben.

Die zweite Ebene für die Herleitung der Eckwerte bezieht sich auf den Freiraum im engeren Sinne, also auf jenen Teil des Gemeindegebietes, der weitgehend von Verbauung freigeblieben ist und der ähnlich abgegrenzt erscheint wie der im Baurecht relevante "Außenbereich". Mit Hilfe gemeindeweise kartographischer Auswertungen werden diese Freiräume flächenmäßig identifiziert und mit ihrem Ausmaß der Gemeinde-Gesamtfläche gegenübergestellt. In einem zweiten Schritt werden die in einem solchen Freiraum (= Außenbereich) vereinzelt vorhandenen Baulichkeiten sowie die Straßen und Wege flächenhaft quantifiziert und mit ihrer Flächensumme der Gesamtfläche des Freiraums gegenübergestellt. Die jeweiligen Prozentwerte lassen erkennen, ob in einer Gemeinde anteilig viel oder wenig Freiraum vorhanden ist und ob dieser Freiraum stark oder weniger stark zersiedelt bzw. von Verkehrslinien durchschnitten ist. Auch diese Zahlen stellen Orientierungslinien dar, die keine Grenzwert-Philosophie beinhalten, wohl aber die bereits erwähnten "Rufzeichen" in den raumordnerischen Abwägungsprozeß einbringen können.

Vorgeschlagen wird, solche Eckwerte für alle Gemeinden des Landes rechnen zu lassen, sie mit Hilfe der Raumforschungswissenschaft zu interpretieren und sodann in die Regionalpläne oder auch in einen speziellen fachlichen Entwicklungsplan als raumordnerische Entscheidungshilfe für die örtliche Planung aufzunehmen.

5.1.2 *Raumordnerische Umweltverträglichkeitsprüfung*

Mit Hilfe von Raumordnungsverfahren sollen raumrelevante Projekte auf ihre Raumverträglichkeit in umfassender und alle Auswirkungen erfassenden Betrachtungsweise geprüft werden. Das Raumordnungsverfahren endet allerdings nicht mit einer Entscheidung über das gegenständliche Projekt, sondern nur mit einer Beurteilung. Dieses Ergebnis stellt somit ein qualifiziertes Fachgutachten dar, das im anschließenden Genehmigungsverfahren zu berücksichtigen ist. Es hängt mit dem Wesen des Begriffes Raumordnung unmittelbar zusammen, daß bei einer solchen Begutachtung die Umweltgesichtspunkte sowie alle anderen gesellschaftlich relevanten Wirkungen ausreichend zu würdigen sind. Trotzdem wurde im Zuge der letzten Novelle des Bundesraumordnungsgesetzes[31] die Prüfung von Umweltwirkungen ausdrücklich als Arbeitsziel erwähnt und damit die Voraussetzung dafür geschaffen, daß im Zuge solcher Verfahren "raumordnerische Umweltverträglichkeitsprüfungen" zur Anwendung kommen. Die erwähnte Gesetzesnovellierung stand im Zusammenhang mit der Umsetzung der Europäi-

----
31. Vom 11.7.1989

schen Richtlinie zur Umweltverträglichkeitsprüfung in nationales Recht, womit die Nähe der Novellierungsüberlegung zu dem Instrument "Umweltverträglichkeitsprüfung" unterstrichen wird. Bei der Umsetzung dieser politischen Zielvorstellungen in die Praxis treten zwei Probleme auf:

Raumordnungsverfahren waren bisher schon in fast allen Landesplanungsgesetzen der Bundesländer verankert und insoferne gültiges Recht; die erwähnte Novelle des Bundesraumordnungsgesetzes hat lediglich eine vereinheitlichende Rahmenbestimmung des Bundes neu geschaffen. Aus der bisherigen Erfahrung mit dem Instrument Raumordnungsverfahren zeigt sich, daß dieses keinesfalls konsequent angewendet wird. Es sind viele Fälle bekannt geworden, in denen raumrelevante Vorhaben auch ohne Raumordnungsverfahren bewilligt worden sind, was dann später zu Schwierigkeiten geführt hat. Ein Beispiel dafür wurde im Rahmen des Forschungsvorhabens analysiert. Die Vorgehensweise ist durchaus verständlich: Genehmigungsverfahren werden immer von den zuständigen Fachbehörden abgewickelt. Fachbehörden sind in aller Regel nicht daran interessiert, daß ihre fachbezogene Entscheidung von anderen Behörden und aus anderen fachlichen Positionen heraus beeinflußt werden. Raumordnungsverfahren sind aber solche Vorgehensweisen, bei denen eine Vielzahl von Argumenten auf den Tisch kommen und eine einvernehmliche Lösung gesucht wird, die nicht nur den Standpunkt des zuständigen Fachressorts, sondern auch der anderen beteiligten Bereiche entsprechend gewichtet.

Mit der vermehrten Durchführung von Raumordnungsverfahren könnte erreicht werden, daß die mit dem jeweiligen Vorhaben zusammenhängenden Umweltbelange stärker in den Vordergrund gerück und im Abwägungsprozeß besser berücksichtigt werden.

Unser Vorschlag lautet deshalb, den Gemeinden sowie den sonstwie Beteiligten oder Betroffenen das Recht einzuräumen, bei der zuständigen Raumordnungsbehörde die Durchführung eines Raumordnungsverfahrens zu verlangen, dem dann auch entsprochen werden muß, wenn bei einer ersten Überprüfung eine gewisse räumliche Relevanz - über die lokalen Wirkungen des Vorhabens hinaus - feststellbar ist. Insbesondere sollten Raumordnungsverfahren auch dann durchgeführt werden, wenn Vorhaben-Varianten im Gespräch sind und mit Hilfe eines solchen Verfahrens die raumordnerisch günstigste Variante herausgearbeitet werden könnte.

Natürlich bedeutet das Verlangen nach vermehrter Durchführung von Raumordnungsverfahren gleichzeitig auch eine erhebliche Mehrbelastung des Behörden- und Sachverständigenapparates. Diese Überlegung führt unmittelbar zum zweiten Problem, das mit der Durchführung einer raumordnerischen Umweltverträglichkeitsprüfung verbunden ist. Über Umweltverträglichkeitsprüfungen gibt es eine kaum überschaubare Fülle von Literatur, es gibt eine Unzahl von durchgeführten Begutachtungen und damit zusammenhängenden Veröffentlichungen und es gibt je Literaturstelle oder je durchgeführtes Gutachten immer eine ganz spezielle Methode. Umweltverträglichkeitsprüfungen werden demnach in einer methodischen Vielgestaltigkeit angeboten und durchgeführt, die zweierlei unerwünschte Folgen produziert:

a) Es gibt kaum eine Chance, die Ergebnisse zweier Umweltverträglichkeitsprüfungen miteinander zu vergleichen und auf diese Art und Weise die jeweiligen Aussagen zu gewichten, damit also als Entscheidungshilfe griffiger zu machen;

b) Umweltverträglichkeitsprüfungen werden immer als "Originalarbeiten" von Wissenschaftlern durchgeführt und entziehen sich damit der Anwendung von verallgemeinernden Vorgaben, Leitlinien bzw. der Benutzung allgemein gültiger pauschalierender Vereinfachungen - womit Arbeitsaufwand, Personal-Inanspruchnahme und Kosten entsprechend hoch anzusetzen sind.

Beiden nachteiligen Auswirkungen kann entgegengesteuert werden, wenn man versucht, für Umweltverträglichkeitsprüfungen eine gewisse Schematik vorzugeben, die einerseits Vergleiche ermöglicht - soweit solche Vergleiche von der Sache her verantwortbar sind - und die andererseits die Möglichkeit eröffnet, daß auch bei Umweltverträglichkeitsprüfungen Routine einzieht und eine Vereinfachung, damit auch eine Beschleunigung in der Durchführung erzielt werden kann. Eine solche Entwicklung anzustreben, entspricht nicht nur dem Gebot des haushälterischen Umganges mit öffentlichen Mitteln, sondern Vereinfachung und Vergleichbarkeit würde auch die Umweltverträglichkeitsprüfung in ihrer Anwendung aufwerten, weil die Ergebnisse nicht nur vom Fachmann, sondern auch vom Laien, vom Politiker und vom Journalisten durchschaut werden können.

Natürlich muß bei derartigen Überlegungen bedacht werden, daß Umweltverträglichkeitsprüfungen in sehr vielen Fällen spezifische Anforderungen enthalten, die mit dem jeweiligen Vorhaben engstens verbunden sind und weder vereinfacht noch schematisiert werden können. Sehr häufig werden auch spezielle Fachkenntnisse benötigt, die ein individuelles, wissenschaftlich fundiertes Gutachten rechtfertigen. Trotzdem steht solchen, individuell zu behandelnden Fällen eine Vielzahl von Fällen gegenüber, die mehr oder weniger weitreichend miteinander vergleichbar sind und deshalb eine Schematisierung, Pauschalierung und Vereinfachung in der Vorgehensweise erlauben würden. Das trifft beispielsweise zu für die Errichtung linienförmiger Infrastruktureinrichtungen (Straßen, Hochspannungsleitungen). Für diese Fälle wurde ein Bewertungsschema entworfen und sowohl an anderer Stelle des Bodenforschungsprogrammes[32] als auch in diesem Forschungsprojekt getestet und weiterentwickelt. Diese Methodenentwicklung basierte auf folgenden Grundsätzen:

a) Durch eine pauschalierte und mit Hilfe von Indikatoren vereinfachte Bewertung der Umweltbelastung soll eine spürbare Reduktion der Arbeits- und Zeitbelastung erfolgen;

b) durch eine klare Abgrenzung und Definition von Standard-Bereichen der Umweltbelastung soll eine möglichst große Übersichtlichkeit und Verständlichkeit der Ergebnisse gewährleistet werden;

c) durch die normative Vorgabe von Zahlenwerten zur Verdeutlichung der verschiedenen Belastungen entstehen additionsfähige Zwischenwerte, die eine Aufsummierung zulassen, welche als Ausdruck der Gesamtbelastung verstanden werden kann - womit insbesondere auch die Beurteilung von Trassenvarianten, aber auch die vergleichsweise Beurteilung von verschiedenen Vorhaben möglich gemacht wird.

Das so entwickelte Verfahren zur Umweltverträglichkeitsprüfung geht von folgender Strukturierung aus: Es wird zuerst unterschieden nach Flächeninanspruchnahme und Raumwirkungen. Flächeninanspruchnahme bezieht sich auf die unmittelbar genutzte Bodenfläche (z.B. Straßentrasse, Mastenfundamente). Die Raumwirkungen beschreiben jene vielfältigen Auswirkungen des Vorhabens, die über die unmittelbare Flächeninanspruchnahme hinaus in die Umgebung wirksam werden (z.B. Lärmwirkungen, Boden- und Wasserverunreinigungen, Beeinträchtigung der Erholungsnutzung u.ä.). Diese Raumwirkungen unterteilen sich in vier Prüfbereiche, nämlich

1. Siedlungsstruktur

2. Naturhaushalt

3. Erholung

4. Landschaftsbild

Der Prüfbereich Naturhaushalt beinhaltet wieder eine Mehrzahl von Prüfgesichtspunkten, nämlich Grundwasser, Oberflächenwasser, Hangstabilität und Bodenerosion, Bodenchemismus, Naturschutzgebiete und wertvolle Biotope, schützenswerte Landschaftsbestandteile, Lokalklima.

Für jeden Prüfbereich werden bestimmte Indikatoren vorgegeben, die für die Belastungsvorgänge in diesem Bereich signifikant sind. Unterschiedliche Belastungen führen je Indikator zur Einstufung in eine vorgegebene Meßskala. Die Ergebnisse dieser Einstufung, d.h. die Werte aus der Meßskala werden in Flä-

---

32. JARRAS L., NIESSLEIN E., OBERMAIR G. (1989): Von der Sozialkostentheorie zum umweltpolitischen Steuerungsinstrument. Nomos, Baden-Baden

chenausmaße umgerechnet, sodaß das Ausmaß der Umweltbelastung sowohl im einzelnen Prüfbereich als auch summiert für das gesamte Vorhaben in Hektar ausgedrückt werden kann. Diese so entwickelte Methode für eine Umweltverträglichkeitsprüfung wurde hier auf den Fall einer Autobahnabfahrt und der von ihr ausgehenden Verbindungsstraßen angewendet, nach den gewonnenen Erfahrungen weiterentwickelt und auf ihre Entscheidungserheblichkeit in einem allfälligen Raumordnungsverfahren untersucht. Dabei ist folgendes deutlich geworden:

Es steht außer Zweifel, daß aus verschiedenen, hier bereits erwähnten Gründen eine derartig normierte Methode zur Durchführung von Umweltverträglichkeitsprüfungen mit vielen Vorteilen verbunden ist und sowohl die Effizienz eines Raumordnungsverfahrens als auch die fachliche Fundierung sonstiger verhaltungsrechtlicher Entscheidungen verbessern könnte. Entgegen steht die Tatsache, daß aus verantwortlicher wissenschaftlicher Sicht aber jede solche oder ähnliche Bewertung, die im Sinne eines nutzwert-analytischen Ansatzes Bewertungsvorgaben in den Bewertungsprozeß einführt, unvertretbar ist, weil diese Vorgaben weder wissenschaftlich begründet noch nachprüfbar sind. Im Gegenteil. Denn es kann unterstellt werden, daß jeder andere Gutachter, der denselben Vorgang zu prüfen hat, mit gleicher Berechtigung andere Einwertungen vornimmt und deshalb zu einem anderen Ergebnis kommt. Es gibt nämlich keine wissenschaftliche Begründung beispielsweise dafür, daß man die mögliche Grundwassergefährdung, die sich aus der Benutzung einer Straße mit Schwerlastverkehr ergibt, an einer bestimmten Stelle in eine Gefährdungsskala einwertet; es gibt auch keine wissenschaftliche Begründung dafür, daß man eine so vorgenommene Einwertung mit einer anderen Gefährdungsstufe etwa im Bereich der Landschaftsbild-Beeinträchtigung vergleicht, addiert oder sonstwie verrechnet. Alle solche und ähnliche Bemühungen können zwar mit viel wissenschaftlichem Aufwand entwickelt und vorgenommen werden, sie stehen aber immer in der Gefahr einer sofortigen Falsifizierung bei Wiederholung des Bewertungsvorganges.

Trotzdem bleiben die Vorzüge eines solchen normierten und vergleichbaren Verfahrens, nicht zuletzt auch als Hilfe bei der Auswahl von Varianten, bestehen. Es bleibt auch der Wunsch der Verwaltung und der Politik bestehen, mit Hilfe solcher Methoden den Entscheidungsgang zu objektivieren. Ein Ausweg aus diesem Dilemma entgegenstehender Positionen kann so gefunden werden: Wenn man ein Bewertungsverfahren, das mit hoher wissenschaftlicher Gewissenhaftigkeit entwickelt wurde und nach Meinung zahlreicher Experten einen hohen Plausibilitätsgrad besitzt, von verantwortlichen staatlichen oder berufsständigen Stellen "normiert", dann ist bei der Anwendung dieses Verfahrens dessen Zustandekommen und dessen genormter Inhalt der weiteren Diskussion entzogen. Es ist vielmehr eine methodische Grundlage gegeben, auf der die jeweils tätigen Gutachter aufbauen können. Dem Einwand, daß damit der Wert fachlicher Begutachtung auf mathematisierte Schritte reduziert wird, kann so begegnet werden: Bei der Erarbeitung eines Umweltverträglichkeitsgutachtens kann in einer, dem einzelnen Fall jeweils angemessenen beliebigen Breite eine verbale Beschreibung und Bewertung erfolgen, die dem Gutachter jegliche Freiheit zur Umsetzung seiner fachlichen Gesichtspunkte läßt. Die dabei wünschenswerte Orientierung an der vorher geschilderten Struktur nach Prüfbereichen wäre dabei hilfreich und stellt keine Beeinträchtigung der fachlichen Individualität dar. Daneben kann im Wege einer Normierung des Bewertungsvorganges die im letzten Bewertungsschritt in Hektar ausgedrückte Belastungsgröße erhoben und somit ergänzend ein leicht überschaubares und auch vergleichbares Ergebnis geliefert werden.

Vorgeschlagen wird, daß die hier entwickelte Bewertungsmethode vom zuständigen Bundesministerium einer Überprüfung durch Experten unterworfen wird, daß sie allenfalls abgeändert, ergänzt bzw. weiterentwickelt wird und daß am Abschluß dieses Überprüfungsvorganges eine Verfahrensnorm beschlossen wird, die als Empfehlung für die Durchführung von raumordnerischen Umweltverträglichkeitsprüfungen (vorerst beschränkt auf linienförmige Infrastruktureinrichtungen) an die Raumordnungsbehörden weitergegeben wird.

Die vorstehenden Vorschläge wurden u.a. auf der Grundlage einer Untersuchung in der Modellgemeinde Herbolzheim entwickelt. Dort war kürzlich eine neue Autobahnabfahrt gebaut worden, ohne daß im Genehmigungsverfahren auf die damit verbundenen Fernwirkungen eingegangen worden wäre. Denn in 6 km Entfernung von der Abfahrt befindet sich der "Europapark Rust", der jährlich an die 2 Millionen Besucher zählt. Die Umorientierung dieses Besucherstromes durch die neue Autobahnabfahrt tangiert 4 Gemeinden. Die damit verbundene mögliche Be- und Entlastung durch bzw. von beträchtlichen Abgas- und Lärm-Belästigungen hat zu einem erbitterten Streit zwischen den Gemeinden untereinander und mit den Behörden geführt. Die Diskussion über eine Neutrassierung der Zufahrtsstraße zwecks Entlastung der Orte, bei der auch Naturschutz-Interessen eine große Rolle spielen, wurde zwar schon lange vor dem Bau der Autobahnabfahrt begonnen, war aber auch nach Fertigstellung der Abfahrt noch nicht abgeschlossen. Daß diese Probleme im Gebiet zweier Landkreise spielen, hat die Entscheidungsfindung zusätzlich erschwert.
Dieser Fall ist ein Musterbeispiel dafür, daß ein dringend notwendiges Raumordnungsverfahren nicht durchgeführt wurde und dadurch erhebliche Konflikte ungelöst blieben. Die immer noch zur Diskussion stehenden 5 Trassen-Varianten waren darüber hinaus Anlaß, ein am Institut entwickeltes UVP-Verfahren am konkreten Beispiel neuerlich zu testen und zu vervollständigen. Die dabei entstandene Bewertungsempfehlung wird nachstehend auszugsweise wiedergegeben:

Die Methode orientiert sich im Grundsätzlichen an den folgenden drei Gesichtspunkten:

a)   Mit Hilfe einer klaren Systematik sollen die verschiedenen umweltrelevanten Tatbestände eindeutig zugeordnet werden. Doppelbewertungen können auf diese Weise ebenso vermieden werden wie die Bewertung von Sachverhalten, die nicht eindeutig identifiziert und deshalb unterschiedlich beurteilt werden. Dementsprechend ist eine erste Aufgliederung nach Flächenverbrauch und Raumwirkungen vorzunehmen. Unter Flächenverbrauch sind jene Tatbestände zu subsummieren, die mit der unmittelbaren Inanspruchnahme von Boden durch das zu beurteilende Vorhaben zusammenhängen. Der Flächenverbrauch orientiert sich zum einen an der unmittelbar zu messenden Inanspruchnahme von Bodenflächen. Zum anderen hat die Tatsache Berücksichtigung zu finden, daß die Wertigkeit der in Anspruch genommenen Flächen (z.B. Ackerfläche oder Naturschutzgebiet) zu einer unterschiedlichen Relevanz des Flächenverbrauches führen. Ein weiterer Gesichtspunkt, daß die Flächeninanspruchnahme auch von unterschiedlicher Intensität sein kann (der Bau einer Straße signalisiert höhere Umweltrelevanz als die Anlage eines Golfplatzes) kann hier außer Betracht bleiben, weil für die Errichtung von Straßen immer eine gleichbleibende, nämlich die höchste Intensitätsstufe zu unterstellen ist.

Im zweiten Bewertungsblock sind die Raumwirkungen zu untersuchen. Das sind also jene Auswirkungen, die von der gegenständlichen Anlage ausgehen und die Umgebung tangieren. Diese Raumwirkungen gliedern sich wiederum, und zwar nach den Gesichtspunkten Siedlungsstruktur, Naturhaushalt, Erholung und Landschaftsbild. Die Systematisierung ist beim Beurteilungskriterium Naturhaushalt noch weiter fortzuführen, damit die dabei in Frage kommenden, vielfältigen Tatbestände vollständig und übersichtlich erfaßt werden können.

b)   Die Methode will die Voraussetzung dafür schaffen, daß Umweltverträglichkeitsprüfungen mit einem vertretbaren Arbeitsaufwand durchgeführt werden können. Das erfordert natürlich eine Beschränkung auf Wesentliches, die Einführung gewisser Pauschalierungsgesichtspunkte und vor allem die Verwendung von Indikatoren, die für bestimmte Belastungstatbestände signifikant sind und diese in der Bewertung dann stellvertretend zum Ausdruck bringen. Die notwendige Normierung kann nicht in jedem einzelnen Fall bis ins Detail wissenschaftlich nachvollzogen werden, sondern muß gutachtlich festgelegte Parameter verwenden.

c)   Die Übersichtlichkeit und Nachvollziehbarkeit des Bewertungsvorganges muß dadurch gewährleistet werden, daß all die nach a) erwähnten und einzeln ausgewiesenen Belastungstatbestände im Endergebnis aufscheinen und daß die dort dargestellten Belastungswerte die Diskussion jedes einzelnen der angeführten Belastungstatbestände ermöglichen. Unabhängig davon werden alle diese Belastungstatbestände bei der Bewertung mit einem einheitlichen Bewertungsmaßstab versehen, sodaß Additionen möglich und der Wert für eine fiktive Gesamtbelastung angegeben werden kann. Die Methode rechnet deshalb alle erhobenen Belastungswerte auf das Flächenausmaß um, so daß die Gesamtbelastung in Fläche dargestellt werden kann: je größer die Fläche, desto größer die Belastung. Auch das erfordert natürlich pauschalierende und gutachtlich angesetzte Verrechnungsgrößen.

Unter Berücksichtigung dieser Prämissen ergibt sich der nachfolgend skizzierte Bewertungsvorgang. Grundprizip der Bewertung ist es, alle Belastungstatbestände mit Hilfe entsprechender Rechenvorgänge in Flächenausmaß umzurechnen und auf diese Weise miteinander vergleichbar bzw. aufsummierbar zu machen.

I.1 Flächeninanspruchnahme

Die neu inanspruchgenommene Fläche errechnet sich aus den Maßen für Länge mal Breite. Beim Neubau einer Trasse setzt sich die Breite zusammen aus der befestigten Straßenbreite plus der halben Breite von sandgebundenen Banketten plus einem Viertel der Breite von Straßengräben plus der ganzen Breite von Böschungen mit mehr als 70 % Neigung. Wird die Trasse nur ausgebaut, also erweitert, wird nur die Breite des hinzukommenden Bauwerks verwendet.

Bei Straßen, die keine versiegelte Oberfläche aufweisen (z.B. gewalzte Schotterdecke), wird die Breite der befestigten Oberfläche nur mit 85 % angesetzt.

I.2. Landschaftstypinanpruchnahme

Die Fläche errechnet sich aus den Maßen für Länge mal Breite der Neubau- bzw. Ausbaumaßnahme. Schneidet oder tangiert die Trasse verschiedene Landschaftstypen, so ist die Berechnung abschnittsweise durchzuführen. (Beim Durchschneiden eines Typs gesamte Trassenbreite mal Abschnittslänge und bei Tangieren halbe Trassenbreite mal Abschnittslänge.) Die so errechneten Flächen werden mit dem jeweiligen Reduktionsfaktor K multipliziert, der sich aus dem in Anspruch genommenen Landschaftstyp ergibt:

	K =
Siedlungsgebiet	0,38
Gewerbegebiet	0,18
Landwirtschaftliche Fläche	0,50
Wald	0,80
wertvolles Erholungsgebiet	0,91
ökologische Schutzfläche	
(NSG, wertvolle Biotope)	1,00

Die Endsummen aus den Berechnungen der Flächeninanspruchnahme und der Landschaftstypinanspruchnahme ergeben die Summe des Block I.

Block II: Raumwirkungen

II.1. Siedlungsbereich

Hier steht die Lärmbelastung im Vordergrund und wird auch als Indikator für weitere beeinträchtigungen (Luftverschmutzung, Unfallgefahr udgl.) verwendet. Ausgangspunkt ist jene Fläche, die mit Lärm von

mehr als 62/52 (Tag/Nacht) dB(A) in Wohngebieten,

mehr als 67/57 (Tag/Nacht) dB(A) in Mischgebieten

belastet ist. Weil die Belastung sich primär bei Menschen niederschlägt, sind die auf dieser Fläche wohnenden Personen zu zählen. Für je 250 Bewohner (= durchschnittliche Dichte der Wohnbevölkerung je ha in einem Wohngebiet mit zweigeschoßiger Verbauung) ist ein Hektar als Maß der Beeinträchtigung anzusetzen. Wohnen mehr bzw. weniger Menschen innerhalb der lärmbelasteten Fläche, so ist entsprechend ihrem prozentualen Anteil die Belastungsfläche zu erhöhen bzw. zu erniedrigen.

Ein zweiter Korrekturfaktor für die Belastungsfläche ergibt sich aus jenem Lärmpegel, der tatsächlich die an der Straße gelegene Baufluchtlinie erreicht. Er errechnet sich aus den Richtlinien für Lärmschutz an Straßen (RLS-81). Dazu wurden Immissionsgewichte errechnet, die beispielsweise bei Tageslärm

für dB(A) = 55 1,0
für dB(A) = 65 2,0
für dB(A) = 75 4,0

betragen. Wenn dieser Lärmpegel unterhalb des erwähnten Grenzwertes /Wohngebiet 62/52 dB(A)/ liegt und deshalb keine lärmbelastete Fläche abzugrenzen ist, wird als Maß der dennoch vorhandenen Lärmbelastung die Straßenfläche, korrigiert mit dem Immissionsgewicht, als Belastungsfläche zugrunde gelegt.

II.2.1 Grundwasser, Bodenwasserhaushalt

a) Durchschneiden eines Grundwasserschonbereiches, eines Wasserschutzwaldes oder eines sonstigen, der Wasserversorgung gewidmeten Gebietes: Hälfte des geschützten Gebietes, maximal 1 x Trassenfläche

b) Durchschneiden eines ausgewiesenen Wasserschutzgebietes unter Berücksichtigung der Fließrichtung: tangierte geschützte Fläche

c) Bei weniger als 3m Flurabstand oder bei durchlässiger Deckschicht (stark sandige Lehme, Sand, Schotter u.ä.) verdoppeln sich die vorstehenden Werte

d) für die Werte nach a) bis c) ist ein Multiplikationsfaktor anzuwenden und zwar bei
hoher Verkehrsdichte (> 15.000 Kfz/Tag) x 2
unterdurchschnittlicher Dichte (< 2.000) x 0,5

e) Verlagerung des Grundwasserstromes, je nach Umfang des Eingriffes: 0,3 - 0,6 x Trassenfläche

f) Anschneiden wasserführender Schichten, künstliche Entwässerung des Bodens: 1 x Trassenfläche

g) Störung des natürlichen Abflußverhaltens, Beschleunigung des Wasserabflusses, je nach Umfang des Eingriffes: 0,3-0,6 x Trassenfläcche

h) Trasse im unmittelbaren Quellbereich: 5 x Trassenfläche

II.2.2 Oberflächengewässer

a) Uferverbauung einseitig	0,5 x Trassenfläche
b) Verrohrung	Rohrlänge x 4 Durchmesser
c) Brücke	Brückenlänge x Trassenfläche
d) Trasse innerhalb von 50m zum Seeufer	0,3 x Trassenfläche

II.2.3 Hangstabilität, Bodenerosion

a) Anschnitt eines Hanges > 50% Neigung	0,6 x Trassenfläche
b) bei rutschgefährdetem Material, < 50%	0,6 x Trassenfläche
c) , > 50%	1 x Trassenfläche
d) Kunstbauten an der Böschung über 2 m Höhe	0,6 x Trassenfläche

II.2.4 Bodenchemismus

Befinden sich innerhalb von 50 m Abstand vom Straßenrand Pflanzen, die mittelbar oder unmittelbar zur Nahrungsmittelproduktion (Ackerland, Viehweide, Obstkulturen usw.) verwendet werden, ist die so angepflanzte Fläche zu einem Drittel als Beeinträchtigungsfläche anzusetzen. Diese Fläche wird je nach der durchschnittlichen Verkehrsmenge pro Tag mit einem Faktor versehen.

II.2.5 Naturschutzgebiete, wertvolle Biotope

a) Durchschneiden eines Naturschutzgebietes oder schutzwürdigen wertvollen Biotops der Biotopkartierung: 4 x Trassenfläche

b) Tangieren eines Naturschutzgebietes oder schutzwürdigen wertvollen Biotops: 2 x Trassenfläche

c) wenn mit der Durchschneidung die Zerstörung des Schutzgebietes oder Biotops verbunden ist: gesamte Fläche

d) Beeinträchtigung eines Naturdenkmales: gesamte Fläche

II.2.6 Schützenswerte Landschaftsteile

Schützenswerte Objekte (soweit nicht unter II.2.5 erfaßt) sind insbesondere: Streuobstwiesen, Heckenstrukturen, Zwergstrauchheiden, Altarme, Kleingewässer, Verlandungszonen, Sümpfe und nach Forstrecht ausgewiesene Schutzwälder.

a) Durchschneidung eines schützenswerten Objektes: 1 x Trassenfläche

b) wenn damit die Zerstörung verbunden ist: 2 x Trassenfläche

II.2.7 Lokalklima

a) Behinderung der Luftzirkulation, Erhöhung der Spätfrostgefahr, je nach Bedeutung: 0,1-0,3 x Trassenfläche

b) Vergrößerung der Austrocknung durch Wind: 0,1- 0,3 x Trassenfläche

II.2.8 Erholungseignung

Es ist jene Fläche eines Erholungsgebietes in ha zu registrieren, die mit einem Lärmpegel von mehr als 45 dB(A) belastet ist. Dabei sind zu berücksichtigen

	mit dem Flächenfaktor
Feierabenderholungsgebiete (Räume bis zu max. 5 km vom Siedlungsrand)	1
Naherholungsgebiete (Räume i.d.R. bis 15 km vom Siedlungsrand)	0,7
Naturparke, Landschaftsschutzgebiete	0,3
Siedlungsarmes Wandergebiet, Ferienerholungsgebiet	0,3

Wenn die Restfläche eines so tangierten Gebietes kleiner ist als die tangierte Fläche selbst oder wenn keine Restfläche bleibt, ist ein Flächenzuschlag von 50% vorzusehen. Liegen Erholungsschwerpunkte in dem beeinträchtigten Gebiet (z.B. Badesee, Kinderspielplatz), ist nach gutachtlicher Einschätzung ein Zuschlag von 1 bis 10 ha zu geben.

II.2.9 Landschaftsbild

Die Bewertung ist analog zu den Bewertungsmaßstäben für Hochspannungsleitungen vorzunehmen. Auf die ausführliche Beschreibung in JARASS/NIESSLEIN/OBERMAIR wird verwiesen.

Alle Ergebnisse aus dem Block II werden aufsummiert und ergeben die summarische Aussage zu den Raumwirkungen. Das Endergebnis der UVP ist die Summe aus Block I und II. Eine nach diesen Grundsätzen vorgenommene Bewertung, die hier nicht im einzelnen dargestellt werden kann, kommt zu folgendem Schluß:

Als umweltfreundlichste Trasse ist die Umfahrung Niederhausen anzusehen, die 4,54 ha an rechnerischer Belastungsfläche aufweist. Als zweitbeste Lösung wurde die Variante "Weiträumige Umfahrung Niederhausen" mit 5,99 ha errechnet; diese Variante ist im Zuge der Bearbeitung entwickelt worden und sollte eine Kompromißmöglichkeit mit der Gemeinde Niederhausen eröffnen, weil diese Gemeinde zwar eine Verkehrsentlastung verlangt, aber mit der von der Behörde vorgegebenen Variante einer Umfahrung auch nicht einverstanden ist, da diese zu nahe an der Ortschaft verläuft. Der rechnerische Unterschied zwischen diesen beiden Varianten begründet sich im höheren Anteil an betroffener Flächen im Naturbereich bei der weiträumigen Umfahrung. Diese Belastung könnte allerdings durch eine leicht veränderte Straßenführung noch reduziert werden.

Weniger umweltverträglich ist die Nullvariante mit 7,7 ha, also die Beibehaltung des gegenwärtigen Verkehrszustandes. Dies ist vor allem die Folge des hohen Lärmzuwachses innerhalb der Siedlung Niederhausen.

Kaum umweltverträglich bis unvertretbar sind die Lösungen mit einer Autobahnparallele (16,7 ha bzw. 14,73 ha Belastungsfläche). Gerade diese Lösungen wurden aber von der Behörde favorisiert. Das gleiche gilt für die sogenannte "Heuwegtrasse" mit 15,95 ha Belastungsfläche, die ein ausgewiesenes regional bedeutsames Biotop und ein zukünftiges Natur- und Landschaftschutzgebiet durchschneiden würde.

5.1.3 *Alternative Planungen*

Raumbeanspruchende Planungen beinhalten zumeist einen gewissen Spielraum hinsichtlich der konkreten Situierung des geplanten Objektes, manchmal auch hinsichtlich des Umfanges der Flächeninanspruchnahme. Das gilt insbesondere für Straßenplanungen, bei denen häufig Trassenvarianten im Gespräch sind, aber auch für die Errichtung bestimmter Einrichtungen, bei der Alternativstandorte diskutiert werden können. Im Genehmigungsverfahren wird aber nur eine Planungsvariante behandelt und entschieden. Das wachsende Umweltbewußtsein hat dazu geführt, daß solche raumbeanspruchende Planungen oft auf mehr oder weniger großen Widerstand bei der Bevölkerung stoßen und daß über viele von ihnen erst nach einem langwierigen Gerichtsverfahren endgültig entschieden wird. Dabei geht es immer nur um das Ja oder Nein zu einer vorgelegten Planung, nicht aber um den Versuch, Kompromisse zu schließen und "dritte Lösungen" als vermittelnden Weg zu suchen. Solche Planungen, mit denen sich zumeist gewichtige gesellschaftliche Zielvorstellungen verbinden, auf diese Weise auf die lange Bank zu schieben und außerdem zum Gegenstand langanhaltender und aufreibender, auch politisch nachwirkender Streitereien zu machen, kann nicht der Weisheit letzter Schluß sein. Es sollte deshalb über eine Verbesserung dieses Verfahrens nachgedacht werden.

Zu bedenken ist dabei auch etwas anderes: In den zurückliegenden Jahren hat sich in unserem Lande die Übung herausgebildet, daß Bürger sich zusammentun, um gerade im Zusammenhang mit Raumnutzungs-Entscheidungen ihre Wunschvorstellungen in aller Öffentlichkeit deutlich zu machen. Sie tun das dann als "Bürgerinitiativen" in verschiedener Weise. Allen diesen Aktivitäten ist aber gemeinsam, daß sie keine konstruktiven Beiträge zur Lösung des anstehenden Problems leisten, sondern defensiv, manchmal sogar destruktiv gegen bestehende

Planungen vorgehen. Der fehlende konstruktive Ansatz ist solchen Bürgerinitiativen nicht vorzuwerfen, weil sie gar keine andere Möglichkeit haben, als punktuell und defensiv zu argumentieren. Denn nur dann, wenn man über entsprechend weitreichende Fachkenntnisse verfügt und alle Unterlagen und Einblicke an der Hand hat, die für eine Gesamtbeurteilung der räumlichen Situation erforderlich sind - wie dies bei den behördlichen Planern oder den Planern eines Projektträgers der Fall ist -, kann man sich um eine effiziente und umfassend abgesicherte Lösung des Problems bemühen. Daraus folgert: Wenn man die in sehr vielen Fällen gut gemeinten und legitimen Positionen der betroffenen Bürger wirklich berücksichtigen will; wenn man Demokratie und Bürgerbeteiligung politisch ernst nehmen möchte, dann müssen die rechtlichen Möglichkeiten dafür geschaffen werden, daß im Einvernehmen mit solchen Bürgerinitiativen fachlich ausgereifte alternative Planungen vorgelegt werden können, die gleichberechtigt neben der behördlichen oder vom Projektträger vorgelegten Planung im Genehmigungsverfahren zu behandeln sind. Eine solche Vorgehensweise würde insbesondere erfordern

1. Regelungen darüber, unter welchen Voraussetzungen (z.B. bestimmte Anzahl von Unterschriften) die Durchführung einer alternativen Planung in Erwägung zu ziehen ist;
2. die Normierung eines Vorschlagsrechtes seitens der beantragenden Bürgerschaft für einen Planer/eine Planungsgruppe ihres Vertrauens, die allerdings auf einer vorher approbierten Fachleuteliste enthalten sein müssen;
3. die Benennung einer übergeordneten Stelle, die bei Vorliegen der geforderten Voraussetzungen für die Durchführung der Planung grünes Licht gibt und auch deren Finanzierung aus öffentlichen Mitteln sichert;
4. die Festsetzung einer angemessenen Frist für die Vorlage dieser alternativen Planung.

Detaillierte Inhalte für eine derartige Regelung wurden bereits vorgetragen[33] und müssen deshalb hier nicht wiederholt werden. Wichtig ist vorerst nur die grundsätzliche Betrachtungsweise, die eine verbesserte Einbindung von umwelt- und naturschutzrelevanten Zielsetzungen in das Entscheidungssystem sowie entsprechende verfahrensrechtliche Absicherungen zur Vermeidung von Mißbrauch und Fehlentwicklungen anstrebt. Weiter ist erklärtes Ziel eine Konsensfindung, die gleichzeitig auch zu einer gesellschaftspolitischen Befriedung führt. Insofern verbindet sich gerade mit der Tätigkeit des alternativen Planers eine große Verantwortung: denn er - als Person des Vertrauens - muß unter Aufbietung aller seiner

----

33. JARRAS L., NIESSLEIN E., OBERMAIR G. (1989): Von der Sozialkostentheorie ... (siehe Fußnote S. 80)

fachlichen Fähigkeiten einerseits versuchen, die sachlichen Wünsche der Bürger soweit als möglich zu berücksichtigen, andererseits diesen Bürgern aber auch dort die Grenzen des Möglichen deutlich machen, wo die Wunschvorstellungen über das objektiv Realisierbare hinausgehen.

Bei der Diskussion eines solchen Vorschlages ist noch ein weiterer Aspekt zu berücksichtigen. Es wurde bereits darauf hingewiesen, daß sehr viele Planungen wegen des Widerstandes in der Bevölkerung in zumeist langwierige Gerichtsverfahren münden. Solche Gerichtsverfahren können natürlich nicht den Planungsprozeß wiederholen, sondern sind gehalten, unter rechtlichen Gesichtspunkten die Richtigkeit des Verfahrensablaufes zu prüfen. Die Praxis zeigt aber, daß eine solche formalrechtliche Prüfung sehr rasch in die Diskussion der Planungsinhalte überwechselt, weil insbesondere eine Beurteilung des der Behörde eigenen Entscheidungsspielraumes und der Angemessenheit hinsichtlich der Nutzung dieses Spielraumes ohne inhaltliche Diskussion gar nicht möglich ist. Damit tritt das doch ein, was eigentlich nicht gewollt war: eine Wiederholung des Planungsprozesses mit Einholung von Gutachten, umfangreichen fachlichen Erörterungen und dementsprechend langwierigen Auseinandersetzungen. Die Erfahrung zeigt, daß der gesellschaftspolitische Ertrag solcher aufwendiger Verfahren relativ gering oder gleich Null ist. Denn trotz des umfangreichen Wälzens von Sachproblemen wird kein Fortschritt in der Sache erzielt; es geht immer noch um die ursprüngliche Frage von ja und nein; die festgefahrenen Fronten werden nicht verändert und es besteht insbesondere nicht die geringste Möglichkeit, konstruktive und auf Konsensfindung ausgerichtete dritte Lösungen ins Gespräch zu bringen. Am Ende solcher Gerichtsverfahren steht entweder eine Bestätigung oder eine Aufhebung des Verwaltungsbescheides. Die gesellschaftspolitische Problematik bleibt weiter bestehen, in sehr vielen Fällen muß die Angelegenheit ganz neu aufgerollt werden.

Es kann unterstellt werden, daß ein solches Vorgehen nicht im Blickfeld stand, als man anläßlich der Beschlußfassung des Grundgesetzes die Rechtsstaatlichkeit durch Einführung der Verwaltungsgerichtsbarkeit dokumentieren und die Positionen der Bürger gegenüber dem Staat stärken wollte. Denn aus fachlich-raumordnerischer Sicht ist festzustellen, daß sich Planungsvorgänge überhaupt nicht für eine gerichtliche Überprüfung eignen - sofern man sich nicht auf eine ganz eng ausgelegte formale Überprüfung beschränkt. Planungsprozesse sind immer mit der Auswahl einer von mehreren Möglichkeiten verbunden, wobei diese Auswahl nicht nach juristisch erfaßbarer Logik, sondern nach einer Gewichtung von Zielen, Nachteilen, Mitteleinsatz und zeitlichen Präferenzen erfolgt. Überdies kommt in der Gewichtung und damit in der Auswahl die jeweilige

Position dessen zum Ausdruck, der den Planungsauftrag erteilt oder für die Planungs-Entscheidung verantwortlich ist. Es ist unmöglich, ein solches kompliziertes Entscheidungssystem nach juristischen Kriterien zu ordnen und zu analysieren. Ebenso unmöglich ist es, mit Hilfe eines juristischen Eingreifens Rechtsstaatlichkeit oder Zufriedenheit bei den Bürgern zu verbessern. Es sollte deshalb geprüft werden, ob der Vorschlag zur Heranziehung alternativer Planungen nicht auch im Zusammenhang mit der gerichtlichen Überprüfung von raumrelevanten Planungen einen Fortschritt bringen könnte.

Ausgangspunkt einer solchen Überlegung ist die Feststellung, daß gerichtliche Überprüfungen das erklärte Ziel haben, die Rechtspositionen der Bürger gegenüber dem Staat zu stärken. In den hier besprochenen Fällen geht es aber in aller Regel nicht um Rechtspositionen. Wenn beispielsweise die eine Straßentrasse die Bevölkerung im Stadtteil A mit Lärm belästigt, die andere Straßenvariante denselben Effekt bei der Bevölkerung im Stadtteil B auslöst und die dritte Trassenvariante zwar weniger Lärm emittiert, dafür aber mehr Grünraum beansprucht, dann ist das eigentliche Problem kein juristisches, sondern ein solches der gesellschaftspolitischen Abwägung und insbesondere auch eine Konstruktionsaufgabe mit dem Ziel, die Beeinträchtigungen in all den genannten Bereichen möglichst zu minimieren. Den Positionen der Bürger würde also wesentlich mehr gedient sein, wenn man ihnen statt der Möglichkeit, eine gerichtliche Überprüfung zu beantragen, die ganz andersartige Möglichkeit einräumen könnte, mit Hilfe einer dem Bürgerwillen nahestehenden alternativen Planung von sich aus einen Beitrag zu der angestrebten Minimierung von Belastungen zu leisten. Es zeigt sich also, daß alternative Planungen und gerichtliche Überprüfung von Planungsentscheidungen durchaus in einem politischen, vorerst natürlich noch nicht in einem juristischen Zusammenhang zu sehen sind. Dieser politische Zusammenhang läßt sich durch zwei weiterführende Gedankengänge praxisnah nutzen:

a) Wenn man anläßlich der Einführung alternativer Planungen für bestimmte Fälle die gerichtliche Nachprüfung der Planungsentscheidung auf eine eng ausgelegte formaljuristische Überprüfung reduziert, dann wird man für die Einführung solcher alternativer Planungen nicht nur die Unterstützung umweltbewußter Bevölkerungsteile, sondern auch die Unterstützung aus den Kreisen der Projektträgerschaft bekommen, weil diese dann davon ausgehen kann, daß sie zwar mit einem längeren Planungsprozeß, dafür aber nicht mehr mit der zeitlich kaum vorhersehbaren Verzögerung durch das Verwaltungsgerichtsverfahren rechnen muß.[34]

---

34. Über den Ablauf und die Dauer von Genehmigungsverfahren PETERSEN D. (1984): Verstärkte Bürgerbeteiligung bei Raumplanungen. Hochschulsammlung Wirtschaftswissenschaft, Freiburg

b) Wenn man die Freistellung von einer umfassenden gerichtlichen Überprüfung nur für jene Fälle vorsieht, bei denen in die Verwaltungsentscheidung die wesentlichen Vorschläge der alternativen Planung eingeflossen sind, dann minimiert man nicht nur die Beschränkung des derzeit geltenden gerichtlichen Anfechtungsrechtes, sondern man erreicht gleichzeitig auch, daß sowohl Behörden als auch Projektträgerschaft an einer weitreichenden Berücksichtigung alternativer Planungsvorschläge interessiert sind, weil damit langwierige Gerichtsprozesse vermieden werden können.

Vorgeschlagen wird deshalb, eine umfassende gesetzliche Regelung zu schaffen, die nicht nur die Einführung von alternativen Planungen in den behördlichen Entscheidungsprozeß ermöglicht, sondern gleichzeitig auch Regelungen darüber enthält, daß bei der verwaltungsgerichtlichen Nachprüfung von Planungsverfahren eine angemessene Abwägung und damit eine richtige Ermessensentscheidung dann zu unterstellen ist, wenn die im Verwaltungsverfahren vorgelegte Alternativ-Planung in ihren wesentlichen Punkten bei der behördlichen Entscheidung Berücksichtigung gefunden hat.

Vorauszusehen ist, daß gerade dieser, bewußt a-juristisch hergeleitete Vorschlag bei Rechtswissenschaftern vorerst auf wenig Verständnis stoßen wird. Wenn man ihn ernsthaft diskutieren will, muß man deshalb mit einer politischen Prüfung beginnen und primär die gesellschaftspolitischen Vor- und Nachteile abwägen. Erst wenn man zur Überzeugung kommt, daß eine solche Regelung politisch erwünscht ist, kann man die juristische Diskussion über gangbare Wege eröffnen.

5.1.4   Landschaftsabgabe

Die Planung von Naturraum- und Boden-beanspruchenden Projekten erfolgt immer mit dem Ziel, das Projekt in bestmöglichster Weise zu verwirklichen. "Bestmöglich" orientiert sich dabei allerdings an den Vorgaben des Projektträgers. Außerhalb des Projektbereiches liegende Zielsetzungen, insbesondere auch Erfordernisse des Naturchutzes gehen in eine solche projektbezogene Planung nicht ein. Daraus darf keine Kritik am Planungsverständnis der damit befaßten Fachleute abgeleitet werden; denn es ist legitim und wäre anders gar nicht verständlich, daß sich Planer an einem konkreten Auftrag und in Verbindung damit an den Zielvorstellungen des Auftraggebers orientieren und nicht an andersartigen, häufig entgegengesetzt gerichteten Zielen, die außerhalb dieses Auftrages liegen.

Die Nichtberücksichtigung von Naturschutzzielen bei der Planung führt nicht nur zu den vielen, von der Planung ausgelösten Konflikten und zu der Notwendigkeit verwaltungsbehördlicher Eingriffe, sondern es leidet darunter auch die Qualität der Problemlösung. Denn nirgendwo können Naturschutzanliegen so angemessen und so kostengünstig berücksichtigt werden, wie bei der Projektplanung selbst. Behördliche Auflagen oder Veränderungen der Planung im Zuge des Genehmigungsverfahrens bringen immer nur zweitbeste Lösungen hervor. Denn ein Planungsprozeß kann nur dann optimal gestaltet werden, wenn er als gedankliche Einheit oder als kausalstrukturierter Ablauf verstanden wird. Eine Integration von Naturschutz-Anliegen in einen solchen Planungsprozeß könnte auf folgende Weise gelingen:

Wenn ein bestimmtes Planungsziel auf zwei verschiedenen Wegen mit einem gleichwertigen Ergebnis erreicht werden kann, dann wird der Planer jenen Weg wählen, der die geringeren Kosten verursacht. Der Kostengesichtspunkt ist also immer ein wesentliches Gestaltungselement im Planungsvorgang. Würde sich die mehr oder weniger starke Beeinträchtigung des Naturraumes kostenrelevant im Planungsprozeß niederschlagen, dann würden derartige Belastungen automatisch in die Planungsüberlegungen eingehen; der Planer würde sich also bemühen, die Belastung des Naturraumes zu minimieren, weil damit gleichzeitig eine Minimierung von Kosten verbunden wäre. Hieran knüpft der Gedanke an eine Landschaftsabgabe an. Wenn man eine Landschaftsabgabe so vorschreibt, daß sich ihre Höhe nach der Schwere des Landschaftseingriffes und nach dem Wert der beeinträchtigten Landschaft richtet, dann würde die zu vermeidende Landschaftsbelastung zu einem meßbaren Planungsfaktor, der einen entsprechenden Einfluß auf die Gestaltung des Planungsprozesses ausübt.

Kostenrelevante Regelungen im Zusammenhang mit der Belastung des Naturraumes sind heute schon geltendes Recht. In den meisten Landesnaturschutzgesetzen findet man Bestimmungen über Ausgleichszahlungen oder ausgleichende Geldleistungen, die dann zu entrichten sind, wenn der vom Gesetzgeber gewünschte Ausgleich eines Eingriffes in Natur und Landschaft nicht möglich ist. Das Landesnaturschutzgesetz für Baden-Württemberg enthält dazu die am weitestgehende detaillierte Regelung wie folgt:

"§ 11 (6) Das Ministerium regelt durch Rechtsverordnung ... die Höhe der Ausgleichsabgabe und das Verfahren zu ihrer Erhebung. Die Höhe ist nach Dauer und Schwere des Eingriffs, Wert oder Vorteil für den Verursacher sowie nach der wirtschaftlichen Zumutbarkeit zu bemessen. Die Schwere des Eingriffs ist bei der Berechnung der Ausgleichsabgabe in der Regel anhand der beanspruchten Fläche oder der Menge des entnommenen Materials zu berücksichtigen".

Diese Formulierung läßt unschwer erkennen, daß eine solche kombinierte und unpräzise ausgerichtete Zielsetzung für die Bestimmung der Abgabenhöhe keinen Lenkungseffekt in der vorher beschriebenen Form auslösen kann. Die praktischen Erfahrungen belegen dies. Gefragt ist also eine andersartige als die jetzt bereits vorgeschriebene Abgabe, die sich tatsächlich und ausschließlich nach der Schwere des Eingriffes richtet und die außerdem hinsichtlich ihrer Höhe vorhersehbar ist und damit in eine Kalkulation von Planungsalternativen eingehen kann.

Das Verfahren zur Bewertung von Landschaftsbelastungen, wie es in Kap. 5.1.2 als methodischer Bestandteil einer raumordnerischen Umweltverträglichkeitsprüfung beschrieben worden ist, würde sich auch für die Bemessung der Höhe einer solchen Landschaftsabgabe eignen. Es enthält alle geforderten Kriterien: eine Berücksichtigung der Schwere des Eingriffes ebenso wie der Qualität des beeinträchtigten Naturraumes; einen mit wenig Aufwand durchführbaren, genormten Bewertungsprozeß; damit gleichzeitig auch die vorausschauende Feststellung von Kosten als verwendbare Kalkulationsgröße. Die Umwandlung der in diesem Verfahren verwendeten Flächenausmaße als Meßgröße für Belastung in DM ist ohne Schwierigkeiten möglich.

Vorgeschlagen wird also eine gesetzliche Regelung, bei der alle Eingriffe in die Landschaft mit einer Landschaftsabgabe belegt werden. Die Bestimmung muß das Verfahren zur Berechnung einer solchen Landschaftsabgabe enthalten, welches auf dem hier beschriebenen Bewertungsverfahren für Landschaftsbelastung basieren könnte.

5.2   Bauen

5.2.1   *Gefahrenzonenpläne*

Eine weitere Untersuchung in der Modellgemeinde Herbolzheim hat ergeben, daß Hochwasserschäden nicht nur deswegen auftreten können, weil im Oberlauf und im Einzugsgebiet eines Gewässers die Entstehung solcher Hochwässer durch unpflegliche oder unzweckmäßige Flächennutzung begünstigt wird. Es wurde erhoben, daß solche Hochwasserschäden auch dort auftreten, wo keinerlei nachteilige Bewirtschaftungs- oder Nutzungsabläufe, sondern ausschließlich eine weit überdurchschnittliche Niederschlagsmenge und in Verbindung damit die zeitlich ungünstige Aufeinanderfolge von Niederschlagsereignissen ein solches Hochwasser auslösen. Die einschlägige Wissenschaft spricht in solchen

Fällen vom 50jährigen, 100jährigen oder 200jährigen Hochwasser und meint damit, daß aufgrund gemachter langjähriger Beobachtungen ein solches Ereignis innerhalb eines 50jährigen, 100jährigen oder 200jährigen Zeitraumes mit großer Wahrscheinlichkeit einmal auftritt. Die Wissenschaft stellt auch Berechnungsmethoden über Entstehung und Auswirkungen solcher periodischer Hochwässer zur Verfügung. Insbesondere können alle Flächen kartographisch dargestellt werden, die von einem solchen Hochwasserereignis erfaßt würden. Geboten wäre es, daraus raumordnerische Konsequenzen zu ziehen und überall dort eine Umwandlung von naturnahen Flächen in verbaute Flächen zu unterbinden, wo mit Auswirkungen eines solchen Hochwasserereignisses (Überschwemmungen) gerechnet werden muß. Denn solange solche Flächen naturnah erhalten und bewirtschaftet werden, ist zwar auch mit Beeinträchtigungen (etwa der landwirtschaftlichen Kultur dieses Jahres) zu rechnen, es entstehen aber keine katastrophenartigen Schäden, wie sie mit der Überschwemmung von Siedlungsgebieten einhergehen.

In Österreich hat man diesen Zusammenhängen schon seit geraumer Zeit erhöhte Beachtung geschenkt. Dort besteht seit 1884 ein eigener, dreistufig gegliederter und dem Bundesministerium für Land- und Forstwirtschaft unmittelbar unterstehender Dienstzweig zur Bekämpfung von Wildbach- und Lawinenereignissen (Forsttechnischer Dienst der Wildbach- und Lawinenverbauung). Das Personal im höheren Dienst dieses Verwaltungszweiges besteht aus Absolventen der Studienrichtung für Forst- und Holzwirtschaft an der Universität für Bodenkultur in Wien, die einen besonderen Studienzweig belegen müssen. Die Dienststellen der Wildbach- und Lawinenverbauung beschäftigen sich einerseits mit der Entstehung von Wildbach- und Lawinenereignissen im Einzugsgebiet bzw. mit der Verhinderung einer solchen Entstehung mit Hilfe biologischer und technischer Verbauungsmaßnahmen, andererseits mit Abwehr- und Regulierungsmaßnahmen im Bereich befürchteter Lawinenabgänge und im Verlaufe des Wildbaches. Die umfangreichen und langjährigen Arbeiten dieses Dienstzweiges haben zu Erkenntnissen geführt, die bei der Neufassung des österreichischen Forstgesetzes im Jahre 1975[35] zur Aufnahme von Bestimmungen über die Erstellung sogenannter Gefahrenzonenpläne führten, in denen "die wildbach- und lawinengefährdeten Bereiche und deren Gefährdungsgrad sowie jene darzustellen sind, für die eine besondere Art der Bewirtschaftung oder deren Freihaltung für spätere Schutzmaßnahmen erforderlich ist". Durch Ausweisung verschiedener Gefährdungsgrade wird in diesen Plänen deutlich gemacht, wo eine hohe Gefährdung

----

35. Bundesgesetz vom 3. Juli 1975, mit dem das Forstwesen geregelt wird (Forstgesetz 1975), BGBl. Nr. 440

vorliegt und damit verbunden ein absolutes Verbauungsverbot gefordert werden muß bzw. wo mittlere Gefährdungen gegeben sind. Das ist mit der Empfehlung verbunden, Verbauungen entweder zu unterlassen oder mit entsprechenden Schutzanlagen auszustatten. Die Gefahrenzonenpläne stellen keine hoheitlichen Akte dar, sondern sind als Entscheidungshilfen für die örtliche Bauleitplanung aufzufassen. Die gewissenhafte Aufstellung und das unter Mitwirkung einer Kommission vorgeschriebene Zustandekommen der Pläne gewährleistet hohe fachliche Objektivität. Das ist auch die Voraussetzung dafür, daß diese Pläne in der praktischen Raumnutzung entsprechende Beachtung finden.

Vorgeschlagen wird, raumordnerische Empfehlungen auszusprechen dafür, daß in den Regionalplänen oder in vergleichbaren landesplanerischen Instrumenten Gefahrenzonenplanungen aufgenommen werden mit dem Ziel, solche Flächen auszuweisen, die besonders hochwassergefährdet sind und deshalb von Verbauungen ausgespart werden sollen.

Solche Ausweisungen wären vergleichbar mit der Darstellung von regionalen Grünzügen, die ebenfalls das raumordnerische Signal der Nicht-Bebauung an die örtliche Raumplanung wiedergeben. Natürlich kann dieser Vorschlag auch dahingehend modifiziert werden, daß ein landesweiter fachlicher Entwicklungsplan mit dem Inhalt einer Gefahrenzonenplanung erstellt und für landesplanerisch verbindlich erklärt wird oder daß von Regionalverbänden außerhalb des eigentlichen Regionalplanes solche Planungen erstellt und bekanntgemacht werden. Wichtig ist dabei die Feststellung, daß eine solche Planung allerdings nicht - wie die Ausweisung regionaler Grünzüge - eine verhandelbare Materie darstellt, sondern einen ausschließlich fachlichen Inhalt hat, der festzustellen und zur Kenntnis zu nehmen ist. Durch die Beteiligung der wasserwirtschaftlichen Behörden und Fachleute bei der Aufstellung dieser Pläne sollte dieser Gesichtspunkt unterstrichen werden. Mit einer solchen Ausweisung könnte auch der landesplanerischen Vorgabe entsprochen werden, wie sie beispielsweise im Landesentwicklungsplan für Baden-Württemberg 1983 unter 2.71.12 enthalten ist: "Dazu sind Vorkehrungen zu treffen für ... die Erhaltung natürlicher Überschwemmungsgebiete, ...".

5.2.2   *Bauen als Freiraumbelastung*

Es wurde bereits darauf hingewiesen, daß Bauen - insbesondere wenn es Wohnbedürfnisse decken soll - mit höchster gesellschaftlicher Priorität ausgestattet ist und daß deshalb die Berechtigung einer Naturraum-Inanspruchnahme in der Regel nicht in Frage gestellt werden kann. Das gilt ganz besonders dann, wenn es sich um die Ausweisung neuer Wohngebiete in unmittelbarem Zusammenhang mit bestehenden Siedlungsräumen handelt. Trotzdem muß die damit verbundene Beeinträchtigung des naturnahen Flächenpotentials gesehen und deswegen als besonders schmerzlich eingestuft werden, weil es sich ja um naturnahe Flächen in der unmittelbaren Nähe von Wohngebieten handelt, wo das noch vorhandene Naturraum-Potential von der Bevölkerung besonders geschätzt wird.

Wenn man aus diesem Grund die jeweilige Berechtigung einer solchen Naturraum-Inanspruchnahme überprüfen will, so kann dies nicht mit der Fragestellung verbunden sein, ob die Beschaffung von Wohnraum notwendig oder nicht notwendig ist, sondern muß unter dem Gesichtspunkt erfolgen, daß möglichst alle vorhandenen alternativen Standorte, soweit sie baureif sind, zur Realisierung solcher Bauvorhaben herangezogen werden müßten, bevor zusätzlich Freiraum in Anspruch genommen wird. Das wird bei der Prüfung von Einzelprojekten allerdings nur ganz selten zu einem Erfolg führen, weil allenfalls vorhandene derartige Flächen aus den verschiedensten Gründen entweder nicht zur Verfügung stehen oder eben nicht baureif sind - denn sonst wäre eine Verbauung im Wege des freien Grundstücksmarktes bereits in die Wege geleitet worden. Gesellschaftspolitisches Ziel muß es deshalb sein, eine grundsätzliche Aktivierung solcher Flächen, unabhängig von der Prüfung einzelner Vorhaben, in die Wege zu leiten. Damit stellt sich also die politische Frage, was kann getan werden, um die in Siedlungsräumen vorhandenen Baulücken oder sonstwie verbauungsfähigen, für die Verbauung aber nicht zur Verfügung stehenden Flächen der baulichen Nutzung zuzuführen. In einer begleitenden Untersuchung[36] wurde diese Problematik analysiert und können daraus die folgenden Schlüsse gezogen werden:

In Übereinstimmung mit anderen Autoren kann gesagt werden, daß eine generelle und schematische Vorgabe zur konsequenten Verbauung der Baulücken nicht machbar ist und auch nicht sinnvoll erscheint. Lebensqualität kann nicht erreicht werden, indem man die Wohnquartiere bis auf den letzten Quadratmeter zubaut und damit die Bevölkerung zwingt, Freiraum und frische Luft ausschließlich im Stadt-Umland zu konsumieren. Das städtebauliche Interesse an nicht verbauten Flächen (z.B. Gartenflächen) ist auch dann gegeben, wenn es sich um Flächen handelt, die der Individual-Nutzung vorbehalten sind; denn auch solche Flächen verbessern das Kleinklima und vermitteln den Eindruck eines aufgelocker-

----

36. LANDGRAF G. (1987): Das Problem des Landschaftsverbrauchs und Möglichkeiten seiner Verminderung, dargestellt am Beispiel der großen Kreisstadt Emmendingen. Diplomarbeit am Institut für Forstpolitik und Raumordnung der Unvisität Freiburg

ten Lebensraumes[37]. Natürlich sollten umgekehrt Bauflächen nicht aus spekulativen Gründen gehortet werden und sollten die in die Erschließung solcher Bauflächen investierten Erschließungskosten volkswirtschaftlich sinnvoll Verwendung finden. Diesem "Horten" kann durch Vorschreibung einer Art "Baulückensteuer" entgegengewirkt werden. Eine solche hat es in allerdings reichlich undifferenzierter Weise bereits gegeben; die gemachten Erfahrungen sind nicht ermutigend. *Trotzdem wird vorgeschlagen, eine solche Baulückensteuer wieder einzuführen, allerdings in einer wohlausgewogenen und differenzierten Weise, weil nur damit eine tatsächliche Aktivierung freien Baugrundes möglich gemacht wird.* Es ist vorauszusehen, daß eine solche, vom Staat in die Wege geleitete Besteuerung mit weniger Umsetzungsschwierigkeiten verbunden ist als etwa das im Baurecht vorgesehene Baugebot, weil dieses von den örtlichen Behörden und bezogen auf den Einzelfall durchgesetzt werden müßte, was erfahrungsgemäß zu größten Schwierigkeiten führt und kaum realisierbar ist. Die hier vorgeschlagene Baulückensteuer sollte sich an folgenden Grundsätzen orientieren:

1. Die Steuer muß so hoch angesetzt sein, daß sie eine spürbare Belastung des Grundeigentümers darstellt und ihn deswegen zum Handeln zwingt.

2. Von der Steuer sollen nur solche Grundstücke erfaßt werden, die tatsächlich der Verbauung gewidmet sind und als baureif betrachtet werden können. Das trifft auf alle nicht verbauten Flächen innerhalb eines bestehenden Siedlungsgebietes bzw. innerhalb ausgewiesener Bebauungspläne zu. Um diese Eingrenzung zu realisieren, sind folgende Bestimmungen festzulegen:

2.1 Ausgenommen von der Steuer sind Grundstücke, wenn sie an ein Grundstück angrenzen, dessen Eigentümer mit dem Grundstückseigentümer identisch ist oder zu mehr als 50 % an dem nachbarlichen Grundstückseigentum beteiligt ist. Ausgenommen sind weiters Grundstücke, die in eine nachbarliche Nutzung integriert sind. Weiter sind alle Grundstücke ausgenommen, die als Grünflächen (auch Gärten) genutzt werden. Wenn es sich dabei um Flächen handelt, die nicht mit einem Baugrundstück eigentumsrechtlich unmittelbar verbunden sind, gilt die Ausnahme nur dann, wenn die Gemeinde eine Bescheinigung darüber ausstellt, daß die Grün-Nutzung im städtebaulichen Interesse liegt; eine solche Bescheinigung kann auch für eine bestimmte Zeit ausgestellt werden.

2.2 Wenn ein Grundstückseigentümer angibt, daß er spätestens nach Ablauf von fünf Jahren auf dem betreffenden Grundstück eine bauliche Nutzung einleiten wird, kann ihm die Steuer für den Zeitraum bis dahin gestundet und bei Baubeginn storniert werden. Die Stundung gilt auch als gerechtfertigt, wenn

----
37. So auch Umweltbundesamt (1988): Baulandbericht 1983

innerhalb dieses Zeitraumes das Grundstück verkauft und vom neuen Eigentümer verbaut wird. Zugunsten des neuen Eigentümers ist eine einmalige Verlängerungsmöglichkeit der Stundungsfrist um 3 Jahre vorzusehen.

Eine Freiraum-Belastung durch Wohnungsbau entsteht auch dann, wenn in Streusiedlungsgebieten Bauvorhaben im Außenbereich verwirklicht werden sollen. Die damit zusammenhängenden Probleme wurden in einer Reihe von Fällen im Rahmen dieses Forschungsprojektes untersucht, insbesondere aber im parallel laufenden Forschungsprojekt "Restriktionsanalyse für den ländlichen Raum"[38] detailliert analysiert. Dabei hat sich folgendes gezeigt:

Es gibt viele ländliche Gebiete, die in ihrer wirtschaftlichen Dynamik, damit auch in der Ausweisung von Arbeitsplätzen stagnieren und die in den ungünstigen Fällen bereits eine überwiegende Abwanderung und damit einen Rückgang der Bevölkerungszahlen zu verzeichnen haben. Die in der jüngsten Zeit verstärkt aufgetretenen Schwierigkeiten in der Landwirtschaft werden in der Zukunft die negative Entwicklung in solchen Räumen noch weiter verstärken. Traditionelle Streusiedlungsgebiete befinden sich in der Regel in den dünn besiedelten ländlichen Regionen, die von einer solchen negativen Entwicklung besonders deutlich betroffen sind. Ziel raumordnerischer Einflußnahme muß es daher sein, den Entsiedelungstendenzen entgegenzuwirken, weil damit auch Entleerungsvorgänge in bezug auf Wirtschaftskapazität, Infrastruktur und Landschaftspflege verbunden sind. Ein solches Gegensteuern kann aber nicht nur durch vielfältige wirtschaftliche Initiativen erfolgen, sondern muß auch im Bereich der Siedlungspolitik stattfinden.

Angesichts dieser sehr klaren und schlüssigen Zielvorstellungen müssen die tatsächlichen Abläufe als unlogisch und politisch unverständlich bezeichnet werden. Ausgehend von den Bestimmungen des § 35 Baugesetzbuch (Bauen im Außenbereich), die eine rigorose Unterdrückung jeglichen Baugeschehens im Außenbereich bewirken und ausschließlich sogenannte privilegierte Bauvorhaben zugunsten der dort bestehenden landwirtschaftlichen Betriebe zulassen, hat sich beispielsweise in den ländlichen Gemeinden des Regierungsbezirkes Freiburg ein Konfliktpotential aufgestaut, das bei einer Bürgermeisterumfrage zu folgendem Ergebnis führte: 65 % der befragten Bürgermeister haben erklärt, daß die restriktive Haltung der Baubehörden (wobei auch andere Vorhaben im Blickfeld standen) zu einer gewichtigen Beeinträchtigung der Entwicklung im ländlichen Raum führt. Von allen angeschnittenen Problembereichen waren die Klagen der Bürgermeister in diesem Punkt am zahlreichsten. Bei der Untersuchung von Einzelfällen wurde u.a. festgestellt:

----

38. NIESSLEIN E. (1990): Restriktionsanalyse ... (Siehe Fußnote S. 23)

- Der weichende Erbe eines Landwirtes, der in nächster Nähe einen Dauerarbeitsplatz hat und angrenzend an den heimatlichen Hof - in einer für ihn wirtschaftlich besonders günstigen Weise - ein Wohnhaus errichten will, bekommt dafür keine Genehmigung;
- ein junger Landwirt, für den die Führung des bäuerlichen Betriebes keine ausreichende Existenzgrundlage darstellt, will einer gewerblichen Nebentätigkeit nachgehen und benötigt dazu einen Geräteschuppen; er bekommt dafür keine Genehmigung;
- eine in einer kleinen ländlichen Siedlung seit Jahrhunderten bestehende Mühle steht im räumlichen Zusammenhang mit dem Wohnhaus der Eigentümerfamilien und dem dazugehörenden landwirtschaftlichen Betrieb. Die Mühle verfügt über günstige Auftragsverhältnisse, ist wirtschaftlich gesund und soll den technischen Erfordernissen entsprechend modernisiert werden, wozu auch die Errichtung eines weiteren Gebäudes erforderlich ist. Es gibt dafür keine Genehmigung;
- eine abgebrannte Haushälfte wird wieder aufgebaut; für die entsprechend angepaßte Erneuerung der anderen Haushälfte gibt es keine Genehmigung, weil dadurch gegenüber dem vorhergehenden Zustand zusätzlicher Wohnraum geschaffen würde, was nach dem Gesetz nicht zulässig ist;
- ein Arzt will sich in einer entlegenen Landgemeinde niederlassen und dazu in einem kleinen Weiler, der baurechtlich als Außenbereich gilt, ein Wohnhaus bauen; er bekommt keine Genehmigung.

Die geschilderten Fälle sollen beispielhaft die Problematik verdeutlichen, sie sind keinesfalls Einzelfälle, sondern kommen in dieser und ähnlicher Form immer wieder vor. Die damit verbundenen Auswirkungen stehen in einem diametralen Gegensatz zu der erklärten Politik für den ländlichen Raum, der es darum geht, Menschen dort seßhaft zu machen, ihnen Arbeitsmöglichkeiten zu verschaffen, die Existenzgrundlage der bäuerlichen Betriebe, auch durch Schaffung von Nebenerwerbsmöglichkeiten, zu stärken und eine positive Einstellung zu den Lebensverhältnissen in solchen Räumen zu fördern. Aus der Sicht des Natur- und Bodenschutzes sind alle diese restriktiven Behördenpositionen unnotwendig. Denn bei allen solchen Bauvorhaben im Außenbereich muß selbstverständlich gewährleistet sein, daß die Versorgung und -entsorgung in einer Weise erfolgt, die keinerlei Belastungen der Umwelt mit sich bringt. Was bleibt, ist einerseits die Inanspruchnahme von Boden für Bauzwecke und andererseits eine geringfügige Veränderung des Landschaftsbildes. Diese Veränderung des Landschaftsbildes kann durch Auflagen bei der Baugenehmigung in jenen Grenzen gehalten werden, die aus der Sicht des Ensemble-Schutzes traditioneller ländlicher Siedlungen gewünscht werden; zudem muß bedacht werden, daß auch für den ländlichen Raum eine gewisse Weiterentwicklung unabdingbar ist, daß geringfügige Erweiterungen bestehender Einzelgehöfte oder Weilersiedlungen im Rahmen eines solchen Entwicklungs-Gesichtspunktes akzeptiert werden können und daß im übrigen keine gesellschaftspolitische Veranlassung besteht, ausgerechnet über diese, ohnedies im schweren Existenzkampf stehenden Räume eine "Käseglocke" zur Verhinderung jeglicher wirtschaftlicher Verbesserung zu stülpen. Die Inanspruchnahme des Bodens für Bauzwecke hingegen führt zu einer völlig neutralen Bewertung; denn das Haus, das an dieser Stelle nicht gebaut wird, wird in aller Regel an anderer Stelle gebaut, so daß der Saldo im Bodenverbrauch gleichbleibt. Ohne daß es dafür Meßgrößen gibt, ist aber darüber hinaus die Vermutung zu äußern, daß der Bodenverbrauch inmitten eines noch weitgehend intakten Naturraums und in vieler Hinsicht auch verbunden mit einer weitgehend naturnahen Umfeld-Gestaltung weniger nachteilig einzustufen ist als eine gleichartige Verbauung am Rande von Siedlungskernen oder gar in Verdichtungsräumen.

Wenn man Naturschutz im Sinne der einleitend diskutierten Prioritätensetzung und auch im Sinne einer Konfliktminimierung mit neuen politischen Impulsen ausstatten will, dann muß angesichts dieser Problematik ein klares politisches Signal gesetzt werden, das unnotwendige und sinnlose Behinderungen der siedlungstechnischen und wirtschaftlichen Entwicklung im ländlichen Raum beendet und bei der dortigen Bevölkerung Vertrauen in eine gut koordinierte Entwicklungspolitik schafft - in eine Politik, die nicht nur den theoretischen Ansprüchen des insbesondere in den Stadtregionen vertretenen Natur- und Umweltschutzes, sondern ebenso und vielleicht an dieser Stelle sogar vorrangig den Ansprüchen der dort lebenden Bevölkerung auf Existenzsicherung genügt.

In Konkretisierung dieses Postulates wird vorgeschlagen, eine Novellierung des Baugesetzbuches in die Wege zu leiten.

Die gegenwärtige Regelung in § 35 sieht - wie bereits angedeutet - sogenannte privilegierte Bauvorhaben vor; andere Bauvorhaben haben nach den Bestimmungen dieses Paragraphen kaum eine Chance, an einer solchen Stelle jemals realisiert werden zu können. Die Privilegierung bezieht sich auf

- Vorhaben, die einem land- und forstwirtschaftlichen Betrieb dienen und nur einen untergeordneten Teil der Betriebsfläche einnehmen;
- Vorhaben, die eine Wohnmöglichkeit für den Übergeber des Betriebes schaffen;
- Bauvorhaben zur Einrichtung einer Landarbeiterstelle;

-   und schließlich sonstige Bauvorhaben für Versorgungseinrichtungen, Forschung oder mit sonstigen Zielen, die nur im Außenbereich verwirklicht werden können.

Diese Privilegierungstatbestände des § 35 Abs. 1 Baugesetzbuch sollten ergänzt werden wie folgt:

-   "Bauliche Maßnahmen in unmittelbarer Verbindung mit einer bestehenden bäuerlichen Hofstelle, die der Ansiedlung oder der Erweiterung eines gewerblichen Betriebes dienen, der vom Eigentümer des bäuerlichen Betriebes, seinen Geschwistern oder Kindern geführt wird;
-   die Errichtung eines Wohnhauses in unmittelbarem räumlichen Zusammenhang mit einer bäuerlichen Hofstelle, das den Wohnbedürfnissen von Geschwistern oder Kindern der Hofeigentümer dient."

Darüber hinaus sollte eine generelle Ausnahmemöglichkeit für besondere Fälle geschaffen werden, die an den Erfordernissen

-   keine oder nur geringfügige Beeinträchtigung des Landschaftscharakters,
-   Einzelvorhaben ohne Gefahr einer weiterreichenden Präjudizierung,
-   Nachweis eines öffentlichen Interesses, insbesondere eines Interesses im Zusammenhang mit der wirtschaftlichen Existenzsicherung des Raumes

zu messen sind.

5.3   Freiraumnutzung

5.3.1   *Landwirtschaft und Landschaftsplanung*

Ausgangspunkt der folgenden Überlegungen ist der Umstand, daß die Agrarpolitik nicht nur in Deutschland, sondern auch in der Europäischen Gemeinschaft mit allen nur erdenklichen Mitteln die Überschußproduktion reduzieren will. Dieses Vorhaben wird begleitet vom politischen Druck, der von den GATT-Verhandlungen ausgeht und eine Anpassung der Bedingungen des europäischen Agrarmarktes an die des Weltmarktes verlangt. Es ist deshalb damit zu rechnen, daß in der nächsten Zukunft die landwirtschaftlichen Produktionsflächen, die in herkömmlicher Weise zur Nahrungsmittelproduktion Verwendung finden, verringert werden müssen, und daß außerdem - ausgehend von der Weltmarktsituation - ein deutlicher Preisdruck auf die agrarischen Produkte entstehen wird, deren Niveau in Deutschland und in der europäischen Gemeinschaft deutlich über dem Weltmarktniveau liegt. Das stellt natürlich eine ideale Ausgangslage für eine engere Kooperation zwischen Landwirtschaft und Naturschutz dar.

Denn der Naturschutz könnte freiwerdende Flächen übernehmen und seiner Zielsetzung entsprechend gestalten; weil aber die Flächenverwendung für Ziele des Naturschutzes nicht ohne Entgelt erfolgen soll und weil überdies in vielen Fällen ein Gestaltungs- und Pflegeaufwand erforderlich ist, der von den Landwirten getätigt werden kann, so würde eine solche Kooperation zwei positive Effekte haben:

1. Bisher für Produktionszwecke genutzte landwirtschaftliche Flächen können in Hinkunft für Naturschutzzwecke genutzt werden;

2. Einkommensverluste, die den Landwirten bei Aufgabe der Produktion drohen, können durch zusätzliche Einnahmen ausgeglichen werden, die von der Öffentlichkeit für die Nutzung der Flächen zu Naturschutzzwecken und für die damit verbundenen Arbeiten zu zahlen sind.

Die deutsche Agrarpolitik strebt eine solche Vorgehensweise schon seit längerer Zeit an und hat dazu - in Übereinstimmung mit den rahmensetzenden Beschlüssen der EG - auch entsprechende Förder-Richtlinien erlassen. Beispiel für eine solche, sehr weitreichend ausformulierte Förder-Richtlinie ist die "Richtlinie des Umweltministeriums und des Ministeriums Ländlicher Raum für die Gewährung von Zuwendungen für Maßnahmen der Biotop- und Landschaftspflege, des Artenschutzes und der Biotopgestaltung, für Nutzungsbeschränkungen aus Gründen des Naturschutzes und für die Biotopvernetzung (Landschaftspflege-Richtlinie) für Baden-Württemberg vom 18. Dezember 1990, AZ.: 27 (UM)/65 (MLR)-8872.00". In dieser Richtlinie sind bereits wesentliche Gesichtspunkte berücksichtigt, die auch bei den Arbeiten an diesem Forschungsprojekt als wichtig erkannt wurden, nämlich;

a) es ist ein gemeinsames Vorgehen der Landwirtschaftsverwaltung und der Naturschutzverwaltung vorgesehen;

b) es sind über die Behandlung des Einzelfalles hinaus Planungen vorgesehen (z. B. fachliche Landschaftspflegekonzepte für die Förderung von Biotop- und Landschaftspflege; Biotopvernetzungskonzeption für die Förderung von Biotopvernetzung).

Trotzdem muß aufgrund der im Rahmen dieses Forschungsprojektes gewonnenen Erfahrungen darauf hingewiesen werden, daß diese an sich wichtigen Regelungen nicht ausreichen werden, um die angesteuerten Ziele in einem ausreichenden Umfang verwirklichen zu können. Das ist wie folgt zu begründen:

Es hat sich gezeigt, daß in der bäuerlichen Bevölkerung ein nicht enden wollendes Mißtrauen gegen alle staatlichen Einwirkungen auf die Landwirtschaft besteht und daß man auch Fördermöglichkeiten, wenn diese mit Änderungen der herkömmlichen landwirtschaftlichen Nutzung verbunden sind, nicht oder nur widerstrebend zur Kenntnis nimmt und in den seltensten Fällen in Anspruch nehmen möchte. Denn man glaubt nicht, daß auf diese Weise den langfristigen Interessen der bäuerlichen Betriebe gedient wird. Die Einstellung der Landwirte ist verständlich, wenn man bedenkt, daß sie gegenwärtig von einem Umstellungsprozeß erfaßt werden, den sie nicht begreifen. Seit Jahrzehnten haben ihnen die staatliche Landwirtschaftsförderung und die damit verbundene Beratung sowie die Funktionäre ihrer Berufsverbände ausschließlich Hinweise auf die möglichst maximale Ausnutzung vorhandener Produktionspotentiale gegeben und die Stärkung der wirtschaftlichen Existenz des Betriebes durch die größtmögliche Menge hochqualitativer Produkte als ausschließliches Betriebsziel propagiert. Bis in die Gegenwart vertritt die offizielle Agrarpolitik den Standpunkt, daß sie bei den jeweiligen Preisverhandlungen in Brüssel für die Landwirte möglichst günstige preisliche Vereinbarungen erreichen müsse, um damit zur Existenzsicherung der bäuerlichen Betriebe beizutragen. Jedesmal enden diese Preisverhandlungen dann mit einem für die Landwirte unbefriedigenden Ergebnis, das vom deutschen Bauernverband mit aller Heftigkeit kritisiert wird. In ein solches Konzept ist für den einfachen Landwirt die völlig andersartige Betrachtungsweise, also Produktionseinschränkung, Flächenstillegung und Extensivierung, nur schwer einzuordnen. Nach den erlebten Veränderungen in der agrarpolitischen Strategie, nach den ebenfalls erlebten bisher unbefriedigenden Ergebnissen dieser Agrarpolitik, die auch keinerlei klare Perspektiven in die Zukunft eröffnen, ist der durchschnittliche Landwirt nicht bereit, Vertrauen in eine Neu-Entwicklung zu investieren, die er nicht versteht und die in seine bisherige Denkweise nicht hinein paßt. Es wird bei all den - für den Agrarpolitiker durchaus verständlichen - Bemühungen um Flächenextensivierung und Flächenstillegung ja völlig übersehen, daß man den Landwirten, die bisher zur quantitativ und qualitativ höchstmöglichen Produktion getrieben worden sind, nunmehr exakt das Gegenteil zumutet, nämlich Geld zu nehmen für Nichtstun. Diese an sich schon bedenkliche Zielsetzung muß angesichts der produktions- und leistungsorientierten Mentalität des Landwirtes zu einer weitreichenden Verunsicherung führen.

Die Agrarpolitik hat dieser Stimmungslage bis heute noch nicht ausreichend Rechnung getragen. Es ist auch möglich, daß die agrarpolitischen Entscheidungsträger, die ihre Information in der Regel von einem begrenzten Personenkreis erhalten, über die tiefreichende Verunsicherung im Berufstand nicht ausreichend Bescheid wissen. Um diese unbefriedigende Ausgangslage zu verändern, ist es notwendig

a) die berufsständische Eigeninitiative zu aktivieren, auf diese Weise nicht nur die Eigenverantwortlichkeit, sondern auch das Selbstbewußtsein der Landwirte anzusprechen und ihr Vertrauen dahingehend zu stärken, daß sie in positiver Weise an ihrer Zukunft mitgestalten können;

b) die kleinregionale Problematik (zumeist auf Ortsebene) offenzulegen, umfassende Flächenkonzeptionen zu diskutieren und dabei auch die Betriebsbezogenheit der Landnutzungsentwicklung zu berücksichtigen;

c) langfristige vertragliche Lösungen in den Vordergrund zu stellen, die finanziellen Leistungen als Entgeltzahlungen und nicht als Beihilfen zu bezeichnen und bei der bäuerlichen Bevölkerung allmählich das Bewußtsein dafür zu entwickeln, daß Landschaftspflege und Naturschutz einen neuen Markt bilden, in den hinein die Landwirte nun Leistungen liefern können.

Notwendig ist es aber auch, für neuartige Aufgaben den Landwirten eine fachliche Beratung zur Verfügung zu stellen, die sich nicht an der Mentalität eines Behördenapparates orientiert, sondern wirtschaftliche Dynamik und umfassende Lösungsstrategien im Auge hat.

Im einzelnen wird hierzu vorgeschlagen:

- Zusammenführung aller oder zumindest eines Großteils der Landwirte in einen lokalen "Landschaftspflegeverein", dessen leitende Funktionäre aus dem Kreise der Mitglieder zu wählen und vom Vertrauen dieser Mitglieder getragen sein müssen. Der Landschaftspflegeverein hat vorerst die Aufgabe, Möglichkeiten einer Neu-Strukturierung der Landnutzung durch entsprechende Koordinierung von Produktion und Naturschutz zu diskutieren und eine dementsprechende Willensbildung vorzubereiten. In Kooperation mit ihm ist eine moderne Fachberatung einzusetzen.

- Erweiterung dieses Landschaftspflegevereines zu einer informellen "Arbeitsgemeinschaft Landschaftspflege", in der paritätisch die Vertreter der Landwirtschaft und die örtlichen Vertreter des Naturschutzes gemeinsame Konzeptionen diskutieren und Vorschläge entwickeln. Diese Arbeitsgemeinschaft sollte insbesondere für Planungen, die von staatlichen Dienststellen oder von dazu beauftragten Fachleuten erstellt werden, den notwendigen Gesprächspartner bilden und überdies diese Planungen im Kreise der Mitglieder zustimmungsfähig machen.

- Ergänzung aller diesbezüglichen Förder-Richtlinien mit der Bekanntgabe eines Gemeinde-Fördersatzes, mit dessen Zuweisung die jeweilige gemeindliche Arbeitsgemeinschaft rechnen kann, soferne sie Vorhaben entsprechend den Förderungsrichtlinien plant und die in den Förderungsrichtlinien vorgesehenen Einzelförderungsbeträge eine Ausschöpfung dieses Betrages ermöglichen.

Die Bekanntgabe eines zu erwartenden Gesamtförderbetrages je Gemeinde ist besonders wichtig, wenn man eine Umsetzung der Förderziele nicht gegen die Landwirte, sondern mit ihnen erreichen will. Denn eine solche Bekanntgabe hätte zur Folge, daß in der Gemeinde, im Gemeinderat, in der bäuerlichen Bevölkerung ein insgesamt doch nennenswerter Geldbetrag zur Diskussion steht, den man der weiteren Flächennutzung dienstbar machen kann. Schon allein der politische Ehrgeiz, solche Gelder nicht anderen Gemeinden zukommen zu lassen, sondern sie selbst zu nutzen, wird viele Aktivisten anregen, für die Erarbeitung verwertbarer Projekte einzutreten. Durch die Orientierung an einem Gesamtbetrag je Gemeinde wird auch das ökologische Ziel in den Vordergrund gerückt, nicht primär einzelne Flächen zu gestalten, sondern eine gesamthafte Neuorientierung der Flächenstruktur unter Berücksichtigung von Vernetzungszielen anzustreben. Schließlich sollte die Orientierung an einem Gesamtbetrag auch zum Setzen landschaftlicher Prioritäten führen, worauf noch einzugehen ist. Selbstverständlich müssen derartige Förderrichtlinien deutlich machen, daß die Gesamt-Zuwendungsbeträge nur nach Maßgabe vorhandener Haushaltsmittel zur Auszahlung kommen. Das würde bedeuten, daß im Falle einer Limitierung durch die Haushaltsansätze die Projekte in der Zeitabfolge der Einreichung durch die jeweilige Arbeitsgemeinschaft bezuschußt werden. Auch dies wäre ein Anreiz für die rasche Inangriffnahme derartiger Vorhaben.

Für die Berechnung solcher Gemeinde-Gesamtbeträge sind zwei Größen maßgeblich. Die eine ist die Aufsummierung der in den Förderrichtlinien vorgegebenen Einzel-Beihilfen bei gleichzeitiger Anwendung auf einen angestrebten Flächenumfang innerhalb einer Gemeinde. Die zweite Meßgröße ist die ökologische Ausgangslage in der Gemeinde, die in einer ausgeräumten Landschaft und bei besonders intensiv betriebener Ackerbauwirtschaft schlechter einzustufen ist, als in einer Gemeinde mit hohem Waldanteil und viel Grünlandwirtschaft. Aus den Komponenten Waldanteil und Grünlandanteil muß deshalb ein einfaches Rechensystem entwickelt werden, aus dem sich ein Faktor ergibt. Dieser Faktor ist sodann mit dem zuvor errechneten Fördersatz je Hektar landwirtschaftlicher Nutzfläche in der Gemeinde zu multiplizieren. Aus dem so hergeleiteten Endbetrag kann jede Gemeinde ohne Schwierigkeiten die ihr in Aussicht gestellte Gesamtförderung berechnen. Abschließend soll darauf hingewiesen werden, daß der hier vorgestellte Vorschlag nicht nur aus den Erkenntnissen des Forschungsprojektes theoretisch hergeleitet wurde, sondern sich auch an praktischen Vorbildern orientiert, wie sie in zurückliegenden Jahren im Bereich der Landeskammer für Land- und Forstwirtschaft Steiermark in Form von "Umstellungsgemeinschaften" und "Aufbaugemeinschaften" mit großem Erfolg praktiziert worden sind.

Die Synchronisierung von Landwirtschaft und Landschaftspflege hat aber noch einen weiteren Aspekt. Zielsetzung des Naturschutzes ist es, intensive Landbaumethoden, die mit hohem Düngemitteleinsatz oder mit dem Einsatz von Herbiziden und Pflanzenschutzmitteln verbunden sind, zurückzudrängen gegenüber anderen, weniger intensiven Bodennutzungsformen, die unter der Bezeichnung alternativer Landbau oder Erzeugung von Bio-Produkten bekannt geworden sind. Derartige landwirtschaftliche Produktionsmethoden entsprechen ganz ohne Zweifel den Zielsetzungen des Naturschutzes und den Wunschvorstellungen von einer naturnahen Bodenbewirtschaftung wesentlich besser als der intensive, in jeder Weise hochgezüchtete Landbau. Wenn man die damit verbundenen Möglichkeiten einer Extensivierung auf landwirtschaftlich genutzten Flächen forcieren will, dann muß man aber auch erkennen, daß es sich hier um eine arbeitsintensive, zumeist handarbeitsintensive Erzeugung handelt, die gegenüber den maschinellen und chemisch gestützten Produktionsformen teurer ist. Die höheren Kosten werden durch höhere Preise kompensiert. Es gibt Verbraucher, die bereit sind, solche höheren Preise zu zahlen. Damit scheint alles in Ordnung zu sein. Tatsächlich ergibt sich aber ein gravierendes Defizit aus der Tatsache, daß die Anzahl der so wirtschaftenden Betriebe und damit auch die Menge der so erzeugten Produkte verschwindend gering ist; daß es für diese Produkte keinen wirklich tragfähigen Markt gibt, sondern daß die Ware irgendwo auf Hinterhöfen oder in vereinzelt existierenden Bio-Läden gehandelt wird, wenn sie nicht über Drogerien oder sonstige exklusive Geschäfte zu "Apothekerpreisen" an den Mann gebracht wird. Auch der Ab-Hof-Verkauf oder die periodische Zulieferung durch den Erzeuger direkt zum Verbraucher finden statt. Das alles sind aber keine Voraussetzungen für eine tatsächlich in der Fläche spürbare Extensivierung und für den Aufbau eines zukunftsorientierten und leistungsstarken "alternativen Landbaues". Aus bundesweiten Meinungsumfragen meines Institutes wissen wir bereits seit 10 Jahren, daß eine überraschend hohe Zahl von Verbrauchern bereit wären, für chemiefrei erzeugte Lebensmittel höhere Preise zu zahlen, wenn eine entsprechende Produktionskontrolle gewährleistet ist[39]. Mit Sicherheit wird das von etwa 3/4 der Bevölkerung signalisierte Interesse nicht unmittelbar in ein Kaufhandeln umzusetzen sein. Wenn aber in einer Meinungsumfrage eine so hohe Bereitschaft zum Ankauf signalisiert wird, dann wird man bei Einrechnung allergrößter Sicherheitsabstände damit rechnen können, daß etwa 5 - 10 % der Be-

----
39. NIESSLEIN E. (1981): Humane Marktwirtschaft. Freiburg

völkerung als potentielle Käufer in Frage kommen. Ein solcher Markt würde aber ohne Zweifel den Hintergrund dafür abgeben, daß Flächenanteile, die auch in der Landschaftspflege spürbar und wirksam sind, für solche extensive Landbaumethoden eingesetzt werden. *Voraussetzung allerdings ist - und das wird hier vorgeschlagen -, daß sich die berufsständischen Vermarktungsorganisationen, etwa das Raiffeisenwesen, den dabei auftretenden Vermarktungsaufgaben annehmen und eine leistungsfähige Vermarktungsorganisation installieren.* Bisher hat man diese Aufgabe den zwar gutwilligen, kaufmännisch aber zumeist dilettantisch arbeitenden Bio-Organisationen verschiedenster Art überlassen, die über lokale und punktuelle Erfolge kaum hinauskommen. Die Durchschlagskraft und Erfahrung des bäuerlichen Genossenschafts- und Vermarktungswesens könnte die Gewähr dafür bieten, daß die Umstellung bäuerlicher Betriebe auf alternativ erzeugte Produkte auch zu den erforderlichen Absatzmöglichkeiten führt und damit wirtschaftlich sinnvoll ist.

5.3.2   *Biotopschutz*

Es wurde bereits bei der Diskussion der Naturschutzziele darauf hingewiesen, daß dem Biotopschutz ein sehr vielschichtiges Zielbündel zugeordnet ist, das hinsichtlich seiner jeweiligen Anwendbarkeit allerdings strittig sein kann. Es wurde ebenso verdeutlicht, daß die dem Biotopschutz gewidmeten gesetzlichen Regelungen nicht alle offenen Fragen beantworten, was viele Unklarheiten offen läßt und Konflikte heraufbeschwören wird. Angesichts dieser unbefriedigenden Ausgangslage ist es dringend geboten, ein Instrumentarium zu schaffen, das den Biotopschutz in den gebotenen Umfang möglichst konfliktfrei in die Praxis umzusetzen in der Lage ist.

Eine der zu erwartenden Konfliktlinien bewegt sich im Grenzbereich zwischen Siedlungsgebiet und Freiraum. Immer dann, wenn siedlungstechnische Entwicklungsvorstellungen einer Gemeinde auf Biotope stoßen, entstehen heftige Differenzen, weil seitens des Naturschutzes der Biotopschutz ins Treffen geführt wird, während die Entwicklungsvorstellungen der Gemeinde ebenso einen hohen Stellenwert besitzen. Wenn man versucht, einen solchen Konflikt nach objektiven Gesichtspunkten zu analysieren, dann fällt auf, daß in den allermeisten Fällen die Ziele des Biotopschutzes nicht mit dem unabdingbaren Verlangen verbunden sind, den gegenständlichen Biotop an dieser bestimmten Stelle und nur an dieser Stelle zu bewahren. Im Gegensatz zu bestimmten Landschaftsformen, z.B. Wald, die in Verbindung mit angrenzenden Siedlungsräumen ganz bestimmte Funktionen zugunsten dieser Siedlungsräume ausüben (z.B. kleinklimatische Wirkungen, Naherholungsmöglichkeiten), stehen bestimmte Biotope in allererster Linie nicht mit dem Siedlungsraum, sondern mit dem übrigen Freiraum in einem Wirkungs-Verbund (z.B. Feuchtbiotope als Lebensraum oder Rastplatz für bestimmte Vogelarten). Während also die Stadt sich nur unmittelbar an ihrem Rande oder an sonstigen für die Stadtentwicklung besonders geeigneten Örtlichkeiten ausdehnen kann, steht für den Biotopschutz der gesamte Freiraum zur Verfügung. Ziel dieses Biotopschutzes ist also nicht, bestimmte Biotope in unmittelbarer Nähe zum Stadtrand zu halten - wo sie in aller Regel in ihrer Naturhaftigkeit und Unberührtheit ohnedies ständig nachteilig tangiert werden -, sondern den Biotop und die damit verbundene Biotopfläche als solche in dem betreffenden Naturraum zu bewahren. Eine räumliche Verlagerung solcher Biotope etwas weiter hinaus in die freie Landschaft könnte also die Ziele des Biotopschutzes in weitreichender Weise erfüllen und die Realisierung der im Konflikt stehenden gemeindlichen Flächennutzungsplanung ermöglichen.

Paragraph 20c des Bundesnaturschutzgesetzes, in dem die Unzulässigkeit einer Beeinträchtigung bestimmter Biotope postuliert wird, sagt im Abs. 2: "Bei Ausnahmen, die aus überwiegenden Gründen des Gemeinwohls notwendig sind, können die Länder Ausgleichsmaßnahmen oder Ersatzmaßnahmen anordnen". Es wurde eben gezeigt, daß das öffentliche Interesse zur Bewahrung von Biotopen nicht primär darauf gerichtet ist, diese Biotope an der für sie ohnedies ungünstigen Stelle im unmittelbaren Siedlungsraum zu erhalten. Dagegen ist das öffentliche Interesse an der Realisierung von gemeindlichen Planungen ohne Zweifel sehr hoch einzustufen, besonders dann, wenn es sich um die Errichtung von Wohn- oder Arbeitsstätten handelt. Man wird also generell unterstellen können, daß in solchen Fällen ein überwiegendes öffentliches Interesse an der Realisierung der konfliktträchtigen gemeindlichen Flächennutzungsplanung besteht. Es sind also die Voraussetzungen dafür gegeben, daß die Naturschutzbehörde Ersatzmaßnahmen vorschreibt, die zur Verlagerung des Biotopstandortes führen.

Damit ist die Konfliktsituation aber noch nicht bereinigt. Denn die unvorbereitete Auslagerung eines Biotops, d.h. die Zerstörung hier und die Neuanlage anderswo, ist keinesfalls problemlos möglich, insbesondere dann nicht, wenn keine geeigneten Grundflächen zur Verfügung stehen. Will man die hier beschriebene Konfliktminimierungsstrategie einsetzen, dann wäre es notwendig,

1. daß die Naturschutzverwaltung in Zusammenarbeit mit den Landschaftsplanern Standorte auswählt, die zur Anlage solcher Biotope geeignet sind; es ist einsichtig, daß dabei Standorte zu wählen sind, die für einen voraussehbaren langen Zeitraum wahrscheinlich unbeeinträchtigt bleiben;

2. daß der Landkreis, das Regierungspräsidium, ein zu gründender Biotop-schutzfond oder eine sonstige geeignete Stelle diese Grundflächen erwirbt, um sie für die Ausgestaltung zu Ersatzbiotopen vorzuhalten; die Ankaufsko-sten wären später anteilig von jenen Gemeinden zu erstatten, die solche Flä-chen für Ersatzmaßnahmen in Anspruch nehmen.

Optimal könnte dieses Verfahren dadurch ausgestaltet werden, daß bereits nach dem Erwerb solcher Flächen mit der Anlage von Biotopen begonnen wird, die dann insgesamt - nicht nur als Fläche, sondern bereits als gestalteter Biotop - je-nen Gemeinden gegen Kostenrückersatz angeboten werden können, die zur Durchführung von Ersatzmaßnahmen verpflichtet sind.

Es wird also vorgeschlagen, daß geeignete verwaltungsbehördliche Festlegungen getroffen werden, die in den geschilderten Fällen ein Überwiegen des öffentlichen In-teresses an der Durchführung von gemeindlichen Entwicklungsmaßnahmen konsta-tiert und die Anwendung der Regelung betreffend Ersatzmaßnahmen empfiehlt. Es wird weiter empfohlen, durch entsprechende Finanzierungsmaßnahmen und durch Beauftragung entsprechender Institutionen die Schaffung von Vorhalte-Flächen, al-lenfalls auch eine Ausgestaltung zu Biotopen sicherzustellen.

Ein zweites, zu bereinigendes Konfliktpotential ergibt sich aus der nicht voll-ständig gelungenen Definition des Zusammenhanges von Roten Listen und Bio-topschutz. In den Roten Listen werden gefährdete Arten dokumentiert, was auf die Seltenheit ihres Vorkommens schließen läßt. Gerade weil es sich hier nicht primär um Artenschutz, sondern um Biotopschutz handelt, muß bedacht werden, daß die Seltenheit des Vorkommens bestimmter Arten der Roten Liste immer wieder ein Ausdruck für die Seltenheit bestimmter Lebensräume ist. Und diese Seltenheit wiederum steht sehr häufig in Verbindung nicht nur mit einer Verän-derung von Landschaftsstruktur und Landschaftscharakter, sondern auch in un-mittelbarer Verbindung mit der Weiterentwicklung der menschlichen Lebensbe-dingungen und Lebensäußerungen. Um es an einem sehr vordergründig und si-cherlich nicht voll charakteristischen Beispiel zu sagen: Daß es in unseren Lan-den keinen Luchs und keinen Wolf mehr gibt, ist nicht die Folge bösartiger Ver-haltensweisen der Menschen gegenüber diesen Tieren oder gegenüber den sie umgebenden Biotopen, sondern es ist die unausweichliche Folge der Entwicklung des menschlichen Lebensraumes, welche ihrerseits unumkehrbar und in bezug auf Luchs und Wolf auch nicht reparabel ist.

Ähnliche Abgrenzungsprobleme treten auch dadurch auf, daß immer wieder bestimmte Arten in den regionalen Roten Listen aufscheinen, die in dieser Regi-on seit eh und je nur sporadisch oder zufällig vorhanden gewesen sind bzw. vor-handen sind und ihren natürlichen Lebensraum in anderen Teilräumen des Landes haben. So weist beispielsweise KLÖCK darauf hin, daß in der bayerischen Roten Liste die drei dort als ausgestorben oder verschollen bezeichneten Waldpflanzen (Moosglöckchen, vielfarbige Wolfsmilch, langläufiges Habichtskraut) ihre Heimat im arktisch-alpinen bzw. im mediterranen Raum haben, wo ein Aussterben in keiner Weise zu befürchten ist[40]. Rote Listen sollten aber ein allgemein anerkanntes Instrument zur Verbesserung des Arten- und Biotopschutzes sein, weshalb es notwendig ist, sie von Ungereimtheiten und Unzulänglichkeiten zu befreien. Damit könnten nicht nur unnötige Diskussionen vermieden, sondern die Effizienz ihrer Anwendung auch gesteigert werden.

Es wird deshalb vorgeschlagen, in allen regionalen Roten Listen in einer zweiten Spalte einen Hinweis darauf zu geben, welchen Gefährdungs-Status die betreffende Art in bundesweiter oder europäischer Betrachtung hat. Daraus ließe sich erkennen, daß in bestimmten Fällen eine in der Region stark gefährdete Art in anderen Regionen nicht zu den Arten der Roten Liste oder zu den wesentlich geringer gefährdeten Arten zählt, was die Standortgefährdung in der betreffenden Region relativiert. Damit muß keineswegs in Konsequenz verbunden sein, die Förderung solcher Arten oder damit zusammenhängender Biotope in der Region zu vernachlässigen; es soll lediglich in Zweifelsfällen eine Gewichtung möglich sein, bei der bundesweit stark gefährdete Arten natürlich schutzbedürftiger sind als solche, die in Teilen des Bundesgebietes ohnedies über ausreichende Lebensbedingungen verfügen.

In konsequenter Anwendung des zugrundeliegenden Gedankenganges sollte aber auch eine Ergänzung der Biotopschutz-Blätter dadurch erfolgen, daß gemeindeweise oder je gemeindeübergreifender Kleinregion eine Zusammenstellung der verschiedenen Biotop-Kategorien vorgenommen wird, die es jederzeit möglich macht zu beurteilen, welches Gewicht dem Schutz eines Einzelbiotops innerhalb des regionalen Biotop-Verbundes zukommt.

In diesem Zusammenhang ist aber noch ein weiteres zu bedenken: Der Hinweis auf ausgestorbene oder vom Aussterben bedrohte Arten sollte in erster Linie dafür genutzt werden, daß man aus den damit verbundenen Vorgängen lernt und geeignete Gegensteuerungsmaßnahmen einsetzt. Das wird nicht in allen Fällen möglich sein, wie das Beispiel vom Wolf gezeigt hat. Trotzdem kommt einer solchen konstruktiven Betrachtungsweise große Bedeutung zu. *Um sie für die Praxis nutzbar zu machen, ist es notwendig, daß für jede einzelne ausgestorbene oder vom Aussterben bedrohte Art eine Monographie-ähnliche, allgemein verständliche Beschreibung über den Lebensraum, die Entwicklung des Lebensraumes und den Gang der zunehmenden Bedrohung erarbeitet wird. Anhand solcher, aus bundeswei-*

----

40. KLÖCK W. (1990): Forstwirtschaft und Rote Listen. Allgemeine Forstzeitschrift Nr. 37-38

110

ter Sicht zu verfassender Arbeiten wird es möglich sein, zu unterscheiden zwischen solchen vom Aussterben bedrohten bzw. ausgestorbenen Arten, die angesichts der vorherrschenden Verhältnisse nicht mehr gerettet oder wiedereingebürgert werden können, und jenen zahlreichen anderen Arten, die durch gezielte Biotopschutzmaßnahmen in ihrer Existenz gesichert werden können. Eine solche detaillierte Beschäftigung mit den am stärksten gefährdeten Arten und mit den dazugehörigen Biotopen ist eine ganz wichtige Voraussetzung für prioritäres und gerichtetes Vorgehen im Biotopschutz. Es würde auf diese Weise auch die Differenzierung nach regionaler und bundesweiter Betrachtung deutlich werden und eine diesbezügliche Schwerpunktbildung möglich sein.

Biotopschutz ist ohne Geld nicht zu realisieren. Dabei muß allerdings nach den zwei denkbaren Finanzierungsmöglichkeiten unterschieden werden. Zum einen sollte Biotopschutz nicht auf Kosten der Landwirtschaft betrieben werden, was bereits begründet wurde und zwar in erster Linie aus dem Vergleich zwischen der schrumpfenden und existenzgefährdeten Landwirtschaft einerseits mit allen übrigen expandierenden und mit steigendem Wohlstand ausgestatteten Lebens- und Wirtschaftsbereichen. In allen Fällen, wo Biotopschutz in Konflikt mit Bewirtschaftungsvorstellungen der Landwirte steht - solange diese nicht auf einem, den Naturraum belastenden Chemieeinsatz basieren -, wird die öffentliche Hand durch entsprechende Ausgleichszahlungen, aber auch durch Anpachtungen und Ankauf solcher Flächen die finanziellen Lasten zu übernehmen haben. In jenen Fällen, wo Biotopschutz kollidiert mit außerlandwirtschaftlichen Entwicklungsvorstellungen, werden die Träger solcher Entwicklungsvorhaben hingegen die Kosten des Biotopschutzes übernehmen müssen, und zwar sowohl die Kosten für ausgleichende Gestaltungsmaßnahmen als auch für die Schaffung von Ersatzbiotopen (Kosten des Grundankaufes und Kosten der Anlage des gewünschten Biotops).

Was den geforderten Einsatz öffentlicher Mittel anbelangt, ist natürlich abzusehen, daß solche Mittel nicht unbegrenzt zur Verfügung stehen. Es ist deshalb notwendig, bei der Verwendung dieser Mittel nach Prioritäten vorzugehen. *Empfohlen wird deshalb, die Biotopkartierung bzw. die Biotopausweisung mit einer Dringlichkeits-Kennziffer auszustatten und außerdem für jeden Einzelfall die grob geschätzten Kosten der Biotopsicherung anzugeben.*

Im Zusammenhang mit den die Biotopkartierung und den Biotopschutz betreffenden Untersuchungen in den 3 Gemeinden Herbolzheim, Baiersbronn und Bad Dürrheim wurde ein Vorschlag für die Herleitung solcher Kennziffern gemacht, der darauf beruht, die Wertigkeit des Biotops mit dem jeweiligen Gefährdungsgrad zu kombinieren und in einer einzigen Ziffer zum Ausdruck zu bringen.

Das bedeutet, daß in den höheren und damit vorrangigen Kennziffern entweder hochwertige oder sehr stark gefährdete Biotope zu finden sind, wogegen die allerhöchsten Prioritäten jenen Fällen vorbehalten sind, wo sowohl Hochwertigkeit als auch starker Gefährdungsgrad aufscheinen. In Verbindung mit den Angaben über notwendige Finanzierungsmittel ließe sich daraus ganz leicht ein Biotopsicherungsprogramm entwickeln, das sich sowohl an den naturräumlichen Notwendigkeiten als auch an den finanziellen Möglichkeiten orientiert und den Mitteleinsatz ökologisch optimiert.

Es muß an dieser Stelle nochmals der Hinweis aus dem Kap. 5.3.1 wiederholt werden, daß die Verwirklichung von Naturschutzzielen, natürlich auch von Biotopschutzzielen, gegen die Interessen der Landwirtschaft nicht machbar ist; entsprechende Erfahrungen wurden auch bei der Biotop-Analyse in den Modellgemeinden gewonnen. Andererseits kann aber bei Zusammenarbeit mit den Landwirten angesichts der heute gegebenen agrarpolitischen Situation ein außerordentlich erfolgreiches Vorgehen prognostiziert werden. Einvernehmen mit der Landwirtschaft wird aber nur dann erzielbar sein, wenn den Landwirten endlich das Gefühl genommen wird, Naturschutz und Biotopschutz richte sich ausschließlich gegen ihre wirtschaftlichen und existenziellen Interessen. Das geschieht am eindrucksvollsten dadurch, daß man alle in Frage kommenden Maßnahmen mit entsprechenden Entgeltzahlungen, Pachtzahlungen oder sonstigen finanziellen Ausgleichen verbindet. Wenn ein solcher Grundkonsens vorhanden ist, wird die Mitarbeit der Landwirte nicht nur dazu führen, daß Biotopschutz auf nennenswerten Flächen möglich wird, sondern auch zu einer Minimierung von Kosten beitragen, weil vieles, was der Naturschutz will, im Wege einer verständnisvollen Zusammenarbeit von den Landwirten vermutlich mit geringfügigen oder gar keinem Aufwand realisiert werden kann. Diese Beurteilung deckt sich auch völlig mit den praktischen Erfahrungen, die anläßlich der Realisierung des Feuchtwiesenschutz-Programmes im Münsterland gewonnen worden sind[41].

Die Biotopschutz-Analysen in den 3 Modellgemeinden bezogen sich auf 2 Arbeitsvorhaben. Zuerst wurden die Blätter der Biotopkartierung analysiert, ausgewertet und dabei Kategorisierungen vorgenommen. Sodann sind Interviews bei den betroffenen Grundeigentümern durchgeführt worden, um deren Einstellung zum Biotopschutz kennenzulernen.

Für die Auswertung der Biotopdaten in den drei Modellgemeinden wurden die topografischen Karten 1 : 25.000 sowie die Erhebungsbögen der Landesanstalt für Umweltschutz Baden-Württemberg (LfU 23) benutzt. Außerdem stellten die persönlichen Gespräche, die mit den Kreissachbearbeitern, Gebietsreferenten, mit der Abteilung Landespflege der FVA, mit Naturschutzbe-

---

41. HENRICH H.-J. (1989): Feuchtwiesenschutz. LÖLF-Mitteilungen, Heft 1

hörden, Forstleuten und Bürgermeistern geführt worden sind, eine wichtige Quelle der Informationen und Auswertungen dar. Die Beobachtungen an Ort und Stelle haben es ermöglicht, die reale Entwicklung der Biotope in der Zeit nach der Kartierung festzustellen.

Der Biotopartschlüssel des Erhebungsbogens enthält eine große Zahl von Daten und Beschreibungen der Biotope. Mit Hilfe dieser Beschreibungen der einzelnen Biotope kann man die Art des Biotops feststellen[42]. Für die Auswertungen sind die einzelnen Beschreibungen der Biotoparten in Biotopkategorien zusammengefaßt worden. Diese Biotopkategorien umfassen Biotope, die ähnliche Eigenschaften haben (Beispiel: Bei einer Biotopart "Wiese mit Gehölzen" wurde dieses Biotop unter die Biotopkategorie "Wiese" eingeordnet).

(I)	Feuchte Biotope (FB)
	1. Stehendes Gewässer (z.B. See, Teich, Moor, usw.)
	2. Fließendes Gewässer (z.B. Bach, Fluß, Kanal usw.)
(II)	Trockene Biotope (TB)
	1. Felsen
	2. Steine
	3. Sand
	4. Kies
	5. Schotter
(III)	Acker/Gartengelände (A/G)
	1. Ackerwirtschaft
	2. Rebflur
	3. Gärten
	4. Obstbaumpflanzungen
	5. Heiden
	6. Gebüsche
	7. Brache
(IV)	Wälder/Gehölze (W/G)
	1. Laubwald
	2. Nadelwald
	3. Mischwald
	4. Waldmantel
	5. alte Bäume
	6. Alleen
(V)	Grasland
	1. Wiese
	a) naß
	b) trocken
	2. Weide
(VI)	Sonstiges
	Keine Zuordnung nach (I) bis (V) möglich

Eine Aufsummierung der Biotop-Kategorien bringt das in Tabelle 1 dargestellte Ergebnis. Entsprechend den natürlichen Verhältnissen ist die Kategorie II (trockene Biotope) in allen Modellgemeinden schwach vertreten. Insgesamt überwiegen jene Biotopkategorien III bis VI (96/1384), die nicht in den speziellen gesetzlichen Biotopschutz einbezogen sind, gegenüber den besonders geschützten Biotopen der Kategorien I und II (55/348) deutlich, und zwar nach Zahl und Fläche.

----

42. Landesanstalt für Umweltschutz Baden-Württemberg (1985): Biotopkartierung. Erläuterungen zum Erhebungsbogen, Karlsruhe, S. 9-14 und S. 24

Tabelle 1: Biotopkategorien

| | | Anzahl/Fläche (ha) | | |
	Herbolzheim	Bad Dürrheim ·	Baiersbronn	Zusammen
I Feuchte Biotope	14/ 35	20/106	7/185	41/ 326
II Trockene Biotope	11/ 18	2/ 2	1/ 2	14/ 22
III Acker/Garten	38/105	10/ 93	2/ 43	50/ 241
IV Wälder/Gehölze	6/ 16	9/244	13/309	28/ 569
V Grasland	5/ 70	4/ 68	8/433	17/ 571
VI Sonstige	- / -	1/ 3	- / -	
Summen	74/244	46/516	31/972	151/1732
Gemeindefläche	3.500 ha	6.208 ha	18.970 ha	
davon Biotopfläche	7 %	8,3 %	5,1 %	

Die Biotopkartierungen der Modellgemeinden sind mehr als 5 Jahre alt. Fast alle diese Biotope werden von den Eigentümern bewirtschaftet. Die ausgewiesenen Biotope hatten keinen Schutzstatus, abgesehen von den Feuchtgebieten, die durch den § 16 Naturschutzgesetz Baden-Württemberg 1975 von Eingriffen geschützt sind. Die Bewirtschaftung geht also normal weiter. Das kann dazu führen, daß die Biotopstrukturen sich mit der Zeit so ändern, daß die Daten der Erhebungsbögen nicht mehr mit der Realität übereinstimmen.

Wenn man nicht versucht, die Ergebnisse der Biotopkartierungen so schnell wie möglich in die Praxis umzusetzen, so verlieren die Daten mit der Zeit ihre Aktualität, ganz besonders bei denjenigen Biotopen, deren Bewirtschaftungsart sich jedes Jahr ändert.

Natürlich sind die Umsetzungsmaßnahmen ein "langwieriger, dynamischer Prozeß, der nicht innerhalb von ein oder zwei Jahren zum Abschluß gebracht werden kann"[43]; trotzdem besteht die Notwendigkeit, daß die wertvollen, schutz- und pflegebedürftigen Biotope nicht ohne weiteres für längere Dauer ohne einen Schutzstatus bleiben dürfen, weil sonst die Kartierung keinen Sinn hätte.

Ein wichtiges "Ziel der Biotopkartierung in Baden-Württemberg ist die Bereitstellung von praktisch verwendbarem Material für die verschiedenen Planungs- und Entscheidungsebenen, seien es die Bezirksstelle für Naturschutz und Landschaftspflege, die Regierungspräsidien oder Regionalverbände - um einige zu nennen -, zur rechtzeitigen Begründung und Ausweisung von schutzwürdigen Lebensräumen"[44]. Dies geschieht in Baden-Württemberg seit mehr als 10 Jahren. Tausende von Biotopen wurden ausgewiesen und die wertbestimmenden Gesichtspunkte, Wertklassen, Pflege- und Schutzbedürftigkeit und die Gefährdung dieser Biotope wurden klar festgestellt. Diese Phase der Biotopkartierung hat in Baden-Württemberg unbehindert ihren Gang genommen und läuft noch immer weiter.

----

43. SCHÖTTLE V. (1983): Grußwort zur Eröffnung des Symposiums "5 Jahre Biotopkartierung Baden-Württemberg". Beih. Veröff. Naturschutz Landschaftspflege Baden-Württemberg, Band 34, Karlsruhe, S. 5-6
44. SCHÖTTLE V. (1983): w.o.

114

Die zweite Phase der Biotopkartierung ist die Überprüfung der erhobenen Daten. Bei dieser Phase versuchen die Naturschutzbehörden, sich von der Richtigkeit und Bedeutung dieser Daten an Ort und Stelle zu überzeugen. Diese Überprüfung der Daten ist ein wichtiger Schritt bei der Verwirklichung der Vorschläge, die zum dauerhaften Schutz der Biotope führen sollen.

Die dritte Phase der Biotopkartierung ist die Phase der Auswertung der gewonnenen Informationen. Die Auswertung der Daten ist von großer Bedeutung für die zukünftige Planung. Sie hilft insbesondere bei den Finanzkalkulationen und ermöglicht einen klaren Überblick über den zeitlichen Ablauf. Sie ergibt die Richtlinien, die die Umsetzung der Vorschläge erleichtern und ermöglichen.

Die vierte und letzte Phase der Biotopkartierung ist die Umsetzung der Vorschläge und der Ergebnisse der Auswertung in die Praxis. Diese Phase ist die komplizierteste des ganzen Verfahrens, denn sie ist mit vielen Problemen und Konflikten verbunden.

Das erste und vielleicht auch das wichtigste Problem dieser Phase ist die Bereitstellung der Mittel, also die Finanzierung der ökologischen Pläne. Eine Fläche als Naturschutz- oder Landschaftsschutzgebiet auszuweisen, zu schützen und auf die Dauer zu pflegen, verlangt Geld, Fachpersonal, Arbeitskräfte, Geräte und Zeit. Diese Voraussetzungen der Umsetzung sind meistens nicht vorhanden.

Die Widerstände, die in dieser Phase ebenfalls in Erscheinung treten können, kommen vor allem von der Landwirtschaft. Die entstehende Konfliktsituation zwischen der Landwirtschaft und dem Naturschutz muß gesehen und wenn möglich, beseitigt werden. Es ist ganz gewiß, daß die Biotopausweisung als Natur- oder Landschaftsschutzgebiet und die Veränderung der Nutzungsformen einen wirtschaftlichen Verlust für die Landwirte darstellt. Die auftretenden Konflikte sollten mit Entschädigungsgeldern gelöst werden. Denn man geht davon aus, daß "Naturschutz nur mit der Landwirtschaft und nicht gegen sie vollziehbar ist"[45].

Es wird also deutlich, daß die Umsetzung der Biotopkartierung und eine Realisierung des Biotopschutzes nur dann möglich ist, wenn man die Eigentümerposition der betroffenen Landwirte dabei berücksichtigt. Deshalb wurde im nächsten Untersuchungsschritt eine Befragung von betroffenen Landwirten durchgeführt.

Weil offensichtlich die Konflikte zwischen Biotopschutz und Grundeigentum stärker in der Landwirtschaft als in der Forstwirtschaft auftreten, haben wir die Befragung in den Modellgemeinden Herbolzheim und Bad Dürrheim abgewickelt. Dort wurde eine Befragung der Grundeigentümer, also der Landwirte vorgenommen, wodurch ca. 1/4 der ausgewiesenen Biotope erfaßt werden konnten. Diese Befragung erfolgte in Form eines vorstrukturierten Gespräches und einer anschließenden Auswertung des Fragebogens mit Zuweisung der Antworten zu auswertbaren Kategorien.

Schon das Zustandekommen der Gespräche und ihr Ablauf war signifikant für das große Mißtrauen, das bei den Landwirten vorhanden ist. So waren u.a. eingangs von den Landwirten Feststellungen zu hören wie: "Ich unterschreibe nicht" oder "alles was ich sage, ist für mich unverbindlich". In den meisten Fällen konnte jedoch durch ein einfühlsames Gespräch erreicht werden, daß es zu einer offenen Beantwortung der gestellten Fragen kam. Dem ging in der Regel lebhaftes Klagen der Landwirte über die sich ständig verschlechternde finanzielle Situation ihrer Betriebe voraus. Die Antworten auf die Fragen, die das Thema Biotopschutz direkt betrafen, waren meist negativ, ja sogar manchmal mit Wut verbunden. Diese Reaktionen kamen nicht, weil die Landwirte zum Umwelt- oder Naturschutz grundsätzlich eine feindliche oder ablehnende Einstellung hätten. Man bemerkte sogar häufig das Gegenteil. Sie meinen aber, daß diese Biotopausweisung ein weiterer Schritt zur Verschlechterung ihrer wirtschaftlichen Situation darstelle; "damit wird wieder eine Verminderung unserer Produktion geplant", wurde mehrmals geäußert. Außerdem vertreten sie den

----
45. SCHÖTTLE, V. (1983): w.o.

Standpunkt, daß sie mit der Bewirtschaftung ihrer Grundstücke einen Beitrag zur Erhaltung der Natur leisten und diese auch schützen. Festgestellt werden konnte auch, daß alle befragten Personen von der konkreten Biotopkartierung nichts wußten. Sie hatten davon zum ersten Mal durch diese Gespräche gehört. Diese für sie überraschende Information war wiederum ein Anlaß, ihre Unzufriedenheit zum Ausdruck zu bringen. Sie fühlten sich übergangen, wenn man Flächen untersucht, die in ihrem Eigentum stehen, von ihnen bewirtschaftet werden und für ihre zukünftige betriebliche Entwicklung von Bedeutung sind, ohne daß sie davon etwas erfahren.

Mit der Hilfe der Biotopkarten 1: 25.000 wurden die Landwirte, auf deren Flächen Biotope sich befinden, systematisch aufgesucht und Gespräche auf Grundlage vorbereiteter Fragen geführt. Einige Ergebnisse werden nachfolgend vorgestellt.

<u>Zu Frage 1</u> (Wissen Sie, daß sich auf Ihrer Landwirtschaftsfläche ein Biotop befindet?)

Alle befragten Landwirte haben diese Frage mit "nein" beantwortet. Die Kartierungen wurden also durchgeführt, ohne irgendeinen Kontakt zu den Landwirten herzustellen.

<u>Zu Frage 2</u> (Bewirtschaften Sie die Fläche, auf der das Biotop liegt, zur Zeit (einschl. Biotop); falls ja, wie bewirtschaften Sie diese Fläche?)

Alle befragten Landwirte bewirtschaften die gesamten Flächen, die ihnen zur Verfügung stehen. Es werden also auch die ausgewiesenen Biotope mitbewirtschaftet.

In der Gemeinde Herbolzheim bewirtschaften 37 % der befragten Landwirte ihre Flächen mit Reben, 58 % als Acker und nur 5% als Grünland. In der Gemeinde Bad Dürrheim bewirtschaften 58 % der befragten Personen ihre Flächen als Acker, 33 % als Grünland und nur 8 % als Wald.

<u>Zu Frage 4</u> (Stellt die Ausweisung des Biotops eine Behinderung Ihrer jetzigen oder künftigen Bewirtschaftung dar?)

Man kann die befragten Personen nach ihren Antworten auf diese Frage in 4 Gruppen aufteilen:

Gruppe I: Diese Gruppe hat ohne zu zögern mit "ja" geantwortet.

Gruppe II: Diese Gruppe meinte mit "ja" eine ferne Zukunft.

Gruppe III: Sie hat mit einem klaren "nein" geantwortet.

Gruppe IV: Diese Gruppe hat keine Antwort gehabt.

Die erste Gruppe umfaßt 32% der befragten Landwirte in Herbolzheim und 17% in Bad Dürrheim. Bemerkenswert ist, daß der prozentuale Anteil dieser Gruppe in Herbolzheim viel größer ist als in Bad Dürrheim. Dieser Unterschied ist damit zu begründen, daß über die Hälfte der Gruppe in Herbolzheim Weinbauern sind. Sie sind wegen dieser Art der Bewirtschaftung weniger flexibel als die anderen, die durch die jährliche Änderung der Bewirtschaftungsmöglichkeiten (Acker, Gemüse usw.) höhere Beweglichkeit besitzen. Überdies befürchten die Weinbauern, daß sie im Falle einer Stillegung gegen Entschädigung nicht die entsprechende Zahlung bekommen, weil die Ausgleichsgelder, die sie verlangen, sehr hoch sind. Insgesamt drückt sich in dieser Gruppe eine sehr hohe wirtschaftliche Skepsis, ja sogar Angst um die wirtschaftliche Zukunft aus.

Die zweite Gruppe, die hauptsächlich die künftige Behinderung der Bewirtschaftung fürchtet, hat keine Vorstellung, wann und in welchem Maß diese Behinderung kommen wird. Sie tröstet sich damit, daß sie jetzt wie bisher ihre Fläche weiter bewirtschaftet. Die meisten Antworten dieser Gruppe auf unsere Frage waren z.B. "ja, aber jetzt noch nicht" oder "ja, später, wenn es ernst wird" oder "ja, wenn man mich später behindert, weiter zu bewirtschaften" usw. Diese Gruppe macht 53 % der befragten Personen in Herbolzheim und 42 % in Bad Dürrheim aus.

116

Wenn man die Gruppe I und II, die beide, aber jede auf ihre Art, die Behinderung der künftigen Bewirtschaftung befürchten, zusammenzählt, dann kann man feststellen, daß die Mehrheit der Landwirte in den beiden Gemeinden mit einer Behinderung der künftigen Bewirtschaftung wegen Biotopausweisung rechnet. Diese Mehrheit ist in Herbolzheim sehr groß, und zwar 85 % der befragten Landwirte, gegenüber 59 % in Bad Dürrheim.

Die Diskussionen mit den Personen der dritten Gruppe haben gezeigt, daß das "Nein" hier eine besondere Dimension hat. Das "Nein" war weniger die Antwort auf die ökologischen oder finanziellen Folgen, die durch die Biotopausweisung entstehen würden, sondern eine Art sozio-politische Reaktion, die mit Protest und Herausforderung verbunden ist. Mit erhobenen Stimmen haben manche Landwirte dieser Gruppe klar machen wollen, daß sie nicht zulassen würden, daß hinter ihrem Rücken und ohne ihr Einverständnis bestimmt wird, wie ihre Flächen in der Zukunft aussehen sollten. Sie sehen also keine Behinderung ihrer Bewirtschaftung sowohl jetzt als auch später, weil sie meinen, daß sie, so wie sie diese Flächen jetzt bewirtschaften, sie auch später bebauen würden, es komme was wolle.

"Ich bewirtschafte weiter, egal was komme" oder "Dieses Grundstück ist mein Eigentum, und ich werde es weiter bewirtschaften; ich achte nicht auf die Biotopausweisung, denn ich pflege doch mit meinem jetzigen Anbau die Landschaft" oder "natürlich werde ich die Fläche so bewirtschaften wie bisher, auch wenn ich weiß, daß hier ein Biotop ist". Diese und andere Antworten waren zu hören. Die Gruppe macht in Herbolzheim 5 % und in Bad Dürrheim 33 % der befragten Personen aus.

Die vierte Gruppe, die die ihnen vorgelegte Frage weder mit "ja" noch mit "nein" beantwortet hat, geht eigentlich bei dieser Einstellung von der künftigen Bewirtschaftung aus, denn sie bewirtschafteten ihre Flächen zur Zeit der Befragung schon. Es schien so zu sein, daß die befragten Personen dieser Gruppe mit ihren Aussagen "was ich nicht weiß, macht mich nicht heiß" oder "ich weiß nichts davon" mit der ganzen Angelegenheit nichts zu tun haben wollen. Obwohl diese Gruppe in beiden Gemeinden nicht groß ist, zeigt sie aber mit ihrer passiven Haltung eine Tendenz der Unsicherheit bei manchen Landwirten, die nicht wissen, was die Zukunft mit sich bringt. In Herbolzheim macht diese Gruppe 11 % und in Bad Dürrheim 8 % der befragten Personen aus.

Zu Frage 5 (Würden Sie auf die Bewirtschaftung verzichten, um das Biotop zu erhalten? - Falls ja, wie hoch müßte die Entschädigung Ihrer Meinung nach sein, und wie lange müßte sie gezahlt werden?)
Diese Frage umfaßte drei wichtige Punkte, die voneinander getrennt ausgewertet werden müssen:

Zu Punkt 1 - Verzicht auf Bewirtschaftung: Die Mehrheit in beiden Gemeinden hat mit "ja" geantwortet, und zwar 79 % der befragten Landwirte in Herbolzheim und 83 % in Bad Dürrheim. Mit diesem "ja" wollten die Landwirte nicht den Wunsch äußern, auf ihre Bewirtschaftung gegen Entschädigung zu verzichten, sondern daß sie hier die logische Folge einer neuen Situation sehen, mit der sie vielleicht in naher Zukunft rechnen müssen.

Die Zahl der Landwirte, die auf die Bewirtschaftung nicht verzichten wollen, betrug 21 % in Herbolzheim und 17 % in Bad Dürrheim. Bemerkenswert ist, daß die meisten Landwirte an den Südhängen des Bleichetals in der Vorbergzone (Sundhalde und Hammberg) zwischen Tutschfelden und Herbolzheim den Verzicht auf die Bewirtschaftung gegen Entschädigung abgelehnt haben.

Man hat in dieser Gegend die allgemeine Tendenz feststellen können, daß die Landwirte mehr als woanders an ihrem Beruf hängen. Diese Tendenz ist sowohl bei den Voll- als auch bei den Nebenerwerbslandwirten vorhanden. Die Gründe dafür können folgende sein:
1.   Die schöne Landschaft dieses Gebietes (Gärten, Obstbäume, Heide-Landschaft).

2. Kleine Grundstücke, die die Landwirte bewirtschaften (keine großen Kosten für Maschinen, Düngen, Pflegen usw.)

3. Ein großer Teil der Produktion wird für den eigenen Bedarf (Kartoffeln, Bohnen, Salat usw.) verwendet

4. Mit der Bewirtschaftung der kleinen Grundstücke verbinden die Landwirte eine bestimmte Lebensaufgabe. Wenn sie darauf verzichten müßten, würden sie sich nicht mehr verpflichtet fühlen, etwas anderes zu tun. Sie arbeiten nach dem Motto "Wer rastet, der rostet", wie manche von ihnen diese Haltung begründet haben.

Die Landwirte sehen hier keinen Grund, auf die Bewirtschaftung zu verzichten. Mit ihrer Arbeit pflegen sie die Natur, meinen sie, deshalb sei ihre Arbeit nicht nur für sie wichtig, sondern auch für die Natur.

Zu Punkt 2 - Höhe der Entschädigung: Die genannten Entschädigungssummen variieren natürlich nach Bewirtschaftungsart, aber auch nach Gemeinde. Während in Herbolzheim mehrheitlich die höhere Entschädigungskategorie (DM 1500 - 2000/ha/Jahr) angegeben wurde, entschied sich in Bad Dürrheim die Mehrheit für DM 1000 - 1500/ha/Jahr. Bei Rebanlagen wurden mehrheitlich DM 10.000 - 20.000/ha/Jahr verlangt, nur wenige nannten die höhere Kategorie.

Zu Punkt 3 - Dauer der Auszahlung: Bei diesem Punkt waren die Vorstellungen der meisten Landwirte unklar. Deshalb hat der größte Teil von ihnen nicht angegeben, wie lange die Auszahlung im Falle eines Verzichtes auf die Bewirtschaftung dauern sollte.

Zu Frage 8 (Gibt es noch sonstige Punkte, auf die Sie in diesem Zusammenhang hinweisen möchten?)

Positive Reaktionen waren bei dieser Frage kaum zu verzeichnen. Die Zahl der Landwirte, die auf diese Frage überhaupt keine Antwort gegeben hat, also weder "ja" noch "nein" zur Biotopkartierung und zum Biotopschutz, ist dagegen von Bedeutung. Diese Gruppe ist mit 42 % der befragten Personen in Herbolzheim und 33 % in Bad Dürrheim vertreten.

Negative Reaktionen kamen von 53 % der Landwirte in Herbolzheim und von 67 % in Bad Dürrheim. Aufgrund der Gespräche mit den Landwirten kann man die Gründe dieser Reaktion so verstehen:

1. Die Biotopkartierung sei nach der Meinung der Landwirte dieser Gruppe überflüssig in diesen Gemeinden, weil die Natur und die Umwelt hier in Ordnung sei.

2. Ablehnung aller dieser Maßnahmen, die nur zur Verschlechterung der wirtschaftlichen Situation der Landwirte führen würden.

3. Die Landwirte meinen, daß sie die Landschaft pflegen und die Umwelt schützen, wenn sie ihrem Beruf nachgehen. Bei einer Flächenstillegung für mehrere Jahre befürchten die Landwirte z.B. eine Zunahme der Unkräuter, die sie später ohne Einsatz von Chemikalien nicht entfernen können.

74 % der befragten Personen in Herbolzheim und 67 % in Bad Dürrheim waren Vollerwerbslandwirte, 26 % bzw. 33 % Nebenerwerbslandwirte.

Wald ist in der Regel als die ökologisch höchstwertige Flächennutzungsart anzusehen[46]. Das gilt in dieser undifferenzierten Form für alle Waldungen im Verhältnis zu den ebenfalls nicht näher spezifizierten landwirtschaftlichen Nutzflächen, also insbesondere Ackerland und Grünland. Daraus folgert für eine ebenfalls generelle Betrachtungsweise, daß Umwandlungen der Nutzungsart von Wald in Landwirtschaft ökologisch nachteilig und umgekehrt von Landwirtschaft in Wald ökologisch vorteilhaft einzustufen sind. Weil aber eine Umwandlung von Wald in landwirtschaftliche Nutzfläche heute kaum mehr vorkommt, steht bei der Waldumwandlung die andersartige, unerwünschte Entwicklung im Vordergrund, nämlich die Inanspruchnahme von Waldflächen für sonstige Zwecke (Siedlung, Verkehr, Freizeitanlagen u.ä.). Der Zusammenhang mit den landwirtschaftlichen Flächen ergibt sich daraus, daß entweder Alternativen der Flächeninanspruchnahme zwischen Wald und landwirtschaftlicher Nutzfläche existieren, oder aber daß die Inanspruchnahme von Wald das Verlangen nach einer Ersatzaufforstung auslöst, die ihrerseits wieder nur auf landwirtschaftlichen Nutzflächen realisiert werden kann.

Die Waldumwandlung, also der Verlust von Waldfläche scheint praktisch kein gravierendes Problem darzustellen, weil die Waldflächenbilanz in Deutschland annähernd ausgeglichen bis leicht positiv ist. Bei näherem Zusehen zeigt sich aber, daß sehr deutliche regionale Unterschiede bestehen: in den ländlichen Räumen gibt es sehr starke Waldzunahmen, während der Wald in den Verdichtungsräumen und in den Zentren der Siedlungs- und Wirtschaftsentwicklung ständig abnimmt. Diese Abnahme ist in diesen Räumen besonders bedauerlich, weil es sich zumeist um Räume mit ohnedies geringer Waldausstattung handelt und weil außerdem die hohe ökologische Qualität des Waldes gerade in diesen stark belasteten Räumen ganz besonders dringend benötigt wird.

In früheren Untersuchungen des Instituts wurde bereits erkannt, daß der Schutz des Waldes in speziellen Räumen mit besonderer Waldgefährdung ein vordringliches raumordnerisches Problem darstellt. Es wäre allerdings unrealistisch, einen solchen Schutz mit Hilfe eines absoluten Veränderungsverbotes durchsetzen zu wollen. Denn die raumordnerische Abwägungsmöglichkeit in jedem Einzelfall muß immer erhalten bleiben, wenn man nicht ausweglose Situationen heraufbeschwören will.

----

46. Rat von Sachverständigen für Umweltfragen (1974): Umweltgutachten

Vorgeschlagen wird deshalb[47] im ersten Schritt mit Hilfe raumanalytischer Untersuchungen jene Räume (Land- und Stadtkreise) festzulegen, in denen der Wald einer besonderen flächenhaften Gefährdung ausgesetzt ist. Eine solche Analyse stützt sich zweckmäßigerweise auf die Indikatoren Bewaldungsprozent, Walddichte und Veränderung der Waldfläche innerhalb eines bestimmten zurückliegenden Zeitraumes. Für die danach erkannten besonders gefährdeten Räume soll gelten: Waldinanspruchnahme ist grundsätzlich nur möglich, wenn ein deutlich überwiegendes öffentliches Interesse dafür spricht und wenn weiters in Verbindung mit dieser Waldinanspruchnahme eine funktionsgleiche Neuaufforstung realisiert wird.

Besonders wichtig ist dabei der Begriff "funktionsgleich", weil nur dadurch gewährleistet werden kann, daß die Verhältnisse im Naturhaushalt insgesamt auf einem gleichen Niveau erhalten bleiben. Die gegenwärtig in den Landeswaldgesetzen enthaltenen diesbezüglichen Bestimmungen verwenden nirgendwo den Begriff funktionsgleich, so daß Ersatzaufforstungen irgendwo im Raum durchgeführt werden können, wo sie die verlorengegangenen Waldfunktionen nicht kompensieren und mit dem gegenständlichen Raumnutzungskonflikt in keinem Zusammenhang stehen. Hinzu kommt, daß anstelle einer Ersatzaufforstung auch die Zahlung einer Walderhaltungsabgabe vorgeschrieben werden kann, wodurch der angestrebte ökologische Effekt im Naturraum vollständig verlorengeht - ganz abgesehen von der Tatsache, daß z.B. im baden-württembergischen Landeswaldgesetz Waldumwandlungen für öffentliche Zwecke von solchen Verpflichtungen überhaupt freigestellt sind.

Die Durchsetzung des hier vorgestellten Grundsatzes bedarf keiner Gesetzesänderung. *Vorgeschlagen wird vielmehr die Aufnahme entsprechender planerischer Grundsätze in die Landesplanung (in Baden-Württemberg z.B. durch die Erstellung von fachlichen Entwicklungsplänen), in denen*

a) die Gebiete mit hoher Waldgefährdung ausgewiesen werden

b) in denen festgelegt wird, daß Waldinanspruchnahme in diesen so ausgewiesenen Gebieten nur bei gleichzeitiger Durchführung einer funktionsgleichen Ersatzaufforstung statthaft ist.

Die Hereinnahme solcher raumordnerischer Grundlagen und Handlungsanweisungen kann durch die raumordnerische Verbindlichkeitserklärung als ausreichende Vorgabe für die Genehmigungsbehörden angesehen werden, weil auf diese Weise Ziele der Raumordnung und Landesplanung in den von der Forstgesetzgebung vorgesehenen Abwägungsprozeß eingebracht werden. Um allfällige Bedenken wegen einer allzu weitreichenden Beschränkung im Handlungsspiel-

----

47. In Übereinstimmung mit einer ausführlichen Darstellung in NIESSLEIN E. (1981): Walderhaltung und forstliche Rahmenplanung. Forst- und Holzwirt, S. 73-81; dazu auch: ESSMANN H. (1985): Waldarme Gebiete. Allgemeine Forst- und Jagdzeitung, Heft 8

raum der Raumnutzung zu zerstreuen, kann in solchen Plänen allenfalls eine Ausnahmebestimmung statuiert werden, die jedoch nur vom zuständigen Landesministerium und bei gleichzeitiger Befassung eines vorhandenen Raumordnungsbeirates zu erteilen wäre.

In die entgegengesetzte Richtung gehende Umwandlungen, also die Vornahme von Neuaufforstungen, sind weniger konfliktträchtig. Wenn sie sich aus der Interessenlage der Grundeigentümer als wünschenswert darstellen, wird damit gleichzeitig ein ökologisch in der Regel höherwertiger Zustand realisiert, so daß private und öffentliche Interessen konform gehen. In der Wirklichkeit sieht dies allerdings anders aus. Der Naturschutz hat eine Vielzahl von Vorbehalten gegen Neuaufforstungen, die in den meisten Fällen unter Berufung auf eine Beeinträchtigung des Landschaftsbildes vorgetragen werden. Es steht also die ökologische Höherwertigkeit des Waldes dem Wunsch auf Bewahrung des Landschaftsbildes gegenüber. Es spricht allerdings wenig dafür, diesem Wunsch zur Dominanz zu verhelfen. Denn Analysen zeigen, daß dieser Wunsch von einigen wenigen Experten und Funktionären des Naturschutzes vertreten wird, in der breiten Bevölkerung aber keinen Rückhalt hat.

So haben Gästebefragungen in den Modellgemeinden folgendes ergeben: Von 316 befragten Personen in Baiersbronn erklärten 89 %, sie seien mit der derzeitigen Waldausstattung zufrieden, nur 1 % wünschte sich weniger Wald. Dieses Ergebnis ist deshalb von besonderer Bedeutung, weil die Gemeinde Baiersbronn bereits ein überdurchschnittlich hohes Bewaldungsprozent von 84 aufweist. Wenn also die Bevölkerung selbst bei einer so starken Bewaldung mit dem Zustand "zufrieden" ist, dann kann es nicht stimmen, daß Aufforstungen in weniger bewaldeten Gebieten allein wegen der Erhöhung der Bewaldungsdichte gegen das landschaftsästhetische Empfinden der Bevölkerung verstoßen.

Besonders signifikant sind auch die Ergebnisse einer parallel durchgeführten Befragung von Experten, dabei auch Naturschutzfunktionären einerseits und Bevölkerung andererseits[48]. Es ging dabei um die Akzeptanz einer Anlage von Kurzumtriebswäldern auf bisher landwirtschaftlich genutzten Flächen, um damit diese Flächen aus der landwirtschaftlichen Produktion herauszunehmen. Die Begründung niederwaldähnlicher Kurzumtriebswälder würde dem immer wieder vom Naturschutz vorgetragenen Wunsch auf Sanierung der "ausgeräumten Landschaft" entsprechen, es könnten inmitten der Ackerlandschaft oder angrenzend an diese vielgestaltige Biotope geschaffen werden, die sowohl für Pflanzen als

---

48. Aufforstung landwirtschaftlicher Flächen mit besonderer Berücksichtigung einer Anlage von Energiewald; Forschungsbericht des Instituts für Forstpolitik und Raumordnung der Universität Freiburg, vorgelegt dem Ministerium für Ländlichen Raum, Ernährung, Landwirtschaft und Forsten Baden-Württemberg im März 1989

auch für Tiere ideale Rückzugs- und Regenerationsmöglichkeiten bieten und es würde auch die bisher beklagte Eintönigkeit des Landschaftsbildes aufgelockert werden. Naturschützer haben sich bisher allerdings nicht die Mühe gemacht, solche Kurzumtriebswälder, wie sie verschiedentlich schon mehrere Jahre bestehen und nicht nur eine ökologische, sondern auch eine optische Vielfalt anbieten, zu besuchen und zu studieren. Es wird vielmehr weitgehend einhellig vom Naturschutz der Standpunkt vertreten, daß die Anlage solcher Kurzumtriebswälder innerhalb der Flur unerwünscht sei, und das nicht zuletzt aus Gründen des Landschaftsbildes. Das ist auch in der erwähnten Befragung zum Ausdruck gekommen. 40 % der befragten Naturschutzexperten, aber nur 12 % der Bevölkerung glauben, daß solche Aufforstungen eine Beeinträchtigung des Landschaftsbildes zur Folge haben. Es liegt der Verdacht nahe, daß die Ablehnung durch Naturschutzexperten und Naturschutzvertreter von der Tatsache begünstigt oder sogar ausgelöst wird, daß die zur Diskussion stehenden Aufforstungsmodelle unter dem Gesichtspunkt wirtschaftlicher Effektivität (Energiewald) und zur Lösung wirtschaftlicher Probleme (landwirtschaftliche Überschußproduktion) Verwendung finden sollen. Alle vorher aufgestellten Forderungen nach Förderung des Niederwaldes, nach ökologischer und optischer Strukturierung ausgedehnter landwirtschaftlicher Flächen scheinen vergessen zu sein, nur deswegen, weil mit solchen Maßnahmen, die diesen Forderungen durchaus entsprechen würden, gleichzeitig wirtschaftliche Zwecke verfolgt werden.

Es ist also dringend geboten, für die Genehmigung von Erstaufforstungen einen raumordnerischen Konsens zu erzielen, der die ökologischen Vorteile ebenso wie die damit verbundenen Eigentümerinteressen entsprechend berücksichtigt und entgegenstehende Zielsetzungen des Naturschutzes auf das wirklich Notwendige konzentriert. Danach ist eine Ablehnung von Neuaufforstungen gerechtfertigt;

1. wenn kleinklimatische Verhältnisse eine spürbare Beeinträchtigung der lokalen Lebens- und Wohnqualität befürchten lassen (z.B. weitere Erhöhung eines ohnedies schon hohen Bewaldungsprozentes in einem steil eingeschnittenen Graben; Beeinträchtigung der Luftzufuhr für einen eingeengten Wohnstandort);

2. wenn durch die Neuaufforstung höherwertige Biotope zerstört werden und der zukünftige Wald nicht seinerseits einen wertvollen, standortsgerechten Waldbiotop zu entwickeln verspricht;

3. wenn landschaftlich besonders herausgehobene und charakteristische Standorte durch eine Aufforstung in ihrem traditionellen Habitus deutlich verändert würden und ein erkennbares Interesse der Bevölkerung an der Beibehaltung des gegenwärtigen Zustandes gegeben ist.

Im Sinne eigentumsrechtlicher Zuordnungen müssen Untersagungen, die auf solchen Begründungen beruhen, vom Grundeigentümer im Sinne der Sozialbindung des Eigentums hingenommen werden. Darüber hinausgehende Untersagungsgründe, die etwa die Nutzungsfähigkeit einer Freifläche in Ortsnähe für skisportliche Zwecke im Auge haben oder aus sonstigen Gründen dem Erholungsgeschehen bzw. dem Fremdenverkehrsgeschehen dienen sollen, sind anders zu bewerten. Hier handelt es sich darum, daß bestimmte Personen oder Personengruppen einen bestimmten Zustand des Naturraums für ihre Interessen, in bezug auf den Fremdenverkehr für ihre wirtschaftlichen Vorteile nutzen wollen. Das ist durchaus statthaft, muß aber mit dem Grundeigentümer in einer Art und Weise vereinbart werden, daß dieser nicht allein die Kosten und die anderen Personen allein den Nutzen davon haben.

Vorgeschlagen wird, daß die zuständigen Ministerien der Länder Richtlinien erarbeiten, in denen die hier vorgetragenen Grundsätze enthalten und für den praktischen Gebrauch kommentiert sind. Diese Richtlinien sollten nicht nur den Verwaltungsdienststellen als Entscheidungshilfe dienen, sondern sie sollten gleichzeitig eine fachlich-raumordnerische Interpretation der in den Waldgesetzen und Naturschutzgesetzen enthaltenen Bestimmungen darstellen, womit auch Anhaltspunkte für die Beurteilung in allfälligen Verwaltungsgerichtsverfahren zur Verfügung gestellt werden.

5.3.4   Freizeitaktivitäten

Landschaft wird in einem zunehmenden Maße für Freizeit- und Erholungsaktivitäten genutzt. Das gilt sowohl für Naherholungs- und Wochenenderholungsräume als auch für fremdenverkehrsorientierte Gemeinden. Erholungsaktivitäten tangieren in besonderer Weise den Wald. Allerdings fallen die Beeinträchtigungen der Natur und bodenschutzrelevante Störungen im Waldgelände weniger ins Gewicht, weil die Waldbesucher in ihrem Handlungsspielraum entsprechend den von der Natur gegebenen Möglichkeiten eingeengt sind und sich schon allein deshalb in der Regel natur-verträglich verhalten. Ungleich gewichtiger können Schäden im nicht bewaldeten Freiraum sein, weshalb - unter dem Gesichtspunkt einer notwendigen raumordnerischen Prioritätensetzung - auf diese näher eingegangen werden soll.

Im Gegensatz zu den Erholungsmöglichkeiten im Wald, die laut Gesetz auf der gesamten Waldfläche gegeben sind und dem Besucher das Betreten des Waldes auch außerhalb von Wegen erlaubt, stehen die landwirtschaftlichen Nutzflächen nicht in gleicher Weise den Erholungssuchenden zur Verfügung und müssen sich diese im wesentlichen auf den Wegen oder auf speziell gestalteten Erholungsflächen bewegen. Ausnahmen von diesem Grundsatz können wie folgt kategorisiert werden:

1. Freiflächen oberhalb der Waldgrenze, also in den Hochlagen und auf den Berggipfeln, sind frei begehbar und werden mit unterschiedlicher örtlicher Schwerpunktbildung auch dementsprechend genutzt;

2. für den Wintersport können auch Flächen in Anspruch genommen werden, die im Sommer der landwirtschaftlichen Produktion dienen und dann nicht betreten werden dürfen;

3. landwirtschaftliche Flächen werden im Zuge des agrarpolitischen Stillegungsprogrammes für nicht-produktionswirtschaftliche Zwecke genutzt und im Zuge dessen für bestimmte Erholungsaktivitäten gewidmet.

In all diesen Fällen können naturschutzrelevante Beeinträchtigungen auftreten, die sodann zu einem Konflikt zwischen Naturschutz und Erholung in der Natur führen. Solche Konflikte haben sich in der jüngsten Zeit deutlich vermehrt und wurden im Zuge der Bearbeitung des Forschungsprojektes sowie begleitender Untersuchungen des Instituts (z.B. Umweltverträglichkeitsprüfungen bei Sportanlagen im ländlichen Raum) wiederholt festgestellt. Die dabei gewonnenen Erfahrungen besagen, daß von Seiten des Naturschutzes und der den Naturschutz vertretenden politischen und administrativen Institutionen extrem restriktive Positionen eingenommen werden, die weder von den Erholungssuchenden noch von den Gemeinden im ländlichen Raum verstanden werden. Dies ist ganz besonders deswegen zu bedauern, weil dieser Konflikt zwischen Personengruppen ausgetragen wird, die sich beide mit der Natur verbunden fühlen. Freiraumerholung ist heute - angesichts der sich ständig verdichtenden Wohn- und Lebensverhältnisse sowie angesichts der ungesunden Umweltbedingungen in den siedlungstechnischen Ballungszentren - zu einem geradezu existenziellen Lebensbedürfnis geworden und hat deshalb auch einen hohen gesellschaftspolitischen Stellenwert. In den erwähnten Konfliktfällen wird die Position der Erholungssuchenden aber in aller Regel weit unter ihrer tatsächlichen Bedeutung eingestuft, weil man sie entweder auf das ökonomische Interesse der Fremdenverkehrswirtschaft reduziert - welches gerade in ländlichen Gemeinden auch von großer raumordnerischer Bedeutung ist - oder weil die betroffenen Erholungssuchenden in den jeweiligen

Verfahren keine Parteienstellung besitzen, sich vor Ort nicht artikulieren können und in der lokalen Betrachtungsweise auch nicht als Wähler empfunden werden, denen gegenüber man verständnisvoll vorgehen müßte.

Das in diesem Kapitel angesprochene Instrumentarium soll sich also nicht mit einer Verstärkung oder Verbesserung von Naturschutz-Positionen beschäftigen, sondern eher mit dem Gegenteil. Denn es wurde schon eingangs darauf hingewiesen, daß die Durchsetzbarkeit von Naturschutzzielen an den wichtigen Weggabelungen ganz wesentlich davon abhängt, wie glaubwürdig Naturschutz-Positionen insgesamt im gesellschaftspolitischen Abwägungsprozeß sind und mit wieviel gesellschaftspolitischer Unterstützung sie rechnen können. Eine solche Glaubwürdigkeit und eine solche Unterstützung können aber nur unterstellt werden, wenn an den Nebenkriegsschauplätzen keine überzogenen Forderungen gestellt und an sich dem Naturschutz positiv gegenüberstehende gesellschaftliche Gruppen nicht unnötig verprellt werden. Anhand der nachfolgenden Beispiele soll dieser Gedankengang expliziert werden:

Der Hochschwarzwald ist ein beliebtes Ferienerholungsgebiet, in dem der Fremdenverkehr eine der wichtigsten wirtschaftlichen Existenzgrundlagen der dort lebenden Bevölkerung darstellt. Dieser Fremdenverkehr basiert sehr stark auf dem Angebotspotential "Landschaft", weshalb der Bewahrung von Landschaft und Landschaftscharakter von den Gemeinden große Bedeutung beigemessen und einer unbegrenzten Erschließung und Intensivierung bereits auf Gemeindeebene Einhalt geboten wird. Andererseits ist es notwendig, die Angebote an den Bedarf anzupassen, auch um der scharfen Konkurrenz Rechnung zu tragen. Das gilt ganz besonders für die ständig betriebene Qualitätsverbesserung des Angebots. Diese wird besonders von den prädikatisierten Gemeinden angestrebt, wofür etwa die Gemeinde Hinterzarten mit ihrem international bekannten Namen Zeugnis gibt. Unter diesem Gesichtspunkt der Qualitätsverbesserung haben einige Gemeinden versucht, im Hochschwarzwald einen Golfplatz anzulegen, weil sowohl allgemeine Trendaussagen als auch gezielte Marktuntersuchungen einen deutlichen Bedarf signalisiert hatten. Bisher hat der Naturschutz alle diese Projekte verhindert. Obwohl in zwei konkreten Fällen durch vorgelegte Umweltverträglichkeitsgutachten die Vertretbarkeit der Projekte auch vom Standpunkt der Ökologie und des Naturschutzes nachgewiesen wurde, teilweise mit Hilfe konkreter Vorschläge zur Umplanung bzw. zur Gestaltung von Ersatzflächen, konnte der Konflikt nicht beigelegt werden. Die Gegner des Projektes üben auf Politiker und Behörden, auch mit Hilfe der Medien, einen so starken Druck aus, daß der Antrag einer Gemeinde auf Durchführung eines Raumordnungsverfahrens nach drei Jahren immer noch unbehandelt war und daß in einem anderen Fall ein bereits laufendes Raumordnungsverfahren wegen Einschaltung des Petitionsausschusses des Landtages gestoppt werden mußte. Hauptsächliche Streitpunkte sind folgende:

- etwa 16 ha bisher beweidete Hochlagenflächen sollen als Spielbahnen umgestaltet werden, und zwar in einem Raum, wo verteilt auf wenige Gemeinden insgesamt über 1.100 ha gleichartige Hochalmflächen - alle als Biotope ausgewiesen - existieren;

- bei der Gestaltung eines Golfplatzes an anderer Stelle auf einem bisher landwirtschaftlich genutzten Talboden (gesamte Projektfläche 55 ha) würden auf insgesamt ca. 7 ha Feuchtbiotope umgewandelt werden; dabei handelt es sich um Flächen, die in früheren Zeiten intensiv landwirtschaftlich genutzt waren und durch Drainagegräben entwässert wurden, in der jüngsten Zeit zufolge des zurückgehenden Interesses an einer intensiven landwirtschaftlichen Nutzung aber nicht mehr ausreichend gepflegt worden sind und deshalb der Vernässung anheim fielen;

- die Ausgestaltung des Talbodens zu einem Golfplatz, womit das Entstehen eines andersartigen Grüns als charakteristische Farbe der Wiesenlandschaft sowie das Anpflanzen von einigen Sträuchern und niedrigen Bäumen verbunden wäre, wird als schwerwiegender Eingriff in das Landschaftsbild bewertet.

Hervorzuheben ist, daß die Projektbetreiber ausdrücklich erklärten, angesichts der gegebenen klimatischen Verhältnisse auf Düngung auch der Spielbahnen verzichten zu können, keinerlei Pflanzenschutzmittel oder Herbizide einsetzen zu wollen und allenfalls notwendige Beregnungsanlagen auf den Greens mit einer Ringkanalisation auszustatten, so daß auch von diesen Flächen (mit ohnedies nur geringfügigem Ausmaß) keine Düngemittel ins Grundwasser kommen. Bemerkenswert ist auch, daß die Angebote der Projektbetreiber, Ersatzmaßnahmen durchzuführen und den Verlust an Feuchtbiotopen anderweitig auszugleichen (5 ha Flächenangebot unmittelbar angrenzend gegenüber Verlust von 7 ha) - was den Intentionen des Biotopschutzgesetzes entsprechen würde - weder geprüft noch sonstwie zur Kenntnis genommen worden sind. Der "Kampf" gegen diese Projekte wird in einer ausgesprochen gehässigen Tonart geführt und läßt vermuten, daß damit nicht nur Naturschutzinteressen vertreten werden, sondern auch Front gegen jene gemacht werden sollen, die sich das Golfspielen leisten können.

Der Hochschwarzwald ist in mancher Hinsicht für Deutschland die Wiege des alpinen Skisports und in der Geschichte dieser Sportart mit klangvollen Namen verbunden, die hier die Disziplinen des alpinen Skilaufens olympiafähig gemacht haben. Wenngleich heute in diesem Raum der Skisport überwiegend als Langlauf betrieben wird, kommt natürlich dem alpinen Skisport nach wie vor eine Bedeutung zu und ist die Existenz der fremdenverkehrswirtschaftlichen Wintersaison ohne Angebote des alpinen Skisports kaum denkbar. Dazu kommt, daß Freiburg als Olympia-Stützpunkt bestimmt wurde, was nicht nur auf den landschaftlichen Möglichkeiten basiert, sondern sich auch auf die Zusammenarbeit mit einer Reihe von sportspezifisch orientierten Universitätsinstituten stützt. Beide Gesichtspunkte, der Fremdenverkehr ebenso wie der Olympia-Stützpunkt, machen es erforderlich, daß wenigstens an einigen Stellen des Hochschwarzwaldes jederzeit nutzbare Abfahrtspisten existieren. Was aber früher kaum ein Problem darstellte, ist in der Abfolge der letzten Winter zu einem solchen geworden: der Schneemangel. Man denkt deswegen seit einigen Jahren an zwei zentralen Stellen an den Einsatz von Schneekanonen. Auch diese Projekte wurden vom Naturschutz und von den zuständigen Stellen strikte abgelehnt. Dabei ist es selbstverständlich, daß über solche Anlagen nur reines Wasser - ohne jegliche Chemiezusätze - versprüht werden darf; auch stellt die Bereitstellung des reinen Wassers in diesen Lagen kein Problem dar. Weil aber durch die etwas veränderte Struktur des künstlich erzeugten Schnees und die vermutlich längere Schneelage geringfügige Veränderungen in der Vegetation auf diesen Flächen zu erwarten sind, lehnt der Naturschutz eine derartige Beeinträchtigung von Pflanzenbewuchs und Boden ab. Wenn man bedenkt, daß es sich bei beiden Projekten um eine jeweils etwa 1 km lange und 20 m breite Abfahrtsstrecke handelt, die mit Schneekanonen behandelt werden sollte, wird die Ungleichgewichtigkeit der Argumente für und wider deutlich. Denn niemand denkt daran, irgendwo flächenhaft künstlichen Schnee zu erzeugen, weil dies allein schon aus Kostengründen völlig undenkbar ist. Wer soll aber dann verstehen, daß man wichtige fremdenverkehrswirtschaftliche und sportpolitische Interessen ebenso wie die legitimen Erholungswünsche breiter skisportbetreibender Bevölkerungskreise opfern muß, weil auf den, im Verhältnis zum Gesamtraum geradezu verschwindend kleinen Flächen eine geringfügige Verschiebung der Vegetationszeit und Veränderung der Boden- und Vegetationsverhältnisse als große naturschutzrelevante Beeinträchtigung dargestellt wird.

Das Drachenfliegen ist sicherlich kein Breitensport, wohl aber muß man den Drachenfliegern bescheinigen, daß sie sich in einer besonders intensiven Weise der Natur nähern, anpassen und wohl auch den damit verbundenen Gefahren unterwerfen. Drachenfliegen ist eine Freizeitbeschäftigung für das Bergland und insoferne erscheinen dafür einige Berge im Schwarzwald besonders prädestiniert. Das gilt insbesondere für die Gipfelregionen des Schauinsland und des Belchen. Auf beiden Bergen wurde das Drachenfliegen aber untersagt, so daß in der näheren und weiteren Umgebung von Freiburg kaum eine Möglichkeit zur Ausübung gegeben ist. Begründung für die Untersagung ist die vermutete Störung bestimmter Vogelarten, insbesondere auch in der Brutzeit. Überdies wurde die durch Trittschäden hervorgerufene Beeinträchtigung des Bodens und der Vegetation auf den Absprungrampen ins Treffen geführt, das wären ansonsten unverändert bleibende Hochlagenflächen in einem Ausmaß von vielleicht 100 x 30 m, auf jedem Berg jeweils an einer Stelle. Unberücksichtigt geblieben ist das Angebot der Drachenflieger, während bestimmter Brutzeiten das Fliegen zu unterlassen, sowie der Vorschlag, den Flugbetrieb versuchsweise zu genehmigen und mit wissenschaftlichen Untersuchungen über tatsächliche Auswirkungen auf das Vogelleben zu begleiten, weil die diesbezüglichen Aussagen noch widersprüchlich sind.

Schließlich ist in diesem Zusammenhang auf eine spezielle, im Rahmen des Forschungsprojektes durchgeführte Untersuchung über die Wechselwirkungen zwischen Skipistenbau und Wasserabfluß im Hochgebirge zu verweisen. Untersuchungsraum war die Tiroler Gemeinde Ischgl im Paznauntal bzw. das intensiv ausgebaute und genutzte Skigebiet der Silvretta-Seilbahnen. Es ist allgemein bekannt, daß die Intensivierung des alpinen Skisports in den Hochlagen oberhalb der Waldgrenze starke Bedenken des Naturschutzes ausgelöst hat. Diese Bedenken sind gerechtfertigt, wenn sie sich gegen massive Übernutzung bestimmter Räume, gegen unpflegliche Errichtung von Aufstiegshilfen und Abfahrtspisten, gegen Benutzung trotz Schneemangels und ähnliche Unzukömmlichkeiten richten. Sie sind aber nicht berechtigt, wenn sie in pauschaler Weise gegen den Fremdenverkehr und den Skisport in den Hochlagen auftreten und das ökologische Ende des alpinen Lebensraumes voraussagen. Gerade derartige Pauschalierungen verstellen den Blick auf notwendige Verbesserungen, hilfreiche Lenkungsmaßnahmen und das Eingreifen dort, wo es tatsächlich geboten ist.

Die erwähnte Untersuchung wurde mit Hilfe von verschiedenen Raumanalysen (Erhebungen im Gelände, Auswertung von Karten und Luftbildern) und von Wasserabflußmessungen durchgeführt. Für diese Messungen ist auf der Idalpe eine Beregnungsanlage der Forstlichen Versuchs- und Forschungsanstalt Freiburg (konstruiert nach KARL UND TOLDRIAN) auf zahlreichen Einzelflächen in Höhenlagen zwischen 2300 und 2500 m zum Einsatz gekommen. Es hat sich gezeigt, daß im Wassereinzugsgebiet des Idbaches (= skisportlich intensiv genutzer Raum, 854 ha) 8,5 % der Gesamtfläche planiert wurden und daß die Planierungen nirgendwo zu Erosionen geführt haben, die einen erkennbar vermehrten Eintrag von Bodenmaterial in den Vorfluter zur Folge hatten. Bereits diese Relation zwischen dem Flächenanteil mit veränderter Oberflächenstruktur und dem unverändert gebliebenen Flächenanteil (91,5 %) läßt erkennen, daß sich selbst in einem mit Liften stark ausgebauten Raum die wasserwirtschaftlichen Auswirkungen durchgeführter Planien in Grenzen halten würden. Über die Ergebnisse der Abflußmessungen hat SCHAPEIT[49] ausführlich berichtet. Aus den von ihm vorgenommenen Modellrechnungen ergeben sich folgende wichtige Feststellungen:

1) Bei Auftreten eines Niederschlagsereignisses, das in hundert Jahren einmal auftritt, würde sich die Hochwasserspitze des Idbaches (ausgedrückt in Kubikmeter Wasser je Sekunde) um 40 % gegenüber der Situation vor der skisportlichen Erschließung erhöhen.

2) Der Idbach ist aber nur ein kleiner Zubringer des Fimberbaches, der unmittelbar bei Ischgl in das Haupttal (Paznauntal) mündet. Dieser hat in seinem Einzugsgebiet keine weiteren nennenswerten skisportlichen Erschließungsflächen. Bezogen auf eine gleicherweise errechnete Hochwaserspitze des Fimberbaches beträgt die hergeleitete Mehrmenge an Hochwasser durch den Idbach-Zufluß 3 %.

3) Auswirkungen einer bei einem Jahrhundertereignis zu erwartenden stärkeren Bodenerosion auf die Ablußverhältnisse des Fimberbaches sind nicht zu erwarten.

4) 68 % der Erhöhung des Abflusses im Idbach entfallen auf die Folgen der Planierung von Grobblock- und Schutthalden, wodurch ganz besonders wasserdurchlässige Flächen verloren gegangen sind. Diese Planien machen etwa die Hälfte der Gesamtplanien aus.

Die Untersuchung hat also erkennen lassen, daß künstlich geschobene Skipisten selbstverständlich in aller Regel einen höheren Wasserabfluß als naturbelassene Flächen zeitigen, und daß auf den so geschobenen Flächen insbesondere in den höchsten Lagen Begrünungen schwierig und deshalb Bodenerosion unvermeidlich werden. Sie hat aber gleichzeitig an dem konkret untersuchten Modellfall gezeigt, daß das Ausmaß der so behandelten Flächen im Verhältnis zum maßgeblichen Landschaftsraum gering ist und daß der durch solche Flächen hervorgerufene vermehrte Wasserabfluß nur wenige Prozent des gesamten Hochwasserabflusses aus dem für die Gemeinde maßgeblichen Einzugsgebiet ausmacht und insoferne keinen merklichen Einfluß auf das Entstehen von Hochwasserereignissen hätte. Es wurde damit einmal mehr bestätigt, daß große Hochwasser- und Lawinenkatastrophen in den Alpen sehr häufig nicht durch die menschliche Nutzung des Raumes verursacht werden, sondern als Naturereignisse auftreten, die von Menschen weder veranlaßt noch verhindert werden können. Verändert werden können lediglich die ungeordneten und verantwortungslosen Raumnutzungsmaßnahmen in jenen Bereichen, die eben von Natur aus den Zerstörungen durch

----

49. SCHAPEIT U. (1990): Wasserhaushaltliche Auswirkungen skitouristischer Nutzung am Beispiel Ischgl/Tirol, Diplomarbeit an der Forstwissenschaftlichen Fakultät der Universität Freiburg

Lawinen und Hochwässer ausgesetzt sind. Die daraus entstandene Gefahrenzonenplanung, wie sie in Kap. 5.2.1 bereits beschrieben wurde, ist eine richtige Konsequenz aus dieser Erkenntnis.

Es läßt sich aus der Untersuchung aber noch eine zweite wichtige Feststellung ableiten: Wenn Planien in einem Skigebiet unabdingbar sind, dann sollten diese möglichst nicht die Grobblock- und Schutthalden erfassen, weil diese Flächen als wasserwirtschaftliche Speicherräume besonders wertvoll sind. Eine Beachtung dieses Grundsatzes würde wesentliche Verbesserungen des Wasserabflußverhaltens aus solchen Räumen zur Folge haben. Sie verlangt allerdings ein grundsätzliches Umdenken; denn bisher sind gerade diese Planierungen als besonders wünschenswert angesehen worden, da sie zusammen mit der nachfolgenden Begrünung eine Vergrößerung der Weidefläche im Sommer bewirkten.

Ohne auf weitere mögliche Beispiele oder auf Einzelheiten einzugehen, soll zusammenfassend festgestellt werden: es muß ein dringendes Anliegen der Raumordnung, aber auch einer nach Prioritäten ausgerichteten Naturschutz- und Bodenschutzpolitik sein, weit überzogene Anforderungen des Naturschutzes zu reduzieren, um dadurch das gesellschaftspolitische Einvernehmen im ländlichen Raum und auch mit den der Natur positiv und verständnisvoll gegenüberstehenden erholungssuchenden Bevölkerungsgruppen zu verbessern. Spezielle Instrumente sind dazu kaum denkbar, weil es in aller Regel um Einzelentscheidungen und um die hinter der Entscheidung stehende "Philosophie" geht. Gefordert sind also Politiker und verantwortliche Behördenleiter, die sich dieser Problematik mit mehr Offenheit und mit weniger Suche nach dem Weg des geringsten Widerstandes stellen müßten.

Eine neue Politik

6   Vom Wesen der Politik

Aufgrund fachbezogener Analyse wurden im Kapitel 5 Vorschläge für ein politisches und verwaltungsrechtliches Instrumentarium erarbeitet, das den Weg zu einer neuen Politik öffnen könnte. Mit dem Wissen um solche Instrumente ist es aber noch nicht getan. Dieses Wissen kann nämlich nur dann genutzt werden, wenn es gelingt, derartige Vorschläge auch in politische und verwaltungsrechtliche Praxis umzusetzen. Damit sind wir also bei der Kernfrage dieser Untersuchung angelangt: wie kann eine neue Politik Wirklichkeit werden? Wie können eingefahrene Gleise verlassen, Vorurteile überwunden, Beharrungsvermögen entkräftet und Bereitschaft zu Neuem geweckt werden? Bevor wir uns mit diesen Frage beschäftigen, soll eine Skizze vom Wesen der Politik entworfen werden, weil es ausschließlich politische Wege sind, die dabei beschritten werden müssen.

In der landläufigen Meinung wird Politik sehr oft als schmutziges Geschäft bezeichnet, werden Politiker als korrupt eingestuft und eine deutliche Distanz zum politischen Geschehen signalisiert. Mit einer solchen Einschätzung von Politik werden wir der Beantwortung unserer Frage nicht näher kommen. Deshalb muß ein anderer, ein eigenständiger, objektiver und konstruktiver Standpunkt zur Politik gefunden werden.

Das politische Geschehen ist immer eingebettet in die jeweilige Staatsform. Seit die Monarchie als Staatsform keine politikrelevante Rolle mehr spielt - wobei hier nicht untersucht werden soll, ob das zu bedauern oder zu begrüßen ist -, existieren in den Ländern dieser Erde nur mehr Diktaturen oder Demokratien. Die jüngste Geschichte der vor allem im Osten Europas angesiedelten Diktaturen hat gezeigt, wie wenig diese Staatsform mit den Wünschen der Bevölkerung übereinstimmt. Das war auch schon früher bekannt; jetzt ist es aber unwiderlegbar bewiesen worden. Es bleibt also die Demokratie als einzig erstrebenswerte Staatsform übrig. Mit dieser Feststellung sollen aber die politischen Abläufe in einer Demokratie nicht pauschal glorifiziert und jeglicher Kritik entzogen werden. Gerade weil wir aus dem Vergleich mit anderen Systemen die Überzeugung gewonnen haben, daß nur mit Hilfe der Demokratie menschliche Freiheit gesichert und menschenwürdige Lebensbedingungen entwickelt werden können; gerade weil wir also mit Nachdruck für diese Demokratie eintreten müssen, sollten wir auch ihre zweifellos vorhandenen Fehler sehen und Verbesserungen im Sinne einer Weiterentwicklung demokratischer Strukturen ins Auge fassen.

Die Entscheidungsabläufe in einer Demokratie werden von 2 Merkmalen geprägt: sie laufen in der Regel in repräsentativer Form, also durch den Einsatz von gewählten Entscheidungsträgern, ab und sie basieren auf Mehrheitsbeschlüssen. Die repräsentative Demokratie ist also eine Parteiendemokratie, weil es unrealistisch wäre zu glauben, daß die Wahlvorgänge und die dann folgenden bundes- oder landesweiten Entscheidungen ohne Gruppenbildung und dementsprechende Organisationsstrukturen machbar wären. Der Zwang zur Gruppenbildung ergibt sich auch aus dem 2. Merkmal, nämlich aus der Notwendigkeit einer Mehrheitsbildung. Kein Repräsentant, auch wenn er noch so lautere Absichten oder kluge Vorschläge in den politischen Prozeß einbringt, kann irgendetwas bewirken, wenn er für diese seine Absichten und Vorschläge nicht Freunde findet, die ihm helfen, eine Mehrheit zu finden. Parteiendemokratie ist somit nicht nur die Konsequenz der repräsentativen Demokratie, sondern auch der notwendigen Mehrheitsentscheidung.

Das System der Mehrheitsentscheidung beinhaltet den gesellschaftlichen Konsens, daß die unterlegene Minderheit die Entscheidung respektiert, wenngleich sie mit politischen Mitteln dagegen opponieren kann. Mehrheitsentscheidungen sind aber nur realisierbar, wenn dazu die notwendigen Ausgangspositionen geschaffen werden. Mehrheitsfähige Strukturen sind also das A und O jeglicher Politikbemühung. Damit tritt aber - ob man will oder nicht - das Streben nach Macht in den Mittelpunkt politischer Betrachtungsweise. Denn Mehrheit bedeutet in einer Demokratie gleichzeitig Macht. Machterwerb bzw. Machterhalt wird damit zwangsläufig zu einem zentralen Ziel der Parteipolitik in einer Demokratie. Weil aber demokratisch legitimierte Macht nur mit Hilfe der Wählergunst erreichbar ist, muß Politik so betrieben werden, daß sie diese Wählergunst aktiviert. Daraus folgert, daß sich Politik nicht nur am Bemühen nach Problemlösungen, sondern ebenso auch am Bemühen nach Wählergunst zwecks Machtsicherung orientiert.

In der Praxis werden die Mängel dieses dualen Geschehens immer wieder sichtbar: der politische Machtkampf überlagert die Bemühungen zur Problemlösung. Während problemorientiertes Handeln in einer Demokratie das Herausarbeiten von Gemeinsamkeiten, die Konstruktion von konsenzfähigen Lösungsmodellen und das Eingehen von Kompromissen ansteuern müßte, werden aus Gründen der machtorientierten Politik Gemeinsamkeiten negiert, Konfrontation um der eigenen Profilierung willen gesucht und die Gegensätze permanent hochgespielt. Es darf nicht wundern, daß durch dieses Vorgehen nicht nur die Glaubwürdigkeit der Politik leidet, sondern auch die von dem politisch Verantwortlichen ausgehende Überzeugungskraft und Lenkungsfähigkeit immer mehr Einbußen in Kauf nehmen muß. Das Ergebnis dieser Politikkultur sieht in vielen Fällen so aus: lautstarkes Beharren auf gegensätzlichen Positionen, Herausstreichen der mit der eigenen Position verbundenen Vorteile für den Bürger, Vorsichherschieben der Problemlösung und Offenlassen aller Optionen, damit niemanden vergrämt wird und für alle die Hoffnung bleibt, daß ihren Wünschen in Zukunft entsprochen werden kann.

Wer dieser Politik-Beschreibung nicht zustimmt, dem sei die aufmerksame Beobachtung des täglichen Politikgeschehens empfohlen, in dem sich die geschilderten Vorgänge laufend widerspiegeln. Aus der großen Zahl möglicher Beispiele seien nur die Vorgänge um die deutsche Vereinigung herausgegriffen, bei denen Profilierungsstreben, Negierung eines gemeinsamen Vorgehens, kleinliches Querlegen, umgekehrt aber das Fehlen umfassender Problemanalysen und konsensfähiger Strategien zur Problemlösung die Abläufe geprägt haben. Aber auch der Umweltschutz ist immer wieder ein signifikantes Beispiel für diese Art von Politik: auf der einen Seite wird über die, wenn auch unverbindliche, so doch grundsätzlich richtungweisende verfassungsrechtliche Festlegung des Umweltschutzes als Staatsziel gesprochen, auf der anderen Seite ist man nicht bereit, die für den Umweltschutz notwendigen Finanzierungen sicherzustellen - weil man allen rechtgeben und niemanden belasten will.

Kontraproduktive Politikstrukturen gibt es aber nicht nur beim Agieren der Parteien und der für die Politik unmittelbar Verantwortlichen, sondern auch bei den Interessenvertretungen und Verbänden, die in einer Demokratie direkten und indirekten Einfluß auf die Entscheidungsfindung ausüben. Im Kapitel 7 wird gezeigt, wie sich die Industrie- und Handelskammer gegenüber Vorschlägen für eine neue Politik destruktiv verhält und damit völlig aus dem Rahmen aller meinungsrelevanter Gruppen fällt. Aber auch Gewerkschaften setzen immer wieder auf Konfrontation und nicht auf Konsens: wenn beispielsweise im Frühjahr 1992 Tariflohnerhöhungen von über 10 % gefordert und mit Streiks bekräftigt werden, während nicht nur die Verschuldung der öffentlichen Haushalte, sondern auch die notwendigen Transferleistungen in die östlichen Bundesländer größte Sparsamkeit verlangen, dann kann dies nicht als ein Beitrag zu einem konsensfähigen Vorgehen angesehen werden. Mit dem Verhandlungsergebnis, das bei etwa der Hälfte des geforderten Prozentsatzes lag, wurde darüber hinaus die Unglaubwürdigkeit und Unseriosität dieses Vorgehens deutlich gemacht.

Neben den Politikern und den Verbänden gibt es noch eine dritte Kraft, die das politische Geschehen maßgeblich mitgestaltet: die Verwaltung, also die Beamten. Beamte verfügen über die in der Politik notwendige Fachkompetenz, was um so schwerer ins Gewicht fällt, als diese bei Politikern nicht immer zu finden ist. Daraus ergibt sich eine sachliche Allzuständigkeit der Verwaltung, die weit hinein ins Politische reicht. Tatsächlich erfolgt das Agieren der Beamten aber ebenso wie das der Politiker unter 2 Gesichtspunkten: natürlich wird zum einen eine Lösung des anstehenden Problems versucht. Zum anderen werden aber die sehr spezifischen Interessen der Beamtenschaft wahrgenommen, die sich etwa so beschreiben lassen: es wird die Absicherung der eigenen Person angestrebt, daneben auch die Absicherung der jeweiligen Behörde sowie die Erhaltung bestehender oder die Gewinnung neuer Kompetenzen. Daraus folgert, daß das Bisherige in der Regel verteidigt und alles Neue abgelehnt wird. Eine solche Ablehnung entsteht unter anderem auch deswegen, weil die Aufnahme neuer Ideen eine Kritik am bisherigen Verhalten ("Warum haben die das nicht schon früher gemacht") provozieren könnte. Bei Fragen der Arbeitsökonomie wird nicht auf arbeitssparende Neuerungen gesetzt, sondern eher auf das Gegenteil. Denn zusätzliche Aufgaben und aufwendige Vorgänge erfordern mehr Personal, damit eine größere Behörde und in der Regel bessere Beförderungsmöglichkeiten für die jeweiligen Behördenleiter. Weil aber Arbeitsumfang und Personalbesatz nicht immer in Übereinstimmung gebracht werden können und über den Abbau bestehender Agenden niemand nachdenkt, begegnet man der vielerorts vorhandenen Arbeitsüberlastung durch den Ausgleich mittels des Zeitfaktors: die Erledigung der Aufgaben und Einzelfallentscheidungen benötigen immer mehr Zeit. Dieser Zeitfaktor kommt aber auch noch durch eine andere Konsequenz ins Spiel: höchstmögliche Sicherheit gewinnt der Beamte bei der Behandlung eines Vorganges dann, wenn er ein Höchstausmaß an Koordination und Zustimmung durch andere Behörden sicherstellt; umfangreiche Vielfachbegutachtungen, Kommissionen, unübersehbare Zuständigkeiten und ähnliches führen dazu, daß sich Verwaltungsvorgänge über unvorstellbar lange Zeiten erstrecken und damit die Praktikabilität demokratischer Administration in Frage stellen.

Aber auch eine vierte, für das Politikgeschehen mitverantwortliche Kraft muß genannt werden, nämlich die Gerichtsbarkeit, dabei die Höchstgerichte im Allgemeinen und die Verwaltungsgerichte im Besonderen. Daß im Grundgesetz der Bundesrepublik Deutschland und in den ausführenden Gesetzen der Gerichtsbarkeit eine so große Bedeutung zugemessen und eine nahezu unangreifbare Position eingeräumt wurde, hat in der Geschichte ihre Begründung und ist uneingeschränkt positiv zu beurteilen. In der weiteren Entwicklung haben sich aber zwei Komponenten zusammengefunden, die in Summe zu sehr unerfreulichen Ergebnissen führen. Zum einen hat es sich in der Politik eingebürgert, schwierige politische Entscheidungen, denen man gerne (siehe oben!) ausweichen möchte, den Gerichten zur Entscheidung zuzuspielen. Man braucht nur Gesetzesbestimmungen unklar formulieren oder die Verwaltungtätigkeit mit vagen Richtlinien ausstatten, dann findet sich allemal ein Weg zum Verwaltungsgericht oder zum Bundesverfassungsgericht. Die im Kapitel 3 geschilderte verfassungswidrige Situation in den Forst- und Naturschutzgesetzen im Zusammenhang mit der fehlenden Klarheit im Bezug auf Enteignungs- und Entschädigungsanspruch ist eines von vielen Beispielen. Die zweite Komponente hat ihre Ursache im Selbstverständnis der Juristen, die in sehr vielen Fällen ihre Zuständigkeit sehr weitreichend interpretieren und sich nicht auf die Beurteilung von Formalien und reinen Rechtsfragen beschränken. Insbesondere mit der Überprüfung des Ermessensspielraumes, der den Behörden eingeräumt ist, wird bei den Verwaltungsgerichten ganz klar Sach-Justiz geübt, was aber dem Grundgedanken der Verwaltungsgerichtsbarkeit nicht entspricht. Diese Vorgehensweise bei den Gerichten wird - wenigstens zum Teil - geradezu herausgefordert durch das Verhalten der obersten Behörden, die in den seltensten Fällen bereit sind, klare Verwaltungsanordnungen zu geben und den unteren Behörden damit eine authentische Interpretation der Gesetze zur Verfügung zu stellen. Ohne solche Interpretationen kommt es bei den unteren Verwaltungsbehörden sehr häufig zu Bescheiden, die ein Eingreifen der Gerichte unabweislich machen - womit nicht gesagt werden soll, daß die dann ergangenen Entscheidungen der untersten Verwaltungsgerichtsinstanz ihrerseits immer den Nagel auf den Kopf treffen.

Nicht übersehen werden darf dabei das der gerichtlichen Tätigkeit zugrunde liegende juristische Denken, das besonders stark kasuistisch-formal geprägt ist und immer wieder versucht, die Interpretation eines Gesetzes mit Hilfe juristischer, das heißt sprachlicher oder formaler Logik vorzunehmen. Die sachliche Zweckmäßigkeit bleibt dabei ebenso oft auf der Strecke wie das Bemühen um eine Problemlösung. Weil diese Vorhalte nicht unbegründet im Raum stehen bleiben können, sei beispielhaft folgender Fall geschildert:

Ein Wohnungseigentümer hat in einer Großstadt Eigenbedarf angemeldet, weil er seine Wohnung selbst nutzen will und gegenwärtig nur ein 16 m^2 großes Zimmer zum Wohnen zur Verfügung hat. In dem bis zum Bundesverfassungsgericht gehenden Verfahren[50] wurde eine Zuerkennung des Eigenbedarfes aus folgendem Grund versagt: der Wohnungseigentümer habe verschwiegen, daß er in 75 km Entfernung ein Anwesen besitzt. Er hätte diesen Sachverhalt darlegen und auch begründen müssen, warum er die mindestens dreistündige tägliche Fahrt von diesem Anwesen zu seinem Arbeitsplatz in der Großstadt nicht auf sich nehmen kann. Ein solches Urteil ergeht zum selben Zeitpunkt, da in ganz Deutschland heftige Diskussionen über die Notwendigkeit einer neuen Verkehrspolitik

----

50. BverfG AZ 1BvR 1319/91

geführt werden und es kaum mehr einen Menschen gibt, der ernsthaft eine tägliche Fahrt von 150 km zum und vom Arbeitsplatz als eine erstrebbare oder zumutbare Alternative ansieht. Wenn Richter so sehr an der Realität vorbei entscheiden, dabei nicht nur die betroffenen Bürger mit den Ergebnissen belasten, sondern auch sich selbst in eine Überlastungssituation bringen - denn im Urteil wurde bereits auf die Möglichkeit der Einbringung eines neuerlichen Antrages bei Gericht hingewiesen -, dann darf es nicht wundern, daß der Beitrag der Gerichtsbarkeit zu unserem gesellschaftlichen Zusammenleben nicht immer positiv bewertet werden kann.

Auch Richtern fällt es also - ähnlich wie den Verwaltungsbeamten - offensichtlich schwer, im allgemeinen Interesse und auch in realistischer Einschätzung ihrer eigenen Möglichkeiten eine Selbstbeschränkung zu üben, ihre Allzuständigkeit kritisch zu hinterfragen und wenigstens manchmal den Problemlösungsaspekt mit zu berücksichtigen.

Es würde zu weit führen, wenn es von der Sache her auch geboten wäre, hier noch eine fünfte Komponente zu behandeln, die das politische Geschehen in unserem Land prägt, nämlich die Medien.

Zusammenfassend kann also gesagt werden, daß Politik ein vielschichtiges System von Entscheidungsebenen, Entscheidungseinflüssen und Entscheidungsursachen darstellt, das aber über weite Strecken auf dasselbe Agens zurückzuführen ist: auf das Nutzendenken der Akteure. Die Neue Politische Ökonomie, die als wissenschaftliche Schule in den englisch-sprachigen Ländern begründet wurde und erst in der jüngsten Zeit in Deutschland Eingang gefunden hat, zeigt mit Hilfe der Nutzentheorie auf, daß jeder Mensch jede seiner Entscheidungen am eigenen Nutzen orientiert, den er aus der Entscheidung zu erwarten hat. Das gilt aber nicht nur für private Handlungen, sondern - weil Menschen ja keine Doppelstrategie entwickeln und als Persönlichkeit ungeteilt bleiben, wenn sie Politiker werden - auch für politische Entscheidungen. Damit soll nicht gesagt werden, daß Politiker ihre Entscheidungen dazu benutzen, sich persönlich zu bereichern oder sonstige persönliche Vorteile zu erlangen. Der Nutzen, von dem hier die Rede ist, bezieht sich auf die bereits beschriebenen Überlegungen bezüglich Machterwerb und Machterhalt. Und diese Bemühungen sind legitim, weil - wie wir gesehen haben - Demokratie ohne Mehrheiten (= Machtpositionen) eben nicht funktionieren kann. Trotzdem: das Nutzendenken der Politik und der politisch relevanten Entscheidungsträger ist eine Kraft, die in sehr vielen Fällen der Problemlösung zuwider läuft und den demokratischen Prozeß abwertet, wenn nicht sogar in Verruf bringt.

Lösungsmöglichkeiten für Konflikte zwischen Naturschutz und Industriegesellschaft dürfen sich deshalb nicht auf die Behandlung der Sachfragen und das Ausarbeiten von fachlich begründeten Vorschlägen beschränken, sondern müssen die Gesetzmäßigkeiten der Politik berücksichtigen und Möglichkeiten zur Realisierung im Rahmen dieser Gesetzmäßigkeiten ausloten. Dieser Aufgabe soll in den folgenden Kapiteln nachgegangen werden. Dabei wird zuerst mit Hilfe sozialwissenschaftlich-empirischer Untersuchungen (Umfragen) der Handlungsspielraum getestet, den Politik bei der Einführung eines neuen, dem Natur- und Umweltschutz dienenden Instrumentariums hat. Die dabei beispielhaft untersuchten Instrumente entstammen den im Kapitel 5 beschriebenen Modelluntersuchungen. Diese Meinungsumfragen dienen der Aufhellung des Beziehungsgefüges zwischen Politiker und Wähler, aber auch zwischen politischem Entscheidungsträger und politischer Basis, dessen Bedeutung wir oben dargestellt haben.

In Kenntnis dieses Handlungsspielraumes wird sodann versucht, einen Handlungskatalog zu erarbeiten, der im wesentlichen auf den vorhergegangenen Ausführungen aufbaut und die dabei gewonnenen Untersuchungsergebnisse berücksichtigt. Die darin vorgeschlagenen Handlungen sollen in sachlicher Hinsicht ein Höchstmaß an Konsensfähigkeit aufweisen, sich aber auch innerhalb eines stark mehrheitlichen Meinungsbildes der Bevölkerung bewegen. Selbst dann, wenn ein solches Ergebnis erreicht werden kann, ist die politische Aufgabe aber noch nicht gelöst. Denn die oben beschriebenen Mechanismen von wechselseitiger Profilierungssucht, Beharrungsvermögen und Sicherheitsdenken werden damit nicht außer Kraft gesetzt. Es wird also notwendig sein, auch über politische Rahmenbedingungen nachzudenken, die möglicherweise ein Trittbrett dafür schaffen, daß in der Sache ein Fortschritt erzielt werden kann. Schon jetzt läßt sich allerdings sagen, daß Patentrezepte nicht zu erwarten sind. Dem notwendigen Ideenreichtum praktischer Politik können und sollen hier keine Grenzen gesetzt werden.

7 Meinungsumfragen als Durchsetzbarkeits-Test

7.1 Wissenschaftliches Untersuchungsziel und Methode

Bei dem zugrundeliegenden Forschungsprojekt geht es um Bodenschutz-, d.h. Naturschutzziele, um Instrumente und um Durchsetzung. In zahlreichen Einzeluntersuchungen (auf die in Kapitel 5 beispielhaft näher eingegangen worden ist) wurde der Begriff "Bodenschutzziele" operationalisiert, also mit politisch-verwaltungsrechtlichen Instrumenten in Verbindung gebracht und damit eine weitere politikwissenschaftliche Bearbeitung bzw. eine praktische Umsetzung ermöglicht. Ausgehend von diesen Untersuchungsergebnissen und unter Benutzung der am Institut gewonnenen Erkenntnisse aus anderen, zum Teil parallel laufenden Forschungsvorhaben ist also in Kapitel 5 ein raumordnerischer und politischer Instrumentenkatalog entstanden, der Anknüpfungspunkte für eine neue Politik aufzeigen soll. Diese Vorschläge sind als Ergebnis wissenschaftlicher Arbeit anzusehen, weil sie auf der mit Hilfe objektiver Methoden durchgeführten Strukturierung des Problemfeldes basieren und weil ihnen eine nach bestem Wissen und Gewissen durchgeführte vollständige Ausleuchtung bezughabender Zusammenhänge vorausgegangen ist. Trotzdem muß außer Streit stehen, daß diese Vorschläge nicht als absolute wissenschaftliche Wahrheit aufgefaßt werden dürfen, sondern daß sie vermutlich nur eine von mehreren denkbaren Lösungsmöglichkeiten darstellen und daß selbstverständlich die persönliche Auffassung des Wissenschafters - auch wenn er sich noch so sehr um ein objektives Vorgehen bemüht - darin einen gewisen Niederschlag gefunden hat. Derartige Vorschläge sind somit als Beitrag der Wissenschaft zur politischen Problemlösung aufzufassen, erheben aber keinen wissenschaftlichen Absolutheitsanspruch; der praktischen Politik bleibt es vorbehalten zu entscheiden, ob diese Vorschläge weiter verfolgt und realisiert werden sollen oder nicht.

Die wissenschaftliche Untersuchung kann aber über das Gesagte hinaus noch ausgeweitet werden. Gerade weil Vorschläge für den Einsatz politischer Instrumente niemals der absoluten Wahrheit entsprechen, treten andere Orientierungsgesichtspunkte in den Vordergrund: verwaltungstechnische Praktikabilität, Finanzierbarkeit, Übereinstimmung mit politischer Programmatik und Akzeptanz. Das alles geht in die Beurteilung der Chancen auf Durchsetzbarkeit solcher Vorschläge ein. Die Durchführung eines Durchsetzbarkeits-Tests ist für den Politiker von großer Bedeutung, weil daran die Chance gemessen werden kann, im Gespräch befindliche Instrumente realisieren zu können - und damit eine erfolgreiche Politik zu betreiben; oder auch die Gefahren abgesehen werden können, mit Vorschlägen zur Einführung von politischen Instrumenten zu scheitern und damit eine politische Niederlage hinnehmen zu müssen. Wenn im Rahmen eines solchen Tests Ergebnisse auch differenziert nach Partei-Präferenzen vorgelegt werden können, wird jeder einzelne Politiker mit dem Meinungsbild seiner Wähler-Klientel konfrontiert, was die Abschätzung der Akzeptanz gedachter Maßnahmen noch spannender macht.

Nach der analytischen Aufbereitung von Einzelsachverhalten sowie nach der Konstruktion von Vorschlägen für die Einführung bestimmter politischer Instrumente ist deshalb als weiterer Schritt des Forschungsvorhabens ein solcher Durchsetzbarkeits-Test durchgeführt worden. Das geschah mit Hilfe mehrerer Befragungsaktionen, denen folgendes Konzept zugrundelag:

1. In einer "Expertenumfrage" wurden solche Personen um ihre Meinung zu den erarbeiteten Vorschlägen gebeten, die an ihrem Vollzug maßgeblich mitzuarbeiten hätten, das Für und Wider aus praxisbezogenen Überlegungen heraus beurteilen können und deren Meinung deshalb bei der politischen Entscheidung eine große Rolle spielt. Die Zielgruppen waren also keine Fach-Experten, sondern Politik-Experten in allerdings unterschiedlichen Positionen. Als zahlenmäßig größte Gruppe wurden Bürgermeister befragt, weil naturschutzrelevante Probleme in der Regel mit der Gemeindepolitik in einem engen Zusammenhang stehen und weil Bürgermeister in solchen Fragen nicht nur mit den sachlichen, sondern auch mit den politischen Konsequenzen befaßt sind. Weiter richtete sich die Expertenbefragung an Referenten der Regierungspräsidien, weil diese einen ausreichenden Überblick über den Zusammenhang von Umweltpolitik, Raumordnung, Infrastruktur und Gemeindefragen besitzen und gleichzeitig auch über ein ausreichendes Politikverständnis verfügen. Schließlich waren Vertreter der Naturschutzverbände, der Landwirtschaft und der Gewerkschaften sowie die Industrie- und Handelskammern befragt worden, weil sowohl die dort verankerten fachlichen Positionen als auch die damit verbundene politische Lobby einen maßgeblichen Einfluß auf das Durchsetzungs-Geschehen nehmen können.

In der Expertenbefragung wurde nach zwei unterschiedlichen Gesichtspunkten getestet: die Befragten sollten ihre persönliche, somit also auch fachlich getönte Beurteilung des jeweiligen Vorschlages abgeben; darüber hinaus sollten sie ihre Meinung über die Chancen äußern, die der jeweilige Vorschlag in bezug auf seine politische Durchsetzbarkeit hat. Den Experten wurde neben dem Fragebogen eine mehrseitige Ausarbeitung zugesandt, in welcher die Zielsetzung und der Ablauf des Forschungsvorhabens kurz beschrieben und die einzelnen Vorschläge erläutert worden sind. Dieses Papier ist am Ende des Kapitels abgedruckt.

2. In einer bundesweiten Meinungsumfrage wurden der Bevölkerung ausgewählte Fragen vorgelegt. Bei der Auswahl ist darauf Bedacht genommen worden, daß sich die jeweilige Fragestellung auf eine für den Durchschnittsbürger überschaubare Problematik beziehen muß. Diese Umfrage bei der Bevölkerung hat nicht den Zweck, sachlich begründete Positionen kennenzulernen und daraus Schlußfolgerungen für die Richtigkeit der gemachten Vorschläge zu ziehen. Es soll vielmehr getestet werden, wie solche Vorschläge bei der Bevölkerung ankommen, in welchem Umfang ihre Realisierung von der Bevölkerung politisch unterstützt würde bzw. welchen Handlungsspielraum Politiker bei der Umsetzung solcher Vorschläge besitzen, ohne Gefahr zu laufen, bei der nächsten Wahl deswegen mit unliebsamen Konsequenzen konfrontiert zu werden.

3. Schließlich wurden Landtagsabgeordnete befragt, wie sie bestimmte Vorschläge einschätzen. Dabei ist keine Trennung nach inhaltlicher Beurteilung und Durchsetzbarkeitschancen vorgenommen worden, weil erfahrungsgemäß die Denkweise von Parlamentariern eine solche Trennung nicht ermöglicht; in ihrer Betrachtungsweise sind inhaltliche Beurteilung und politische Umsetzungsmöglichkeiten so eng miteinander verquickt, daß nur eine Gesamtbeurteilung erfragt werden kann. Auch wurde keine umfangreiche Erläuterung dem Fragebogen beigelegt, weil einerseits von dieser Befragten-Kategorie eine Grundkenntnis aller aufgeworfenen Probleme erwartet werden kann und weil andererseits das Lesen mehrseitiger Papiere ohnedies nicht erreichbar gewesen wäre. Landtagsabgeordnete sind zwar hinsichtlich vieler aufgeworfenen Fragen nicht unmittelbar politisch zuständig, weil es sich hierbei um Probleme in Bundeskompetenz handelt. Trotzdem ist der politische Zusammenhang zwischen Landes- und Bundesebene so stark, daß auch von Landespolitikern eine politisch bedeutungsvolle Aussage im Rahmen eines solchen Durchsetzbarkeits-Tests erwartet werden kann. Gerade weil die meisten Fragen auf dieser politischen Ebene nicht unmittelbar politisches Handeln herausfordern, kann sogar eine gewisse Distanz und damit auch Objektivität bei der Beantwortung der Fragen unterstellt werden; Bundespolitiker würden sich in der für Politiker typischen Weise noch stärker an taktischen Überlegungen des Augenblicks orientieren, womit die Kommentierbarkeit der Ergebnisse erheblich beeinträchtigt wäre.

Die Fragebogen sind ebenfalls am Ende des Kapitels abgedruckt.

Die Interpretation dieser Befragungsaktionen muß sowohl hinsichtlich jeder befragten Gruppe gesondert erfolgen als auch in der Zusammenschau aller Befragungsergebnisse, aus welcher sehr wichtige politik-dynamische Erkenntnisse gewonnen werden können.

Die Expertenumfrage wurde versandt an

- 4.241 Bürgermeister bzw. Gemeindedirektoren in den alten Bundesländern (ohne Stadtstaaten)
- 140 Referenten in Regierungspräsidien der acht Bundesländer
- 396 Vertreter von Naturschutzverbänden
- 411 Vertreter von Landwirtschaftsverbänden, Genossenschaften und Landwirtschaftsämtern
- 21 Gewerkschaften (jeweils mit 5 Fragebögen)
- 168 Industrie- und Handelskammern.

Dieser Versand erbrachte folgenden Rücklauf

Bürgermeister:	767 = 18 %
Referenten in den Regierungspräsidien:	35 = 25 %
Naturschutz:	104 = 26 %
Landwirtschaft:	45 = 11 %
Gewerkschaft:	11 = 10 %

Der Rücklauf aus den Industrie- und Handelskammern ist folgendermaßen verlaufen: Nach dem Versand an die einzelnen Kammern hat der Deutsche Industrie- und Handelstag mitgeteilt, daß er eine Beantwortung durch die einzelnen Kammern nicht für zweckmäßig erachte und deshalb die Fragen gemeinsam für alle Kammern beantworten werde. Wir haben darauf erwidert und erläutert, welcher Zweck mit dieser Befragung verfolgt wird und daß die differenzierte Einschätzung vor Ort besonders wichtig ist. Das hat den DIHT aber von seinem Standpunkt nicht abbringen können. Im Ergebnis liegen somit eine zusammenfassende Antwort des DIHT sowie 13 gesonderte Antworten von Kammern vor. Das hat die Möglichkeit geboten, aus der Gegenüberstellung der Antworten des DIHT einerseits und der einzelnen Kammern andererseits interessante Rückschlüsse auf das Zustandekommen kammerinterner Entscheidungen zu ziehen. In der Gesamtauswertung wurde die Antwort des DIHT allerdings nicht als eine Antwort betrachtet, sondern mit einem solchen Vervielfältigungsfaktor versehen, daß die Rücklaufquote aus dem Bereich der Kammern der durchschnittlichen Gesamtrücklaufquote entspricht.

Die bundesweite Bevölkerungsumfrage wurde nach derselben Methode durchgeführt, die bereits 1980 erstmals für eine solche Umfrage vom Institut verwendet worden ist[51]. 1985 wurde eine weitere gleichartige bundesweite Umfrage durchgeführt (U 85), so daß es sich bei der nunmehrigen U 90 um die dritte vergleichbare Umfrage handelt. Sie hat deshalb auch Fragen enthalten, die in gleicher Weise in den vorausgegangenen Umfragen gestellt worden sind, um damit die Kontinuität oder Diskontinuität des politischen Meinungsbildes in der Bevölkerung abschätzen zu können. Versandt wurden insgesamt 6.000 Fragebogen, wovon 660 Stück (= 11 %) zurückkamen und auswertbar waren. Die Besonderheit der Befragungsmethode erbrachte allerdings insgesamt 1.116 Antworten, weil je Fragebogen zwei Antwortspalten vorgehalten wurden und auf diese Art und Weise ein ausgewogenes Verhältnis zwischen Männern und Frauen erreicht werden konnte.

In den erwähnten methodischen Erläuterungen[52] wurden jene mehrfachen Kontrollschritte (z.B. Telefonnachfrage, Frage nach dem Wahlverhalten mit nachfolgendem Vergleich der tatsächlichen regionalen Wahlergebnisse) beschrieben, die den Schluß erlauben, daß die hier angewandte schriftliche Befragung als repräsentativ für die Bevölkerung des Bundesgebietes angesehen werden kann, allerdings mit der Einschränkung, daß dies für die Verwendung in den am Institut betriebenen politikwissenschaftlichen Forschungen sowie in Untersuchungen mit ähnlichem Inhalt gilt, nicht hingegen für Arbeiten, bei denen exakte Ergebnisse in den Stellen hinter dem Komma erwartet werden. Solche Umfragen wurden auch mehrmals mit parallel laufenden Interviews-Befragungen von Meinungsforschungsinstituten konfrontiert, die das Institut in Auftrag gegeben hat. Die dabei erkennbare weitreichende Übereinstimmung beider Befragungsmethoden hat die ursprüngliche Aussage hinsichtlich der Repräsentanz der Ergebnisse aus diesen Befragungen voll bestätigt. Ungeachtet dieser bereits vorliegenden Bestätigung wurde aber auch im Rahmen dieses Forschungsprojektes zu der vom Institut versandten Meinungsumfrage parallel eine Umfrage durch Infas, Bad-Godesberg veranlaßt, bei der 973 Interviews ausgewertet worden sind. Auch dabei hat sich gezeigt, daß die Übereinstimmung zwischen den Ergebnissen beider Befragungsaktionen entweder vollständig oder mit so kleinen Abweichungen gegeben ist, daß die in ihrer Aussage tendenziell eindeutigen Ergebnisse der schriftlichen Umfrage als repräsentativ für die Bevölkerungsmeinung betrachtet werden können.

----

51. Siehe dazu methodische Erläuterungen in NIESSLEIN E. (1981): Humane Marktwirtschaft.Freiburg
52. siehe Fußnote oben

Bei der Politikerbefragung wurden 353 Fragebögen an die Landtagsabgeordneten in den Bundesländern Nordrhein-Westfalen und Baden-Württemberg ausgesandt. 72 Fragebogen kamen zurück, was insgesamt einem 20-prozentigen Rücklauf entspricht (16 % in Nordrhein-Westfalen, 29 % in Baden-Württemberg).

Die Befragungsaktionen wurden Ende 1989 begonnen, mit Beginn des Jahres 1990 abgeschlossen und ausgewertet. Sie werden in der Quellencharakteristik des Instituts unter EXP 90, U 90 und POL 90 geführt.

Kurzbericht aus dem Forschungsvorhaben
"Politische und rechtliche Instrumente zur Durchsetzung
von Bodenschutzzielen"

Zur Unterstützung des Bodenschutzprogrammes der Bundesregierung hat das Bundesministerium für Forschung und Technologie, Bonn, einen Forschungsschwerpunkt *"Bodenschutz"* eingerichtet und dazu eine Reihe von Forschungsaufträgen vergeben. Das Institut für Forstpolitik und Raumordnung soll in diesem Rahmen Aussagen zur politischen und rechtlichen Durchsetzungsstrategie erarbeiten. Hierzu wurden nach Auswahl von 3 Modellgemeinden im Südwesten der Bundesrepublik Deutschland typische Bodenschutzprobleme analysiert und in einem nächsten Arbeitsschritt Vorschläge zur jeweiligen Problemlösung konzipiert. Diese Vorschläge sollen in einem dritten Arbeitsschritt auf ihre Akzeptanz und politische Durchsetzbarkeit geprüft werden. Nachfolgend werden die 12 wichtigsten, in dieser Untersuchung behandelten Fragen skizziert und die erarbeiteten Problemlösungen kurz vorgestellt.

1. Anhand einer geplanten Autobahnabfahrt wird gezeigt, daß beim Bau von Infrastruktureinrichtungen oftmals eine punktuelle und lokale Betrachtungsweise dominiert. Dies kann zu einer suboptimalen Inanspruchnahme von Boden führen kann. Im gegenständlichen Fall wurden weder die ausstrahlenden Verkehrswirkungen dieser Abfahrt auf weiter entfernt liegende Gemeinden berücksichtigt, noch konnten die unterschiedlichen Interessen der Gemeinden, die in zwei verschiedenen Landkreisen liegen, koordiniert werden. Die eingeleiteten Planfeststellungsverfahren bezogen sich nur auf den Autobahnanschluß und ein ergänzendes Straßenprojekt. Die umfassenden Folgewirkungen im Raum wurden nicht berücksichtigt.

    Lösungsvorschlag: Durch geeignete Verwaltungsanordnungen oder durch gesetzliche Maßnahmen ist sicherzustellen, daß bei der Errichtung von Infrastrukturanlagen immer dann, ein Raumordnungsverfahren sowie die im Raumordnungsverfahren vorgeschriebene Prüfung der Umwelteinwirkungen (Umweltverträglichkeitsprüfung) durchzuführen ist, wenn diese überörtliche Auswirkung zeigen.

2. An mehreren Fallbeispielen, sowohl des Straßenbaues, als auch der Errichtung von Hochspannungsleitungen wurde die Praktikabilität von Umweltverträglichkeitsprüfungen (UVP) getestet. Dabei wurde u.a. festgestellt, daß den UVP der Mangel individuell erarbeiteter Bewertungsmaßstäbe anhaftet, weil es keine wissenschaftlich abgesichten Bewertungskriterien gibt. Zum Beispiel gibt es kein Kriterium, das etwa die Grundwasserbelastung und Lärmbelastung der Bevölkerung auf einen Nenner bringt. Bei der weiteren methodischen Analyse von Umweltverträglichkeitsprüfungen zeigte sich auch folgendes Problem: Wenn man eine gutachtliche Prüfung der Umwelt in Form einer verbalen Beschreibung der umweltrelevanten Gegebenheiten und Wirkungen durchführt, kann man die Sachverhalte in optimaler Weise darstellen. Allerdings ist eine solche Darstellung für den Laien, d.h. auch für viele Entscheidungsträger unübersichtlich und schwer bewertbar. Außerdem ist ein zusammenfassender Vergleich fallübergreifender Vorhaben, z. B. verschiedener Straßenvarianten, kaum möglich. Deshalb wurde ein neues Prüfungsverfahren entwickelt, das mit quantitativen Bewertungskriterien arbeitet, und das besonderen Wert auf die Durchschaubarkeit, verständliche Systematik und fallübergreifende Vergleichbarkeit legt. Doch besteht bei allen quantifizierten Umweltverträglichkeitsprüfungen die Gefahr, daß sie jederzeit von einem Ge-

gengutachter widersprochen werden kann, wenn dieser nämlich (mit demselben Recht, wie sein Vorgutachter) eigene und damit andere Bewertungsmaßstäbe heranzieht. Gerade der fallübergreifende Vergleich, insbes. die Bewertung von verschiedenen Straßenführungen, ist aber ein wichtiges Ziel von Umweltverträglichkeitsprüfungen, weshalb diesem Mangel abgeholfen werden sollte.

Lösungsvorschlag: Auf der Basis einer allgemeinen wissenschaftlichen Diskussion werden unter der Federführung der zuständigen staatlichen Stellen für verallgemeinerbare Sachverhalte (z.B. Straßenbau, Bau von Hochspannungsleitungen) Methoden für die Durchführung von Umweltverträglichkeitsprüfungen entwickelt. Die dabei angewandten Bewertungsschritte werden zur Erzielung einer fallübergreifenden Vergleichbarkeit schließlich gesetzlich normiert. Damit wäre die Methode standarisiert und die fallübergreifende Anwendung von Umweltverträglichkeitsverfahren jederzeit möglich. Weiterhin kann der einzelne Gutachter individuelle beschreibende oder sonstwie auf den Fall abgestimmte Beurteilungen und Bewertungen zur Erläuterung oder Ergänzung hinzufügen.

3. Aus der unternehmerischen Sicht des Trägers einer Baumaßnahme erfolgt die Planung unter Kostengesichtspunkten mit Blick auf die jeweilige Zielerfüllung. Nur selten werden hier boden- und umweltschonenden Gesichtspunkte berücksichtigt. Das gilt insbesondere für die Auswahl von möglichen Trassenvarianten im Straßenbau. Im jeweiligen Genehmigungsverfahren ist aber eine Optimierung nach Boden- und Umweltzielen nur schwer möglich, weil dies eine Aufgabe ist, die nur im Rahmen der ursprünglichen Planung in bestmöglicher Weise realisiert werden kann. Wenn allerdings die Inanspruchnahme des Bodens und der Umwelt (differenziert nach der Schwere des Eingriffs) für den Bauherrn mit Kosten verbunden wäre, dann könnten die Gesichtspunkte der Boden- und Umweltschonung bereits in die unternehmerische Planung eingehen. In der Untersuchung wird deshalb eine Bewertungsmethode für die Errichtung von Hochspannungsleitungen vorgestellt, bei der die Bodeninanspruchnahme sowie umwelt- bzw. raumbelastende Wirkungen in pauschalierter Form quantitativ erfaßt werden und zu abschließenden Bewertungsansätzen in DM führen. Eine solche Bewertung, die in relativ einfacher und überschaubarer Weise durchgeführt werden kann, stellt die Voraussetzung dafür dar, daß anhand der errechneten DM-Ansätze von der Trägerinstitution eine Landschaftsabgabe erhoben wird. Diese Abgabe soll - im Gegensatz zu der heute schon in den Naturschutzgesetzen verankerten Landschaftsabgabe - nicht so sehr einen fiskalischen Zweck verfolgen, sondern vor allem als Lenkungsinstrument dienen: Weil 1. die finanzielle Belastung aus der Abgabe ihrer Höhe nach deutlich spürbar ist, 2. die Belastung aufgrund eindeutiger Bewertungskriterien für die jeweilige Variante schon im voraus errechnet werden kann und 3. es keinerlei Ausweichs- oder Umgehungsmöglichkeiten gibt. So wird die planende Institution von vorneherein bemüht sein, solche Varianten auszuwählen, bei denen die Abgabenbelastung - und damit gleichzeitig auch die Boden- und Umweltbelastung - möglichst gering ist.

Lösungsvorschlag: Die in den Naturschutzgesetzen verankerte Landschaftsabgabe wird so zu einem Lenkungsinstrument umgestaltet, daß darin bundesweit einheitlich festgesetzte Bewertungskriterien für die Neuerrichtung von boden- und umweltbelasteten Vorhaben festgelegt werden. So daß mit Hilfe dieser Kriterien die Höhe der Abgabe (orientiert an der Schwere der Boden- und Umweltbelastung) errechnet werden kann.

4. Raum- und damit auch bodenrelevante Planungen beinhalten immer einen gewissen Entscheidungsspielraum. Sie können niemals ein einziges richtiges Ergebnis haben, sondern sie stellen immer nach Ansicht des Planers die bestmögliche Variante aus einer Mehrzahl ebenfalls denkbarer Lösungsmöglichkeiten dar. Hieran knüpft häufig der Bürger an, indem er mit Hilfe von Bürgerinitiativen die Behördenplanungen kritisiert. Nicht selten enden diese Einsprüche und Bedenken in Verwaltungsgerichtsentscheidungen.

Dadurch werden die Planungen nicht selten auf Jahre verzögert, sondern auch nicht unbedingt verbessert. Denn Raumplanungen eignen sich nur bedingt für eine gerichtliche Nachprüfung, weil die Planung unter juristischen Gesichtspunkten keine faßbaren Entscheidungsprozesse sind. Will man trotzdem dem demokratischen Ziel einer verstärkten Bürgerbeteiligung bei der Raumplanung Rechnung tragen, dann sind in Zukunft andere Wege zu beschreiten. So könnte vielleicht eine sachgerechte Einbindung von Bürgereinsprüchen und -vorschlägen in Form von Alternativ-Planungen die Akzeptanz der Planungen erhöhen und beschleunigen und außerdem eine Vielzahl von Verwaltungsgerichtsverfahren überflüssig machen.

Lösungsvorschlag: Für bestimmte raumrelevante Planungen sind die Möglichkeiten (gesetzlich abgesichert) für die Durchführung von Alternativ-Planungen zu schaffen. Solche Alternativ-Planungen sollten dann durchgeführt und mit staatlichen Mitteln finanziert werden, wenn eine gewichtige Zahl von Bürgern gegen eine von den staatlichen Stellen vorgelegte Planung Einspruch erhebt und wenn eine auf Landesebene anzusiedelnde unabhängige Stelle die Plausibilität dieser Einsprüche anerkennt. Eine solche alternative Planung ist von einem Planer/Planungsteam durchzuführen, das entweder von den Einspruchwerbern vorgeschlagen oder von der Behörde aus einer ständigen Liste entnommen wird, die im Einvernehmen mit relevanten Verbänden zusammengestellt worden ist. Das Ergebnis einer solchen alternativen Planung ist dann zusammen mit der von den staatlichen Stellen vorgelegten Planung im Planfeststellungsverfahren bzw. in sonstigen Genehmigungsverfahren zu behandeln. Vorgeschlagen wird weiter, daß in einem allfällig nachfolgenden Verwaltungsgerichtsverfahren die fachlich-inhaltliche Prüfung im Rahmen des behördlichen Genehmigungsverfahrens dann nicht mehr in Zweifel gezogen werden darf, wenn die ausgesprochene Genehmigung wesentliche Anliegen der alternativen Planung berücksichtigt. Auf diese Weise könnte die Wahrnehmung von Bürgerpositionen von den bisherigen, wenig befriedigenden und außerordentlich zeitraubenden Möglichkeiten im Verwaltungsgerichtsverfahren zu einer wesentlich effektiveren und sachgerechteren Mitwirkung bei der Planung selbst verlagert werden.

5. Die Analyse eine Hochwasserkatastrophe in einem Seitental des Rheingrabens hat ergeben, daß weder die Bewirtschaftung, noch andere menschliche Eingriffe die Ursachen der Hochwasserentstehung waren. Innerhalb langer Zeiträume überschreiten immer wieder außergewöhnlich starke Niederschläge die Grenzen jeglicher natürlicher Wasserrückhaltemöglichkeiten. Fachleute sprechen in diesem Fällen von 50jährigem oder 100jährigem Hochwasser, das in seinen Auswirkungen nach den örtlichen und historischen Gegebenheiten sogar quantifiziert werden kann. Im gegenständlichen Fall hat - diese These unterstützend - gezeigt, daß weder die Bewirtschaftung, noch allfällige Nutzungsänderungen Ursache der Hochwasserentstehung waren. Es hat sich aber auch gezeigt, daß ein Großteil der Schäden an solchen Objekten stattgefunden hat, die in den zurückliegenden Jahrzehnten ohne Rücksicht auf vorhersehbare Hochwasser-Ablaufbereiche errichtet worden sind. In Österreich beschäftigt sich man schon seit längerer Zeit mit diesem Phänomen, daß es einerseits technisch kaum beherrschbare Naturereignisse gibt, andererseits eine zunehmende Mißachtung dieser voraussehbaren Ereignisse bei der Boden- und Raumnutzung stattfindet. Es ist deswegen auf gesetzlicher Grundlage die Erstellung sogenannter Gefahrenzonenpläne vorgeschrieben worden, die von den Dienststellen der Wildbach- und Lawinenverbauung erstellt werden und eine Ausweisung jener Bereiche enthalten, in denen bei außergewöhnlichen Naturereignissen der Wildbach- oder Lawinenentstehung mit Verheerungen gerechnet werden muß. Da sich diese Gefahrenzonenpläne in Österreich bewährt haben, sollte ein ähnliches Vorgehen in der Bundesrepublik Deutschland ins Auge gefaßt werden.

Lösungsvorschlag: Von den Dienststellen der Wasserwirtschaft werden Gefahrenzonenpläne für solche Bereiche erstellt, die bei vorhersehbaren Hochwasserereignissen einer Gefährdung ausgesetzt sind. In der Bauleitplanung bzw. bei der Einzelgenehmigung von Bauvorhaben sollten diese Gefahrenzonenpläne als maßgebliche Entscheidungshilfe berücksichtigt werden.

6. Wald ist vom Standpunkt des Bodenschutzes ein besonders wertvolles Landschaftselement. Der Wald dient dem Erosions- und Wasserschutz, dem Lokalklima und als Rückzugs- und Regenerationsraum einer Vielzahl von Pflanzen und Tieren. Waldflächen werden aber insbesondere in den stark belasteten Verdichtungsräumen immer wieder für andere Flächennutzungen in Anspruch genommen. Wegen der notwendigen Abwägung verschiedener gesellschaftlicher Interessen und der unterschiedlichen Waldausstattung der Räume ist ein ein absoluter Schutz des Waldes gegen anderweitige Nutzung aber nicht denkbar. Die Regelungen des Bundeswaldgesetzes hinsichtlich der Genehmigung von Waldumwandlungen sind daher sachgerecht, wenn diese eine entsprechende Abwägung verschiedener entgegenstehender Interessen verlangen. Aus der Praxis ist bekannt, daß diese Abwägung aber sehr häufig zu Ungunsten des Waldes ausfällt.

Lösungsvorschlag: Im Rahmen der Landesplanung sind diejenigen Räume auszuweisen, die aufgrund niederer Waldausstattung und starker Waldinanspruchnahme in den zurückliegenden Jahrzehnten als potentielle Gefährdungsräume anzusprechen sind. In solchen Räumen sollte nur dann Wald gerodet werden, wenn eine funktionsgleiche Neuaufforstung stattfindet. Ausnahmen von diesem Grundsatz sollten nur mit Zustimmung des Landesplanungsbeirates oder eines ähnlichen Gremiums auf Landesebene in Frage kommen. Schwerpunkt der Regelung ist die "funktionsgleiche" Neuaufforstung, durch welche sichergestellt werden soll, daß die infrastrukturellen Leistungen des gerodeten Waldes in gleicher Weise von einer anderen, im räumlichen Zusammenhang stehenden neuen Waldfläche übernommen werden.

7. Trotz der vielen Vorzüge des Waldes werden Neuaufforstungen durch vielerlei Einsprüche behindert. Eine Analyse derartiger Einsprüche ergibt, daß die entgegenstehenden Gründe wie folgt eingeteilt werden können: a) Arten- und Biotopschutz (z.B. bei der Neuaufforstung eines Naturschutzgebietes); b) Klima- und Nachbarschaftsschutz (wenn beispielsweise durch eine Neuaufforstung die Lebensbedingungen der Bevölkerung in einem stark bewaldeten Gebiet verschlechtert oder die Situation eines Wohngebäudes eingeengt würde); c) die wirtschaftliche Nutzbarkeit der Landschaft für touristische Zwecke (z.B. Skilift wird aufgeforstet); und d) Erhaltung des Landschaftsbildes. Es ist unstrittig, daß die unter a) und b) genannten Gründe zu einer Versagung des Erstaufforstungsvorhabens führen werden. Ein Grund gemäß c) sollte im Falle einer Versagung gleichzeitig aber auch einen finanziellen Ausgleich zur Folge haben. Der vom Naturschutz am häufigsten vorgetragene Grund betrifft aber die Erhaltung des Landschaftsbildes. Hierzu sollte mehr als bisher berücksichtigt werden, daß auch die Landschaft einem dynamischen Prozeß unterliegt und keine uneingeschränkte Berechtigung dafür besteht, den status quo als gut und alles andere als schlecht zu betrachten. Diese Feststellung wird durch Befragungsergebnisse erhärtet, welche im Rahmen der Untersuchung gewonnen wurden. So haben beispielsweise die Gäste der Gemeinde Baiersbronn, die 84 Prozent bewaldet ist, die Waldausstattung für ihre Zwecke der Erholungsnutzung als optimal bezeichnet. Es besteht also keine Veranlassung, auch bei Vorliegen eines höheren Bewaldungsprozentes generell weitere Aufforstungen auszuschließen. Es muß auch mehr als bisher gesehen werden, daß das Landschaftsbild eine optisch-ästhetische Kategorie ist, die einer emotionalen und individuellen Bewertung unterliegt und daß deshalb Behördenstellungnahmen ebenso wie Expertenaussagen wenig beweiskräftig sind, weil sie immer die individuelle Auffassung des Begutachtenden wiedergeben.

Lösungsvorschlag: Durch entsprechende Verwaltungsanordnungen ist sicherzustellen, daß die hier dargestellten Gesichtspunkte bei der Behandlung von Erstaufforstungsanträgen stärker als bisher Berücksichtigung finden.

8. Im Zuge vergleichender Untersuchungen zahlreicher Gemeinden wurde aus den Merkmalen " Einwohner-, Industrie- und Verkehrsdichte, Anteil der besiedelten Fläche und Anteil der Beschäftigten" eine Belastungskennzahl errechnet. Diese Belastungskennzahl stellt die Naturbelastung einer Gemeindefläche im Vergleich zu anderen Gemeinden im gleichen Raumtyp (z.B. ländlicher Raum, Ballungsraum) dar.

   Lösungsvorschlag: Ein Belastungsindikator wie die Belastungskennzahl soll im Wege der Landesplanung für alle Gemeinden errechnet werden. Durch Verwaltungsanordnungen ist weiterhin sicherzustellen, daß der daraus erkennbare Belastungsgrad bei der Flächennutzungsplanung der Gemeinde in entsprechender Weise Berücksichtigung findet.

9. Bei den Untersuchungen der Gemeinden wurde das Gemeindegebiet in *Siedlungsraum* (ausgewiesene Baugebiete oder Flächen mit überwiegend zusammenhängender Verbauung) und *Freiraum*. Allerdings ist die Freiraumfläche nicht völlig frei von Besiedelung. So wurde in den untersuchten Gemeinden des Ländlichen Raums bzw. in schwach verdichteten Räumen ein Anteil an verbauten Flächen zwischen 3,5 und 6,0 Prozent ermittelt. Für eine boden- und umweltpflegliche Siedlungspolitik ist es von Bedeutung zu wissen, ob bzw., wie stark der Freiraum in einer Gemeinde bereits besiedelt ist. Das gilt insbesondere für solche Räume, in denen Streusiedlungen zur traditionellen Siedlungsform gehören.

   Lösungsvorschlag: Die hier skizzierten Untersuchungen sollten in allen Gemeinden der Bundesrepublik Deutschland durchgeführt werden. Die Ergebnisse sollten dann als Indikatoren der Landesplanung bei Baumaßnahmen im Außenbereich zu berücksichtigt werden.

10. Einer Verbauung im Außenbereich könnte oftmals durch das Schließen von Baulücken innerhalb einer Siedlung entgegengewirkt werden. In einer speziellen Untersuchung wurden die diesbezüglichen Verhältnisse in einer Gemeinde analysiert. Es zeigt sich, daß ein vorhandenes Potential an Baulücken nicht auf jeder einzelnen Fläche Bebauungsmöglichkeiten eröffnet. So können die Grundstückslage und die speziellen Eigentumsverhältnisse die Grundstücksnutzung verhindern. Dazu kommt, daß auch diese freien Flächen innerhalb einer Siedlung positive Umwelteffekte haben können (z.B. Grünflächen). Die Forcierung einer Verbauung von Baulücken kann siedlungspolitisch dann positiv sein, wenn dies ohne Zwangsmaßnahmen geschieht und spezielle Verhältnisse dabei Berücksichtigung finden.

    Lösungsvorschlag: Die Einführung einer Baulandsteuer auf Baulückengrundstücke in deutlich spürbarer Höhe sollte in Erwägung gezogen werden. Im Falle einer Bebauung soll die Steuer, die in den zurückliegenden vier Jahren entrichtet wurde, zurückerstattet werden. Ausgenommen von der Baulandsteuer sind a) öffentliche Grünflächen, b) angrenzende Gartengrundstücke desselben Eigentümers und c) gewerblich genutzte Grundstücke.

11. Biotopkartierungen (Lebensraumkartierungen) werden als wichtiger Schritt zur Verbesserung des Natur- und Artenschutzes angesehen. Untersuchungen in den 3 Modellgemeinden haben gezeigt, daß die dort durchgeführte Biotopkartierung bisher nur eine geringe praktische Effizienz hat. Die Eigentümer der als Biotope ausgewiesenen Flächen sind darüber nicht informiert und die Naturschutzbehörden stehen einer Informierung der Eigentümer ablehnend gegenüber. Sie befürchten, weil die Biotope in der Regel keinen Schutzstatus besitzen, daß durch Umwandlungsmaßnahmen die Zerstörung oder Wertmin-

derung der Biotope eintritt. Die Eigentümer selbst sind an einer Erhaltung der Biotope häufig nicht interessiert und wehren sich gegen jegliche Einengung ihrer (insbes. landwirtschaftlichen) Handlungsmöglichkeiten. Sie wären aber zumeist bereit, die Ziele des Biotopschutzes dann zu berücksichtigen, wenn damit verbundene betriebswirtschaftliche Nachteile finanziell ausgeglichen werden. Im Zuge der Untersuchung sind die Biotopkartierungen mit Wertklassen versehen worden, die die Schutzwürdigkeit eines Gebietes und dessen Gefährdung berücksichtigt. Eine solche Einteilung kann für eine Prioritätensetzung hilfreich sein, ohne die praktische Schutzmaßnahmen vermutlich nicht in Angriff genommen werden können.

Lösungsvorschlag: Die vorhandenen Biotopkartierungen werden mit Angaben nach dem erwähnten Wertklassensystem ergänzt und außerdem Kostenschätzungen für die jeweils wünschenswerten Maßnahmen zur Sicherung der Biotope angefügt (Sicherungsmaßnahmen: Unterschutzstellung mit Entschädigungszahlung oder Vereinbarung im Rahmen des Vertragsnaturschutzes). Anhand der so errechneten Summen an Flächen und Finanzbedarf sollten fachliche und politische Verhandlungen über die möglichst weitreichende praktische Realisierung des Biotopschutzes aufgenommen werden.

12. Im Gegensatz zur Bodennutzung durch Industrie, Verkehr und Siedlung ist die landwirtschaftliche Nutzung durch ein höheres Maß an Naturnähe charakterisiert. Doch führt besonders die intensive Landwirtschaft durch Chemieeinsatz etc. zu einer Verschlechterung des Bodens und des Grundwassers. Die nunmehr erkannte Notwendigkeit, die landwirtschaftliche Produktion zu reduzieren, bietet gleichzeitig die Chance den Boden zu schützen. Untersuchungen haben gezeigt, daß Landwirte einer Extensivierungs-Politik nicht nur skeptisch gegenüberstehen, sondern daß sich auch keine konkreten Konzepte für eine Harmonisierung von Naturschutzzielen mit den Extensivierungsbemühungen anbieten. Angesichts des Größenumfanges diesbezüglicher Aufgabenstellungen einerseits und der stark unterschiedlichen lokalen Gegebenheiten andererseits ist zu bezweifeln, ob bundesweite oder auch landesweite generelle Konzepte erfolgreich umgesetzt werden können.

Lösungsvorschlag: Schaffung von flexible Rahmenförderungsprogramme, die eine pauschalierte Gesamtförderung für Gemeindegebiete vorsehen. Diese pauschalierten Summen sollten sich orientieren an der Gesamtgröße der Gemeinde, der behandlungsbedürftigen landwirtschaftlichen Flächen, dem Vorhandensein ökologisch höherwertiger Landschaftsbestandteile (z.B. Wald), dem Ausmaß kartierter Biotopflächen und dergleichen. Grundlage der Förderung, die über einen längeren Zeitraum von Jahren zugesagt werden muß, sollte ein Projekt sein, das auf Gemeindeebene unter Mitwirkung der zuständigen Fachbehörden, angepaßt an die jeweiligen natürlichen und betriebswirtschaftlichen Verhältnisse, erstellt wird. Das Projekt soll sowohl die Umstellungsmaßnahmen in den Landwirtschaftsbetrieben als auch die Naturschutzplanungen enthalten. Als Träger der Umstellungmaßnahme und der Abwicklung vor Ort ist für das betroffene Gemeindegebiet eine Arbeitsgemeinschaft zu gründen, in der Landwirte ebenso wie Naturschutzexperten sowie Gemeindefunktionäre vertreten sind. Mit einer weitgehend flexiblen und unbürokratischen, die Eigeninitiative anregenden Förderungstätigkeit ist ein Höchstmaß an boden- und umweltschützender Effizienz zu erwarten. Durch die zwingend notwendige Zusammenarbeit zwischen Landwirten und Naturschützern kann sichergestellt werden, daß die Vorhaben in jeder Hinsicht realistisch dimensioniert werden und in der Folgezeit auch einer Kontrolle vor Ort unterliegen.

Sollten Sie an weiteren Informationen über die zwölf erarbeiteten Themen interessiert sein, dann können Sie sich jederzeit an unserer Institut wenden. (Rufnummer: 0761/203-3750)

Institut für Forstpolitik und Raumordnung
der Universität Freiburg

Bitte beantworten Sie die Fragen getrennt nach der inhaltlichen persönlichen Beurteilung und der politischen Durchsetzbarkeit durch Ankreuzen (X) und zurücksenden an:

INSTITUT FÜR FORSTPOLITIK UND RAUMORDNUNG, POSTFACH 5528, 7800 FREIBURG I. BR.

1. Bei der Planung vieler Infrastruktureinrichtungen herrscht häufig eine lokale und punktuelle Betrachtungsweise vor. Dabei können von diesen Bauvorhaben ausstrahlende Wirkungen ausgehen, die nicht beachtet werden, obwohl sie einen ganzen Raum betreffen.

Frage: *Sollte Ihrer Meinung nach bei der Errichtung von Infrastruktureinrichtungen mit überörtlicher Wirkung ein Raumordnungsverfahren, sowie die im Verfahren vorgeschriebene Umweltverträglichkeitsprüfung (UVP) durchgeführt werden?*

Inhaltliche Beurteilung	ja,absolut	ja,vielleicht	eigentlich nein	nein,absolut	Politische Durchsetzbarkeit	ja	wahrsch.	weiß nicht	kaum	nein
	o	o	o	o		o	o	o	o	o

2. Den Umweltverträglichkeitsprüfungen liegen heute noch ungleiche individuellen Bewertungsmaßstäbe zu grunde, denn es gibt keine wissenschaftlich abgesicherten Bewertungskriterien, mit deren Hilfe etwa die Grundwasserbelastung und die Lärmbelastung der Bevölkerung auf einen gemeinsamen Nenner gebracht werden kann. Dies verunsichert die verantwortlichen Entscheidungsträger.

Frage: *Könnten Sie folgende Vorgehensweise befürworten: Unter der Federführung einer staatlichen Stelle werden auf der Basis einer allgemeinen wissenschaftlichen Diskussion für verallgemeinerbare Sachverhalte (z.B. Straßenbau) Methoden für die Durchführung von Umweltverträglichkeitsprüfungen entwickelt. Die dabei angewandten Bewertungsschritte werden zur Erzielung einer Vergleichbarkeit schließlich gesetzlich normiert und dadurch die Umweltverträglichkeitsprüfung standardisiert.*

Inhaltliche Beurteilung	ja,absolut	ja,vielleicht	eigentlich nein	nein,absolut	Politische Durchsetzbarkeit	ja	wahrsch.	weiß nicht	kaum	nein
	o	o	o	o		o	o	o	o	o

3. Aus unternehmerischer Sicht des Bauherren erfolgt die Planung unter Kostengesichtspunkten mit Blick auf die jeweilige Zielerfüllung. Nicht immer werden hier die Auswirkungen auf die Umwelt berücksichtigt. Wenn allerdings die Inanspruchnahme des Bodens und der Umwelt (differenziert nach der Schwere des Eingriffs) für den Bauherrn mit Kosten verbunden wären, dann würden die Umweltgesichtspunkte bereits in die unternehmerischen Planungen eingehen.

Frage: *Würden Sie eine Umgestaltung der in den Naturschutzgesetzen verankerten Landschaftsabgabe zu einem Lenkungsinstrument befürworten? Diese Landschaftsabgabe würde sich nach bundesweit einheitlich festgesetzten Bewertungskriterien richteten und die Höhe der Landschaftsabgabe an der Schwere der Boden- und Umweltbelastung orientieren.*

Inhaltliche Beurteilung	ja,absolut	ja,vielleicht	eigentlich nein	nein,absolut	Politische Durchsetzbarkeit	ja	wahrsch.	weiß nicht	kaum	nein
	o	o	o	o		o	o	o	o	o

./.

4. Raum- und damit auch bodenrelevante Planungen beinhalten immer einen gewissen Entscheidungsspielraum. Hieran knüpft häufig der Bürger an, indem er mit Hilfe von Bürgerinitiativen die Behördenplanungen kritisiert. Nicht selten enden diese Einsprüche und Bedenken in Verwaltungsgerichtsentscheidungen. Doch werden dadurch die Planungen nicht nur auf Jahre verzögert, sondern auch nicht unbedingt verbessert. Denn Raumplanungen eignen sich nur bedingt für eine gerichtlich Nachprüfung. Vielleicht könnte eine sachgerechte Einbindung von Bürgereinsprüchen in Form von Alternativplanungen die Akzeptanz der Planungen erhöhen und beschleunigen und außerdem die Zahl der Verwaltungsgerichtsverfahren einschränken.

Frage: Halten Sie gesetzlich abgesicherte, staatlich finanzierte Alternativplanungen für sinnvoll? Solche Planungen sollten dann durchgeführt und mit staatlichen Mitteln finanziert werden, wenn eine gewichtige Zahl von Bürgern gegen eine vorgelegte staatliche Planung Einspruch erhebt und eine auf Landesebene anzusiedelnde unabhängige Stelle die Plausibilität der Einsprüche anerkennt.

Inhaltliche Beurteilung	ja,absolut	ja,vielleicht	eigentlich nein	nein,absolut	Politische Durchsetzbarkeit	ja	wahrsch.	weiß nicht	kaum	nein
	o	o	o	o		o	o	o	o	o

5. Die Untersuchung einer Hochwasserkatastrophe hat ergeben, daß weder die Bewirtschaftung, noch andere menschliche Eingriffe die Ursachen der Hochwasserentstehung waren und die beschädigten Gebäude im hochwassergefährdeten Gebiet errichtet worden waren. Die Fachleute sprechen in diesem Fall vom natürlichen 50- oder 100jährigen Hochwasser. In Österreich beschäftigt man sich schon längere Zeit mit dem Phänomen, daß es einerseits technisch kaum beherrschbare Naturereignisse gibt, andererseits eine zunehmende Mißachtung dieser voraussehbaren Ereignisse bei der Boden- und Raumnutzung stattfindet. Es wurde daher auf gesetzlicher Grundlage die Erstellung sogenannter Gefahrenzonenpläne vorgeschrieben.

Frage: Befürworten Sie den folgenden Vorschlag? Die Dienststellen der Wasserwirtschaft erstellen Gefahrenzonenpläne für solche Bereiche, die bei vorhersehbaren Hochwasserereignissen einer Gefährdung ausgesetzt sind. In der Bauleitplanung bzw. bei der einzelnen Baugenehmigung sollen dann diese Gefahrenzonenpläne als maßgebliche Entscheidungshilfe berücksichtigt werden.

Inhaltliche Beurteilung	ja,absolut	ja,vielleicht	eigentlich nein	nein,absolut	Politische Durchsetzbarkeit	ja	wahrsch.	weiß nicht	kaum	nein
	o	o	o	o		o	o	o	o	o

6. Wald ist vom Standpunkt des Bodenschutzes ein besonders wertvoller Landschaftstyp. Der Wald dient dem Erosions- und Wasserschutz, dem Lokalklima und als Rückzugs- und Regenerationsraum einer Vielzahl von Pflanzen und Tieren. Waldflächen werden aber insbesondere in den stark besiedelten Gebieten für andere Flächennutzungen in Anspruch genommen. Wegen der notwendigen Abwägung verschiedener entgegenstehender gesellschaftlicher Interessen und der unterschiedlichen Waldausstattung der Räume ist ein absoluter Schutz des Waldes gegen anderweitige Nutzung nicht möglich.Aus Aus der Praxis ist bekannt, daß diese Abwägung sehr häufig zu Lasten des Waldes ausfällt.

Frage: Stimmen Sie folgenden Vorschlag zu? Im Rahmen der Landesplanung werden Gefährdungsräume ausgewiesen. Diese sind gekennzeichnet durch niedrigen Waldanteil und starker Waldinanspruchnahme in der Vergangenheit. In diesen Räumen sollte nur dann Wald gerodet werden, wenn eine funktionsgleiche Neuaufforstung stattfindet. Ausnahmen von diesem Grundsatz sollten nur mit Zustimmung des Landesplanungsbeirates oder eines ähnlichen Gremiums auf Landesebene in Frage kommen.

Inhaltliche Beurteilung	ja,absolut	ja,vielleicht	eigentlich nein	nein,absolut	Politische Durchsetzbarkeit	ja	wahrsch.	weiß nicht	kaum	nein
	o	o	o	o		o	o	o	o	o

./.

154

7. Trotz der vielen Vorzüge des Waldes werden Neuaufforstungen durch Einsprüche aus a) wirtschaftlichen Gründen, b) Naturschutz- und c) Nachbarschaftschutzgründen und aus d) optisch ästhetischen Gründen zur Erhaltung des Landschaftsbildes behindert. Es ist verständlich, daß die unter b) und c) genannten Gründe die Erstaufforstung verhindert. Jedoch können wirtschaftliche Einbußen entschädigt werden und bräuchten ebensowenig wie die emotionalen und individuellen Ansichten zum Landschaftsbild nicht zur Behinderung der Neuaufforstungen führen. Denn das Landschaftsbild unterliegt ohnehin einem dynamischen Prozeß, so daß der gegenwärtige Zustand nicht automatisch als gut und alles andere als schlecht angesehen werden kann.

Frage: *Glauben Sie, daß es richtig ist, angesichts des hohen ökologischen Wertes des Waldes, Neuaufforstungen weniger behindern als bisher, und sich bei Versagung der Genehmigung mehr auf konkrete Gründe z.B. Artenschutz, Lokalklima zu stützen und weniger auf individuell emotionsbeladenen Vorstellungen über das Landschaftsbild?*

Inhaltliche Beurteilung	ja,absolut	ja,vielleicht	eigentlich nein	nein,absolut		Politische Durchsetzbarkeit	ja	wahrsch.	weiß nicht	kaum	nein
	o	o	o	o			o	o	o	o	o

8. Im Zuge vergleichender Untersuchungen zahlreicher Gemeinden wurde aus den Merkmalen "Einwohner-, Industrie- und Verkehrsdichte, Anteil der besiedelten Fläche und Anteil der Beschäftigten" eine Belastungskennzahl errechnet. Die Kennzahl stellt die Naturbelastung einer Gemeindefläche im Vergleich zu anderen Gemeinden im gleichen Raumtyp (z.B. ländlicher Raum, Ballungsraum) dar.

Frage: *Halten Sie es für sinnvoll, daß eine solche Belastungskennzahl für alle Gemeinden errechnet wird und der Belastungsgrad bei der örtlichen Flächennutzungsplanung in entsprechender Weise Berücksichtigung findet?*

Inhaltliche Beurteilung	ja,absolut	ja,vielleicht	eigentlich nein	nein,absolut		Politische Durchsetzbarkeit	ja	wahrsch.	weiß nicht	kaum	nein
	o	o	o	o			o	o	o	o	o

9. Bei anderen Untersuchungen wurde das Gemeindegebiet in *Siedlungsraum* (aus- gewiesene Baugebiete und Flächen mit zusammenhängender Bebauung) und *Freiraum* aufgeteilt. Allerdings ist die Freiraumfläche nicht völlig frei von Besiedelung. So wurde in den untersuchten Gemeinden ein Anteil an verbauten Flächen im Freiraum zwischen 3,5 und 6,0 Prozent ermittelt. Für eine boden- und umweltpflegliche Siedlungspolitik ist es von Bedeutung zu wissen, wie stark der Freiraum einer Gemeinde bereits besiedelt ist. Das gilt insbesondere für solche Räume, in denen Streusiedlungen zur traditionellen Siedlungsform gehören.

Frage: *Würden Sie es befürworten, daß die kurz dargestellten Untersuchungen in allen Gemeinden der Bundesrepublik durchgeführt und die Ergebnisse als Besiedlungsindikator der Landesplanung bei Baumaßnahmen im Außenbereich (Freiraum) berücksichtigt werden?*

Inhaltliche Beurteilung	ja,absolut	ja,vielleicht	eigentlich nein	nein,absolut		Politische Durchsetzbarkeit	ja	wahrsch.	weiß nicht	kaum	nein
	o	o	o	o			o	o	o	o	o

./.

10. Einer weiteren Verbauung im Außenbereich könnte oftmals durch das Schließen von Baulücken innerhalb einer Siedlung entgegengewirkt werden. Jedoch ist nicht jede Baulücke wegen ihrer Lage und den Eigentumsverhältnissen zur Bebauung geeignet. Dazu kommt, daß auch diese freien Flächen innerhalb einer Siedlung positive Umwelteffekte haben können (z.B als Grünflächen).

Frage: Sind Sie mit der Einführung einer Baulandsteuer auf Baulückengrundstücke in deutlich spürbarer Höhe einverstanden? Im Falle einer Bebauung soll die Steuer, die in den zurückliegenden vier Jahren entrichtet wurde, zurückerstattet werden. Ausgenommen von der Baulandsteuer sind a) öffentliche Grünflächen, b) angrenzende Gartengrundstücke desselben Eigentümers und c) gewerblich genutzte Grundstücke.

Inhaltliche Beurteilung	ja,absolut	ja,vielleicht	eigentlich nein	nein,absolut	Politische Durchsetzbarkeit	ja	wahrsch.	weiß nicht	kaum	nein
	o	o	o	o		o	o	o	o	o

11. Die Kartierung und Bewertung in Wertklassen von wertvollen Lebensräumen (Biotope) ist als wichtiger Schritt zur Verbesserung der Naturschutzbelange zu sehen. Zur Zeit haben allerdings diese ausgewiesenen Biotope keinen rechtlichen Schutz. Die Eigentümer (meist Landwirte) sind daher nur selten bereit, darauf Rücksicht zu nehmen. Ein finanzieller Ausgleich der betriebswirtschaftlichen Nachteile könnte vielleicht die Rücksicht der Landwirte erhöhen.

Frage: Finden Sie es sinnvoll, den Biotopkartierungen mit Wertklassen Kostenschätzungen (z.B. Entschädigungszahlungen) für die jeweils wünschenswerten Maßnahmen zur Sicherung der Biotope anzufügen? Anhand der so errechneten Flächen und der Kosten könnten fachliche und politische Verhandlungen zu einer praktischen Realisierung des Biotopschutzes aufgenommen werden.

Inhaltliche Beurteilung	ja,absolut	ja,vielleicht	eigentlich nein	nein,absolut	Politische Durchsetzbarkeit	ja	wahrsch.	weiß nicht	kaum	nein
	o	o	o	o		o	o	o	o	o

12. Im Gegensatz zur Bodennutzung durch Industrie, Verkehr und Siedlung ist die landwirtschaftliche Nutzung durch ein höheres Maß an Naturnähe charakterisiert. Doch führt besonders die intensive Landwirtschaft durch Chemieeinsatz etc. zu einer Verschlechterung des Bodens und des Grundwassers. Die nunmehr erkannte Notwendigkeit, die landwirtschaftliche Produktion zu reduzieren, bietet gleichzeitig die Chance den Boden zu schützen. Deshalb wird ein flexibles Rahmenförderungsprogramm für den Bodenschutz in der Landwirtschaft vorgeschlagen. Hierbei wird auf der Gemeindeebene in Arbeitsgemeinschaften über die Geldmittelverteilung und die lokale Realisierung der Schutz- und Fördermaßnahmen im Einvernehmen mit dem Regierungspräsidium entschieden.

Frage: Glauben Sie, daß im Zuge der gewünschten Verringerung der landwirtschaftlichen Produktion, pauschale zweckgebundene Fördersummen (orientiert an der Gemeindegröße) für die Gemeinden ausgeworfen werden sollen? über diese sollen lokale Arbeitsgemeinschaften von Landwirten und Naturschützern - im Rahmen entsprechender Richtlinien - mit dem Ziel verfügen können, landwirtschaftliche Extensivierung mit Biotopschutz, landschaftliche Aufwertung und sonstige Naturschutzerfordernissen zu verbinden.

Inhaltliche Beurteilung	ja,absolut	ja,vielleicht	eigentlich nein	nein,absolut	Politische Durchsetzbarkeit	ja	wahrsch.	weiß nicht	kaum	nein
	o	o	o	o		o	o	o	o	o

VIELEN DANK FÜR IHRE MITARBEIT UND DIE RÜCKSENDUNG IN EINEM FRANKIERTEN UMSCHLAG!

BEVÖLKERUNG

**Institut für Forstpolitik und Raumordnung
der Universität Freiburg**

Bitte beantworten Sie die Fragen durch Ankreuzen der gewünschten Antwort (☒) bzw. durch Einsetzen einer Ziffer (③).
Die erstausfüllende Person benützt die linke Spalte, eine weitere Person die rechte Spalte. - Bitte senden Sie den ausgefüllten
Fragebogen zurück an:

INSTITUT FÜR FORSTPOLITIK UND RAUMORDNUNG, POSTFACH 5528, 7800 FREIBURG I.BR.

1. PERSON   2. PERSON

1. Eine finanzielle Abgabe bei Verbrauch von Natur und Landschaft (z.B. bei Bauvorhaben), deren
    Höhe sich am Eingriff in die Umwelt orientiert, kann zu sparsamen Umgang mit der Natur anre-
    gen.

    Frage: Befürworten Sie die Einführung solcher Abgaben?

o ja   ja o
o nein   nein o

2. Die Einführung einer Landschaftsabgabe wird vermutlich höhere Baukosten zur Folge haben, was
    dann zu höheren Lebenshaltungskosten (z.B. bei Mieten) führt.

    Frage: Befürworten Sie dennoch eine Umweltschutzabgabe, wie sie Frage 1 angesprochen wurde?

o ja   ja o
o nein   nein o

3. Eine Bebauung der freien Landschaft kann durch eine vermehrte Nutzung von Baulücken innerhalb
    der Siedlungen vermindert werden. - Ein Lösungsvorschlag ist, eine Baulandsteuer auf Baulücken-
    grundstücke zu erheben, die es für den Eigentümer unwirtschaftlich macht, diese Grundstücke <u>nicht</u>
    durch eine Bebauung zu nutzen. Von der Baulandsteuer auszunehmen sind: öffentliche Grünflä-
    chen, angrenzende Gartengrundstücke desselben Eigentümers oder gewerblich genutzte Grund-
    stücke.

    *Frage: Stimmen Sie der Einführung einer Baulandsteuer zur besseren Nutzung von Baulücken und
    zur Schonung der freien Landschaft in deutlich spürbarer Höhe zu?*

o ja   ja o
o nein   nein o

4. Bauprojekte (z.B. Straßenbauten) stoßen häufig auf den Widerstand der Bevölkerung. - Bürger-
    initiativen tragen wegen fehlender konstruktiver Mitwirkungsmöglichkeiten in der Regel wenig zur
    Problemlösung bei. Wenn aber solche Bürgerinitiativen die finanziellen Möglichkeiten erhalten, ei-
    ne umfassende "Alternativ-Planung" in den Planungsprozeß einzubringen, kann die Qualität von
    Bau- und Raumnutzungsplanungen vermutlich verbessert und die Zustimmungsbereitschaft der
    Bürger erhöht werden.

    *Frage: Stimmen Sie derartigen gesetzlichen Regelungen zu, die den Bürgern verbesserte Mitwirkungs-
    möglichkeiten einräumen?*

o ja   ja o
o nein   nein o

./.

1. PERSON

2. PERSO

5. Veränderungen des Landschaftsbildes durch die Neuaufforstung landwirtschaftlicher Flächen werden von einigen Vertretern des Naturschutzes abgelehnt. Andererseits ist die Aufforstung ein Weg,
Flächen wirtschaftlich zu nutzen, die wegen der Senkung der Überschußproduktion aus der landwirtschaftlichen Nutzung ausscheiden.

Frage: *Sind Sie der Meinung, daß die Neuaufforstung bisher landwirtschaftlich genutzter Flächen eine Verschlechterung des Landschaftsbildes darstellt?*

o ja
o in vielen Fällen
o kann ich nicht beurteilen
o in seltenen Fällen
o nein

ja
in vielen Fällen
kann ich nicht beurteilen
in seltenen Fällen
nein

6. Lebensmittel können von der Landwirtschaft ohne Pflanzenschutzmittel und Kunstdünger erzeugt
werden; solche Lebensmittel sind jedoch deutlich teurer. - Auch eine ausreichend kontrollierte Produktion sowie ein problemloser und bequemer Einkauf der Produkte für den täglichen Bedarf ist
möglich.

Frage: *Würden Sie solche Lebensmittel kaufen, auch wenn sie deutlich teurer sind?*

o ja
o nein

ja
nein

7. Erfolge im Umweltschutz sind leichter zu erreichen, wenn umweltbelastende Maßnahmen mit spürbaren Kosten belegt werden. Solche Kosten in Form von Abgaben leiten dann Hersteller und auch
die Verbraucher zu einem umweltfreundlichen Verhalten an.

Frage: *Befürworten Sie die Einführung solcher Abgaben zur Steuerung der Umweltnutzung?*

o ja
o nein

ja
nein

8. Derzeit werden in allen politischen Parteien wirtschaftspolitische Maßnahmen (Abgaben oder Steuern mit umweltpolitischen Zielsetzungen) zur Erhaltung einer gesunden Umwelt diskutiert.

Frage: *Sind Sie der Meinung, die Wichtigkeit dieser Frage rechtfertigt es, daß alle Parteien (Regierung und Opposition) dazu <u>gemeinsam</u> eine langfristig wirksame Politik erarbeiten?*

o ja
o nein

ja
nein

./

1. PERSON   2. PERSON

9. *Frage:* *Wenn Sie selbst eine politische Entscheidung treffen müßten, wie wichtig wären für Sie persön-*
    lich die folgenden Zielvorstellungen?

Bitte jede Zeile einzeln bewerten:
4 = besonders wichtig, 3 = wichtig, 2 = weniger wichtig, 1 = kaum wichtig, 0 = unwichtig

Hoher Lebensstandard
Leistungs- u. Konkurrenzfähigkeit der Wirtschaft
Rücksichtnahme auf Gesundheit und Umwelt
Bessere Bildungsmöglichkeiten
Vermehrte Freizeit
Sicherheit der Arbeitsplätze
Landschafts- und Naturschutz
Rohstoff- und Energieversorgung künftiger Generationen
Rücksicht auf menschliche Bedürfnisse im täglichen Leben und in der Arbeitswelt
Steigende Einkommen zur Vergrößerung der Kaufkraft
Familienförderung

10. *Frage:* *Haben Sie den Eindruck, das Handeln der Politiker wird mehr vom parteipolitischen Macht-*
    streben und weniger von staatsmännischer Verantwortung oder von moralischen Werten ge-
    prägt?

o ja   ja o
o nein   nein o
o weiß nicht   weiß nicht o

11. *Frage:* *Glauben Sie, daß eine mangelnde Berücksichtigung moralischer Werte (wie z.B. Wahrhaftig-*
    keit, Toleranz, Nächstenliebe) bei politischen Entscheidungsprozessen die Glaubwürdigkeit
    unserer demokratischen Ordnung gefährdet?

o ja, jetzt schon   ja, jetzt schon o
o ja, bei Fortdauer   ja, bei Fortdauer o
o kaum   kaum o
o nein   nein o
o weiß nicht   weiß nicht o

12. Umweltschutz kostet Geld und davon ist auch der Bürger betroffen, weil u.a. bestimmte Produkte
teuerer würden.

Frage A: *Ist für Sie persönlich eine bessere Umwelt ein Stück Wohlstandszuwachs?*

o ja   ja o
o nein   nein o

./.

1. PERSON

2. PERSON

Frage B: *Können Sie sich vorstellen, für 5 Jahre auf jegliche Lohn- und Gehaltserhöhung zu verzichten, wenn dieses Geld tatsächlich zum Umweltschutz verwendet wird?*

o ja   ja o
o nein   nein o

Frage C: *Sind Sie bereit, für den Liter Benzin 1 DM mehr zu bezahlen (z.B. 2,10 DM pro Liter), wenn das Geld nachweislich zum Schutz der Umwelt eingesetzt wird?*

o ja   ja o
o nein   nein o

---

13. *Frage:*   *Wenn am nächsten Sonntag Bundestagswahlen wären, welche Partei würden Sie wählen?*

1. Person		2. Person
o CDU/CSU		CDU/CSU o
o SPD		SPD o
o FDP		FDP o
o Grüne		Grüne o
o Republikaner		Republikaner o
o Sonstige		Sonstige o
o ich wähle nicht		ich wähle nicht o

---

14. Für die statistische Einordnung bitten wir noch um einige Angaben zur Person. Aufgrund ihrer Angaben ist kein Rückschluß auf Ihre Person möglich, der Fragebogen wird völlig anonym bearbeitet.

1. Person	Geschlecht	2. Person
o männlich		männlich o
o weiblich		weiblich o

19_____ Geburtsjahr   Geburtsjahr 19_____

1. Person	Beruf	2. Person
o Selbständige(r)		Selbständige(r) o
o Beamter/Beamtin		Beamter/Beamtin o
o Angestellte(r)		Angestellte(r) o
o Arbeiter(in)/Facharbeiter(in)		Arbeiter(in)/Facharbeiter(in) o
o Hausfrau/Hausmann		Hausfrau/Hausmann o
o Pensionär(in)/ Rentner(in)		Pensionär(in)/Rentner(in) o
o Schüler(in)/Student(in)		Schüler(in)/Student(in) o
o derzeit arbeitslos		derzeit arbeitslos o

Wir danken sehr für Ihre Unterstützung!
Wenn Sie für die Rücksendung keine Briefmarke zur Hand haben, bitte unfrankiert aufgeben.

POLITIKER

Institut für Forstpolitik und Raumordnung
der Universität Freiburg

Bitte beantworten Sie die Fragen durch Ankreuzen der gewünschten Antwort (X) bzw. durch Einsetzen einer Ziffer (4).
Bitte senden Sie den ausgefüllten Fragebogen zurück an:

INSTITUT FÜR FORSTPOLITIK UND RAUMORDNUNG, POSTFACH 5528, 7800 FREIBURG I. BR.

1. Aus unternehmerischer Sicht des Bauherrn erfolgt die Planung eines Bauvorhabens unter Kosten-gesichtspunkten. Nicht immer werden die Auswirkungen auf die Umwelt berücksichtigt. Wenn al-lerdings die Inanspruchnahme des Bodens und der Umwelt - differenziert nach der Stärke des Ein-griffs in die Landschaft - für den Bauherrn mit Kosten verbunden wäre, dann könnten die Umwelt-gesichtspunkte bereits in die unternehmerischen Planungen eingehen.

Frage: Würden Sie die Einführung einer solchen Landschaftsabgabe befürworten, wenn sie sich nach bundesweit einheitlich festgesetzten Bewertungskriterien richtet und sich in ihrer Höhe an der Stärke der Boden- und Umweltbelastung orientiert?

ja o
nein o

Kommentar:

---

2. Einer weiteren Verbauung der freien Landschaft kann durch das Schließen von Baulücken inner-halb einer Siedlung entgegengewirkt werden. Jedoch ist nicht jede Baulücke wegen ihrer Lage und Eigentumsverhältnisse zur Bebauung geeignet. Dazu kommt, daß auch dise freien Flächen inner-halb einer Siedlung positive Umwelteffekte (z.B. als Grünflächen) haben können.

Frage: Sind Sie mit der Einführung einer Baulandsteuer auf Baulückengrundstücke in deutlich spür-barer Höhe einverstanden? (Diese Steuer entspricht nicht der allgemeinen Baulandsteuer, die 1961/62 im § 172 Bundesbaugesetz festgesetzt war). Im Falle einer Bebauung sollte die Steuer, die in den zurückliegenden vier Jahren entichtet wurde, zurückerstattet werden. Ausgenommen von der Baulandsteuer wären a) öffentliche Grünflächen, b) angrenzende Gartengrundstücke desselben Eigentümers und c) gewerblich genutzte Grundstücke.

ja o
nein o

Kommentar:

---

3. Bauprojekte (z.B. Straßenbauten) stoßen häufig auf Widerstand in der Bevölkerung. Bürger-initiativen tragen wegen fehlender konstruktiver Mitwirkungsmöglichkeiten in der Regel wenig zur Problemlösung bei. Wenn aber solche Bürgerinitiativen die finanziellen Möglichkeiten erhalten, ei-ne umfassende "Alternative Planung" in den Planungsprozeß einzubringen, kann die Qualität von Bau- und Raumnutzungsplanungen vermutlich verbessert und die Zustimmungsbereitschaft der Bürger erhöht werden.

Frage: Stimmen Sie einer solchen gesetzlichen Regelung zu, die den Bürgern verbesserte Mitwirkungs-möglichkeiten einräumt?

ja o
nein o

Kommentar:

./.

161

4. Die Waldflächen in den Ballungsgebieten nehmen weiter ab. Dem könnte dadurch begegnet werden, daß in besonders gefährdeten Gebieten eine Waldrodung ausnahmslos nur dann bewilligt wird, wenn eine funktionsgleiche Ersatzaufforstung angeboten wird. So könnten die verlorengegangenen speziellen Waldfunktionen für die Zukunft gesichert werden.

Frage: Wären Sie bereit, eine solche Regelung zu unterstützen?

ja ●
nein ●

Kommentar:

---

5. Umweltschutzziele sind vermutlich leichter zu erreichen, wenn Maßnahmen mit negativen Umweltwirkungen zu spürbaren finanziellen Belastungen führen, die sowohl Produzenten als auch Konsumenten zu einem umweltfreundlichen Verhalten anleiten.

Frage: Stehen Sie der Einführung eines solchen Systems zur Steuerung der Umweltbelastungen positiv gegenüber?

ja ●
nein ●

Kommentar:

---

6. Derzeit werden in allen politischen Parteien wirtschaftspolitische Maßnahmen (Abgaben oder Steuern mit umweltpolitischen Zielsetzungen) zur Erhaltung einer gesunden Umwelt diskutiert.

Frage: Sind Sie der Meinung, die Wichtigkeit dieser Frage rechtfertigt es, daß alle Parteien (Regierung und Opposition) dazu gemeinsam eine langfristig wirksame Politik erarbeiten?

ja ●
nein ●

Kommentar:

---

7. Das Handeln der Politiker wird in der Öffentlichkeit unterschiedlich gesehen.

Frage: Wie hoch schätzen Sie den Anteil der Bürger (in Prozent), die das Handeln der Politiker mehr vom parteipolitischen Machtstreben und weniger von staatsmännischer Verantwortung oder von moralischen Werten geprägt sehen?

Prozent __

162

8. *Frage: Sind Sie der Meinung, daß eine mangelnde Berücksichtigung moralischer Werte (wie z.B.*
   Wahrhaftigkeit, Toleranz, Nächstenliebe) bei politischen Entscheidungsprozessen die Glaub-
   würdigkeit unserer demokratischen Ordnung gefährdet?

ja, jetzt schon o
ja, bei Fortdauer o
kaum o
nein o
weiß nicht o

Kommentar:

_____

9. Nehmen Sie an, den Bürgern in der Bundesrepublik würde folgende Frage vorgelegt:
   "Wenn Sie selbst eine politische Entscheidung treffen müßten, wie wichtig wären für Sie persönlich
   die folgenden Zielvorstellungen?"

   Frage: Wie würden sich die Bürger Ihrer Meinung nach entscheiden?

Bitte jede Zeile einzeln bewerten:
4 = besonders wichtig, 3 = wichtig, 2 = weniger wichtig, 1 = kaum wichtig, 0 = unwichtig

Hoher Lebensstandard ____
Leistungs- u. Konkurrenzfähigkeit der Wirtschaft ____
Rücksichtnahme auf Gesundheit und Umwelt ____
Bessere Bildungsmöglichkeiten ____
Vermehrte Freizeit ____
Sicherheit der Arbeitsplätze ____
Landschafts- und Naturschutz ____
Rohstoff- und Energieversorgung künftiger Generationen ____
Rücksicht auf menschliche Bedürfnisse im täglichen Leben und in der Arbeitswelt ____
Steigende Einkommen zur Vergrößerung der Kaufkraft ____
Familienförderung ____

_____

10. Nehmen Sie an, den Bürgern würde verständlich beschrieben, daß Umweltschutz Geld kostet und auch er
    von den Mehrkosten betroffen ist, weil u.a. bestimmte Produkte teurer würden. Den Bürgern würde wei-
    terhin folgende Frage gestellt: "Ist für Sie persönlich eine bessere Umwelt ein Stück Wohlstandszuwachs?"

    Frage: Wieviel Prozent der Bürger würden sich Ihrer Meinung nach mit "Ja" dafür entscheiden, daß eine bes-
    sere Umwelt für sie persönlich ein Stück Wohlstandszuwachs ist?

Prozent ____

_____

./.

11. Nehmen Sie an, es würde den Bürgern folgende Frage gestellt:
"Können Sie sich vorstellen, für 5 Jahre auf jegliche Lohn- und Gehaltserhöhung zu verzichten, wenn dieses Geld tatsächlich für den Umweltschutz verwendet wird?"

Frage: Wieviel Prozent der Befragten würden Ihrer Meinung nach mit "Ja" antworten?

Prozent__

12. *Frage: Wie hoch schätzen Sie den Anteil der Bürger, die bereit sind, für den Liter Benzin 1 DM mehr zu bezahlen (z.B. 2,10 DM pro Liter), wenn dieser Mehrbetrag nachweislich zum Schutz der Umwelt eingesetzt wird?*

Prozent __

13. Für die statistische Einordnung bitte wir noch um zwei Angaben zur Person.

Frage: Welcher Fraktion des Landtages gehören Sie an?

CDU o
SPD o
FDP o
Grüne o
Fraktionslos o
Sonstige o

Geschlecht

männlich o
weiblich o

Wir danken sehr für Ihre freundliche Unterstützung!

7.2 Ergebnisse insgesamt

Die *inhaltliche Beurteilung* der gemachten Vorschläge durch die *Experten* erfolgte über die Antwort-Vorgabe

ja, absolut

ja, vielleicht

eigentlich nein

nein, absolut

In Tabelle 2 sind die Antworten "ja, absolut" und "ja, vielleicht" mit den Prozentsätzen zusammengefaßt. Für die Beantwortung des Fragebogens war es wichtig, den Experten eine Differenzierungsmöglichkeit einzuräumen; bei der Auswertung signalisiert die Zusammenfassung der beiden Antwortkategorien jenen Teil der Antworten, die überwiegend positiv zu den Vorschlägen stehen. Es zeigt sich, daß die weit überwiegende Anzahl dieser Vorschläge hohe, zumeist über 2/3 liegende Zustimmungsraten erfahren haben. Diese Zustimmung differenziert sich allerdings nach den befragten Expertengruppen. Erwartungsgemäß ist sie am höchsten bei den Vertretern des Naturschutzes. Sodann folgen die Gewerkschaftsvertreter. Die Bürgermeister stimmen bei 10 von 12 Vorschlägen mit mindestens 2/3 aller Antworten zu. Die Vertreter der Industrie- und Handelskammer geben hingegen deutlich aus dem Rahmen fallende Antworten, die - komplementär zu den übrigen Ergebnissen - zu allen Vorschlägen eine weit überwiegende Ablehnung zum Ausdruck bringen.

Man kann den vorgegebenen Antworten die Ziffern 1 bis 4 zuordnen und dann das gewichtete Mittel (arithmetisches Mittel) aller Antworten errechnen. Abbildung 2 verdeutlicht dieses Rechenergebnis, wobei die Fragen nach dem Grad der Zustimmung gereiht wurden. Die Frage mit dem niedrigsten Mittelwert hat aber immerhin noch 61 % an Ja-Stimmen aufzuweisen.

Tabelle 2: Inhaltliche Zustimmung der Experten

	Bürger-meister	Natur-schutz Verb.	Reg.Prä-sidien	IHK	Land-wirt-schaft	Gewerk-schaft
1. Raumordnungs-verfahren	87	100	94	39	91	100
2. genormte UVP	81	90	85	23	83	91
3. Landschafts-abgabe	71	89	73	13	72	82
4. Alternativ-planung	65	85	37	23	79	73
5. Gefahrenzonen-planung	95	95	85	39	95	100
6. Rodungs-schutz	91	97	71	36	98	91
7. Beeinträchtig. du. Aufforstg.	83	85	77	39	74	73
8. Belastungs-kennzahl	68	85	56	13	88	82
9. Freiraum-indikator	61	79	53	19	68	73
10. Baulücken-steuer	68	65	76	10	43	73
11. Biotop-kartierung	89	94	61	26	95	82
12. pauschale Förderung	75	89	55	23	52	55

EXP 90

angegeben ist die jeweilige Zustimmung in Prozent
("ja, absolut" und "ja, vielleicht", bei Frage 7: "nein" und "selten")

Abbildung 2: Bürgermeister - inhaltliche Zustimmung und Einschätzung der Durchsetzbarkeit

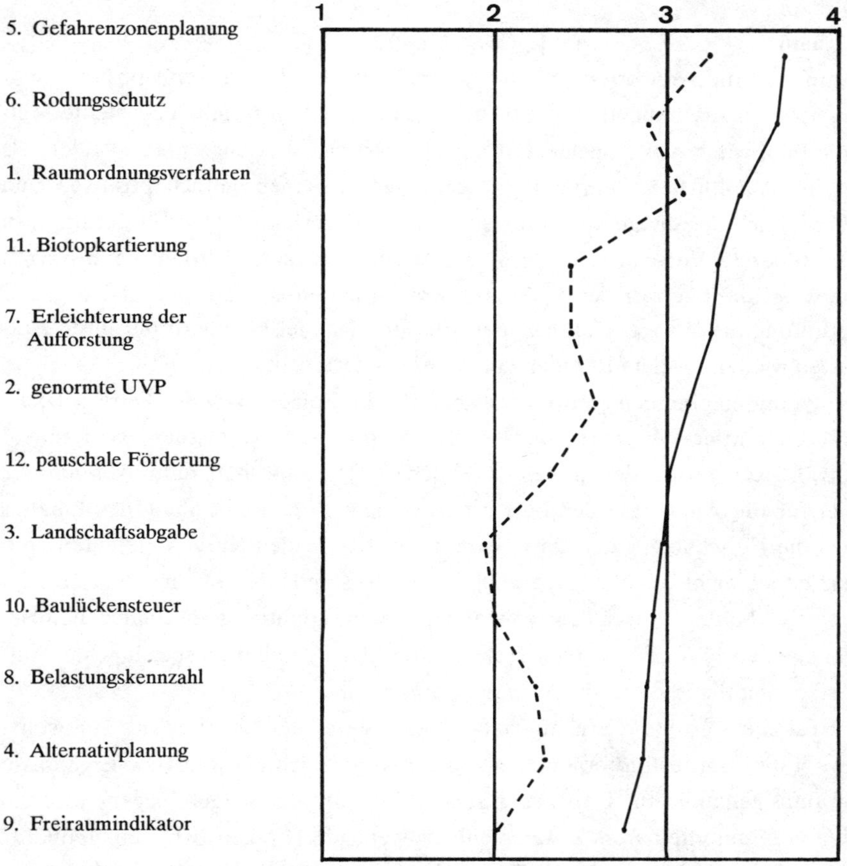

	1	2	3	4
5. Gefahrenzonenplanung				
6. Rodungsschutz				
1. Raumordnungsverfahren				
11. Biotopkartierung				
7. Erleichterung der Aufforstung				
2. genormte UVP				
12. pauschale Förderung				
3. Landschaftsabgabe				
10. Baulückensteuer				
8. Belastungskennzahl				
4. Alternativplanung				
9. Freiraumindikator				

EXP 90

Arithmetisches Mittel der Bewertung für

Inhalt   ——————

Durchsetzbarkeit   - - - - - -

167

Die Frage nach der *politischen Durchsetzbarkeit* war mit 5 Antwort-Vorgaben ausgestattet, nämlich

ja

wahrscheinlich

weiß nicht

kaum

nein

Wenn man die Antworten "ja" und "wahrscheinlich" als insgesamt positive Stellungnahmen zusammenfaßt, ergibt sich das in Tabelle 3 zusammengestellte Meinungsbild, wiederum aufgegliedert nach befragten Expertengruppen. Anders als bei der inhaltlichen Beurteilung streuen hier die mehrheitlich positiven und mehrheitlich negativen Antworten stark. Immerhin sind bei den Bürgermeistern noch 6 der 12 Vorschläge von etwa 2/3 positiv eingestuft worden; bei 3 Fragen überwiegt die Skepsis, bei 3 weiteren Fragen halten sich positive und negative Einstufung die Waage. Daß die Industrie- und Handelskammern mit ihren Antworten wieder aus dem Rahmen fallen, verwundert nicht mehr.

Wenn man bei den Antwortvorgaben für die Fragen nach der Durchsetzbarkeit die mittlere Antwort (weiß nicht) neutralisiert, verbleiben wiederum 4 Antwort-Kategorien, denen man die Ziffern 1 bis 4 zuordnen kann. Abbildung 2 zeigt für die Antworten der Bürgermeister neben der Beurteilung des Inhaltes auch die Einschätzung der Durchsetzbarkeit. Die beiden Kurven verlaufen ähnlich, jedoch nicht vollständig parallel. Die geringsten Durchsetzungschancen werden jenen beiden Vorschlägen zugebilligt, die mit unmittelbaren finanziellen Belastungen von Bürgern verbunden sind, obwohl in 2/3 aller diesbezüglichen Antworten inhaltliche Zustimmung ausgedrückt wurde.

Tabelle 4 listet die Ergebnisse der *bundesweiten Meinungsumfrage* auf, wobei sowohl die vom Institut erhobenen Ergebnisse als auch die Interview-Ergebnisse von Infas genannt sind. Dabei zeigt sich, daß die mit den vorgeschlagenen Instrumenten in unmittelbarem Zusammenhang stehenden Fragen zwischen 70 und 87 % (bei Infas: zwischen 65 und 77 %) Zustimmung erfahren haben. Mindestens 2/3 der Bevölkerung befürwortet also jene Schritte, die zu einer neuen Politik führen. Die von 72 % der Antworten signalisierte Zustimmung zur Einführung einer Landschaftsabgabe reduziert sich allerdings auf 59 %, wenn die Möglichkeit ins Gespräch gebracht wird, daß dadurch höhere Baukosten und damit auch höhere Lebenshaltungskosten entstehen könnten. Trotzdem bleibt die Tatsache der deutlich mehrheitlichen Zustimmung bestehen. Dies wird indirekt auch durch die Antworten betreffend allgemeine Umweltabgaben unterstrichen, die zu 85 % (bei Infas: 77 %) Zustimmung bekunden.

Tabelle 3: Meinung der Experten zur Durchsetzbarkeit

	Bürger- meister	Natur- schutz Verb.	Reg.Prä- sidien	IHK	Land- wirt- schaft	Gewerk- schaft
1. Raumordnungs- verfahren	70	77	88	32	83	100
2. genormte UVP	68	65	70	29	68	64
3. Landschafts- abgabe	38	36	27	19	52	64
4. Alternativ- planung	48	39	38	16	56	36
5. Gefahrenzonen- planung	87	82	63	36	81	82
6. Rodungs- schutz	78	69	53	32	85	91
7. Beeinträchtigg. du. Aufforstg.	64	71	57	16	64	73
8. Belastungs- kennzahl	51	53	32	6	62	55
9. Freiraum- indikator	46	47	35	13	44	46
10. Baulücken- steuer	32	26	6	10	34	64
11. Biotop- kartierung	64	56	39	26	78	64
12. pauschale Förderung	53	47	38	16	46	55

EXP 90

angegeben ist die jeweils positive Einschätzung in Prozent
("ja" und "wahrscheinlich", bei Frage 7: "nein" und "kaum")

Tabelle 4: Bevölkerung bundesweit

	schriftliche Umfrage	Interviews (INFAS)
Landschaftsabgaben	73	
Landschaftsabgabe - ja, trotz Belastung der Lebenshaltungskosten	59	
Baulückensteuer	75	
Mitwirkungsmöglichkeiten für "Alternativ-Planungen"	87	
Beeinträchtigung des Landschaftsbildes durch Neuaufforstung	71	61
Bevorzugung chemiefreier Lebensmittel	70	68
allgemeine Umweltabgaben als Steuerungsinstrument	85	78
hierzu interfraktionelle Zusammenarbeit	92	

Prozentangaben für Antworten mit "ja", bei Neuaufforstung mit "nein" und "selten"   U 90

Infas hat bei seinen Interviews auch folgende Frage gestellt: "Umweltschutz beinhaltet eine große Zahl von Aufgaben. Wenn Sie in diesem Zusammenhang selbst zu entscheiden hätten, wie würden Sie die Wichtigkeit der einzelnen Aufgaben einstufen?" Vorgegeben war eine Antwortmöglichkeit nach 5 Wichtigkeitsstufen, von 4 bis 0. Aus der Auswertung der Antworten ergibt sich folgende Wichtigkeitsreihung mit den jeweils dazugehörigen durchschnittlichen Wichtigkeitsziffern:

Schutz des Trinkwassers	3,8
Schutz der Luft	3,6
Schutz der Oberflächengewässer	3,5
Schutz des Waldes	3,5
Schutz von Pflanzen und Tieren	3,3
Chemiefreie Landwirtschaft	3,2
Schutz von Bodenstrukturen	3,0
Schutz von Biotopen	3,0
Schutz vor Lärm in den Städten	2,9
Schutz vor Lärm in der Natur	2,9

Es kann daraus abgeleitet werden, daß alle die genannten Schutzbedürfnisse im Durchschnitt mit einer hohen Wichtigkeitsziffer eingestuft wurden. Trotzdem ergibt sich eine Spannbreite von einer ganzen Ziffer zwischen dem höchstwichtigen Trinkwasserschutz und dem als geringstwichtig eingestuften Lärmschutz. Der Schutz von Bodenstrukturen ebenso wie der Schutz von Biotopen liegt am unteren Ende dieser differenzierten Einstufung.

Tabelle 5 stellt die unmittelbar mit den instrumentellen Vorschlägen dieses Forschungsvorhabens verbundenen Antworten der *Politiker* zusammen. Landschaftsabgabe, Baulückensteuer, Umweltabgabe und Maßnahmen zum Schutz des Waldes erfahren zu 2/3 und mehr Zustimmung; der Vorschlag betreffend alternative Planung verfällt mehrheitlich der Ablehnung.

Tabelle 5: Politiker zum Bodenschutz

	Politiker
Landschaftsabgaben	77
Baulückensteuer	67
Mitwirkungsmöglichkeiten für "Alternativ-Planungen"	39
Beschränkung d. Waldrodung durch Ersatzaufforstung	90
allgemeine Umweltabgaben als Steuerungsinstrument	96
hierzu interfraktionlle Zusammenarbeit	82

POL 90

angegeben sind die Antworten mit "ja" in Prozent

171

Aus der Zusammenschau dieser Befragungsergebnisse lassen sich folgende Hinweise ableiten:

Am stärksten fällt der schon aufgezeigte Dissens zwischen den Antworten des Deutschen Industrie- und Handelstages zu sämtlichen anderen Antworten auf. Die inhaltlich durchgehend negative Bewertung aller Vorschläge macht deutlich, daß die Institution des Industrie- und Handelstages, damit also die Lobbyisten-Position für Wirtschaft und Industrie außerordentlich unbeweglich ist und alles, was mit neuen Politikansätzen in Verbindung steht, ablehnt. Bemerkenswert ist allerdings die unterschiedliche Beurteilung durch die einzelnen antwortenden Industrie- und Handelskammern einerseits und den DIHT andererseits. Denn die 13 antwortenden Kammern haben in 8 von 12 Fällen die Vorschläge überwiegend positiv beurteilt, davon in 4 Fällen weit überwiegend (10 und mehr Kammern von den gesamt 13); der DIHT hat dagegen alle Vorschläge negativ beurteilt. Diese Differenzierung innerhalb des Meinungsbildes in Wirtschaft und Industrie wird auch deutlich, wenn man Äußerungen von Unternehmern und maßgeblichen Wirtschafts-Managern zur Kenntnis nimmt, die einer umwelt-orientierten Politik und dem Einsatz neuer politischer Instrumente häufig wesentlich offener gegenüberstehen, als dies in den Positionen des DIHT zum Ausdruck gebracht wurde. Man kann also unterstellen, daß insbesondere die Kammerführung in Bonn und wohl auch die an diesem Ort konzentrierte Lobbyisten-Aktivität der Wirtschaft in ganz besonderer Weise restriktiv und negativ auf die Entwicklung einer umweltorientierten neuen Politik einwirkt und damit keineswegs die Meinung regionaler Wirtschaftsverbände oder Einzelunternehmer zum Ausdruck bringt. Diese aus den Befragungsaktionen gewonnene Erkenntnis ist deswegen so wichtig, weil sich in ihr spiegelbildlich die Situation wiederholt, die wir eingangs als für Naturschutzpositionen charakteristisch beschrieben haben: fehlende Kompromißbereitschaft, fehlende Beweglichkeit und kein abgestuftes Vorgehen mit dem Ziel einer Ausräumung von Konflikten. Der Unterschied zwischen Naturschutz-Positionen und Wirtschaftspositionen besteht allerdings darin, daß diese extreme Unbeweglichkeit bei den Naturschutzvertretern eine Reaktion auf Frust und "Nichternstgenommen werden" darstellt, während sie bei den Wirtschaftsvertretern als Reaktion auf bestehende und als unangreifbar eingeschätzte eigene Machtpositionen gedeutet werden kann.

Die Bedenklichkeit dieser vom DIHT eingenommenen Haltung, die zweifellos einen starken Einfluß auf die praktische Politik ausübt, wird besonders bewußt, wenn man ein Ergebnis der bundesweiten Meinungsumfrage des Instituts aus dem Jahre 1985 (U 85) in Erinnerung ruft, bei der im Zusammenhang mit vorher diskutierten Umweltfragen nach der gewünschten zukünftigen Politik gefragt wurde (s. Kap. 1). Angesichts eines solchen Meinungsbildes (75 % wünschen eine neue Politik!) ist fraglich, ob die politischen Parteien gut beraten sind, wenn sie auf Dauer an solchen Wünschen vorbeigehen; es ist noch fraglicher, ob die Wirtschaft gut beraten ist, wenn sie in ihren Lobbyisten-Positionen keinerlei Rücksicht auf die Wünsche breiter Bevölkerungskreise nimmt und all das blockiert, was in Zukunft zu besseren Problemlösungen und zu einem höheren gesellschaftspolitischen Konsens führen könnte.

Weiters fällt auf, daß die weit überwiegende Zustimmung aus den Regierungspräsidien nur in einem einzigen Fall von einer deutlich überwiegenden Ablehnung abgelöst wurde: 63 % aller Antworten haben sich gegen den Vorschlag "alternative Planungen" ausgesprochen. Daraus kann gefolgert werden, daß aus der Sicht der Beamten in den Regierungspräsidien alles sein kann, nur nicht ein In-Frage-Stellen der behördlichen Planungstätigkeit. Dieselbe Reaktion haben die Politiker gezeigt, die den Vorschlägen deutliche Zustimmung zuteil werden ließen, mit einer einzigen Ausnahme: bei dem Vorschlag "alternative Planung" gab es zu 61 % Ablehnung. Aus dieser Übereinstimmung von Beamten und Politikern kann geschlossen werden, daß das politische und administrative Establishment außerordentlich empfindlich ist, wenn die vielzitierte Bürgernähe und Bürgerbeteiligung zu einem tatsächlichen Mitentscheiden der Bürger in der Praxis führen soll. In einem solchen Fall wird die Bewahrung der uneingeschränkten Macht des Establishment wichtiger genommen als alle politischen Beteuerungen in bezug auf Bürgerbeteiligungen oder alle Bemühungen zur effektiven Lösung von Konflikten.

In dieselbe Richtung weist folgender Zusammenhang: Die vorgeschlagenen Maßnahmen zum verbesserten Schutz des Waldes in den besonders gefährdeten Regionen hat bei den Bürgermeistern die zweithöchste Zustimmung erfahren, und wurde auch von den Politikern mit 90 %iger Zustimmung in signifikanter Weise positiv beurteilt. Aus früheren, schon vor Jahren veröffentlichten Meinungsumfragen ist bekannt, daß auch die Bevölkerung diesem Vorschlag mit allergrößter Sympathie gegenübersteht. Der diesbezügliche Vorschlag wurde bereits 1980 als Ergebnis einer raumordnerischen Untersuchung erarbeitet und 1981 veröffentlicht[53]. Er wurde auch den zuständigen ministeriellen Stellen überreicht. Bewegt hat sich überhaupt nichts. Man sieht also, daß nicht einmal jene behördlichen Dienststellen, die für den Schutz des Waldes in erster Linie verantwortlich sind und sich dafür in aller Regel auch einsetzen, die Verwendung eines

----

53. NIESSLEIN E. (1981): Walderhaltung und forstliche Rahmenplanung. Forst- und Holzwirt, S. 73-81

neuen Instrumentariums ins Auge fassen. Es muß angenommen werden, daß auch hier das Beharrungsvermögen, das Mißtrauen gegenüber neuen Vorgehensweisen und die Scheu vor den Mühen einer politischen Durchsetzung größer sind als der offensichtlich zu erwartende Nutzen; und daß auch die schon seinerzeit - - in der erwähnten Veröffentlichung - dargestellte breite Zustimmung der Bevölkerung keine Änderung dieser retardierenden Position bewirkt.

Für eine detaillierte Beurteilung der gemachten Vorschläge sind in allererster Linie die Aussagen der Bürgermeister von Bedeutung, weil diese hinsichtlich der inhaltlichen Beurteilung von realistischen und praxisbezogenen Überlegungen geprägt sind und weil sie auch hinsichtlich der Beurteilung von Durchsetzungschancen aus einem nüchternen Naheverhältnis zur allgemeinen Politik heraus gegeben werden. Dazu kommt, daß sich das von den Bürgermeistern gezeichnete Meinungsbild - abgesehen von den Industrie- und Handelskammern und einigen wenigen, bereits zitierten Einzelpositionen - weitgehend auch mit dem deckt, was von den anderen Expertengruppen in Erfahrung gebracht wurde. Danach ergibt sich folgendes Gesamtbild:

Hohe inhaltliche Zustimmung und hohe Durchsetzungschancen werden zum Ausdruck gebracht bei den Vorschlägen

> verstärkte Durchführung von Raumordnungsverfahren
>
> Erstellung von Gefahrenzonenplänen
>
> verbesserter Rodungsschutz.

Hohe inhaltliche Zustimmung mit etwas geringerer, aber immer noch überwiegender Einräumung von Durchsetzungschancen beziehen sich auf die Vorschläge

> Normung eines UVP-Verfahrens
>
> Erleichterung von Neuaufforstungen
>
> verbesserte, auch kostenrelevante Charakterisierung von Biotopen.

Eine insgesamt immer noch positive, hinsichtlich der Durchsetzungschancen aber unschlüssige Einstufung erfahren die Vorschläge

> Einführung von Landschaftsbelastungs-Indikatoren
>
> pauschalierte Fördersummen für naturschutzbetonte Umstellung der Landwirtschaft je Gemeinde.

Eine positive inhaltliche Beurteilung bei gleichzeitiger negativer Einschätzung der Realisierungschancen ergibt sich für die Vorschläge

> Landschaftsabgabe
>
> alternative Planung
>
> Einführung von Freiraum-Indikatoren
>
> Baulückensteuer.

Diese Aufgliederung zeigt, wo naturschutzbezogene Politik beginnen könnte, mit Hilfe neuer politischer Instrumente verbesserte Problemlösungschancen zu vermitteln und Konfliktpotential abzubauen. Es wird daraus aber auch weiter deutlich, hinsichtlich welcher Vorschläge und damit verbundener Denkmuster, die alle eine überwiegend positive inhaltliche Einschätzung erfahren haben, noch zusätzliche politische Strategien eingesetzt werden müssen, um die politischen Realisierungschancen zu verbessern und sodann eine Umsetzung dieser Vorschläge in die Wege leiten zu können.

7.3 Ergebnisse nach Partei-Präferenzen

Die im vorhergegangenen Kapitel dargestellten Ergebnisse der Bevölkerungs-Umfrage spiegeln das Meinungsbild der Bevölkerung insgesamt wider und lassen sich in dieser Form mit den Ergebnissen der anderen Umfragen vergleichen. Die differenzierte Aufgliederung der Meinungsumfrage nach Parteipräferenzen hingegen bietet die Möglichkeit, die Durchsetzungschancen unter dem Gesichtspunkt der Wähler-Zustimmung nach den jeweiligen parteipolitischen Positionen gesondert zu beurteilen.

Wir haben zum Zwecke einer solchen Aufgliederung der Ergebnisse den befragten Personen die bekannte "Sonntagsfrage" gestellt: "Wenn am nächsten Sonntag Bundestagswahlen wären, welche Partei würden sie wählen?" Diese Frage wurde in 1040 Fragebogen beantwortet, und zwar mit folgender Aufgliederung in Prozent

CDU/CSU	32,2
SPD	31,5
FDP	8,6
Grüne	15,1
Republikaner	4,2
Sonstige	2,3
Nichtwähler	6,1

Diese Aufgliederung läßt erkennen, daß die Anhänger der Grünen deutlich überrepräsentiert sind, während die sonstigen Präferenzen die tatsächlichen Verhältnisse in Größenordnungen gut widerspiegeln. Eine nach tatsächlichen Wähleranteilen korrigierte Hochrechnung ist unterblieben, weil sie die Ergebnisse insgesamt nicht signifikant verändern würde. Durch die Aufschlüsselung der Ergebnisse nach Partei-Präferenzen können die politischen Gewichte der einzelnen Aussagen besser deutlich gemacht werden. Tabelle 6 stellt eine solche Differenzierung dar.

Bereits ein erster Blick auf diese Zahlenreihen zeigt, daß eine vielleicht erwartete starke Differenzierung zwischen den Anhängern der verschiedenen Parteien und damit eine Polarisierung von Standpunkten nicht stattfinden. Die insgesamt bei allen 6 Instrumenten signalisierte Zustimmung kehrt sich nirgendwo in eine Ablehnung um. Mehr oder weniger starke Abweichungen vom Durchschnittsergebnis bei den einzelnen Partei-Positionen sind in Kenntnis der jeweiligen Politik-Standorte gut nachzuvollziehen, führen aber zu keiner Änderung der insgesamt erhobenen Signale. Im Gegenteil: die hohen Zustimmungsraten von CDU- und FDP-Anhängern zur Baulückensteuer und zum Einsatz von "Alternativ-Planungen" sind beispielsweise ein ganz markanter Hinweis darauf, daß auch diese Parteien einen sehr erheblichen Bewegungsspielraum in Richtung einer "Neuen Politik" hätten. Besonders bemerkenswert ist die nahezu gleiche Einschätzung von Umweltabgaben aus allen Partei-Positionen heraus und die damit verbundene extrem hohe Zustimmung. Offensichtlich hat die breite Bevölkerung besser als alle Politiker und Beamten die große Bedeutung von Abgaben verstanden, mit denen umweltrelevante Lenkungseffekte erzielt werden könnten.

Die zweimalige Abfrage der Landschaftsabgabe zeigt, daß auch hier ein gleichartiges Verhalten bei den Anhängern aller Parteien festzustellen ist, nämlich ein Rückgang der Zustimmung, wenn an mögliche Verteuerungs-Folgen gedacht wird. Auch die Grünen machen diesen Rückgang in der Zustimmung mit, und zwar ziemlich genau in der Höhe des durchschnittlichen Wertes.

Für das Thema unserer Untersuchung ist auch die Frage nach der Auswirkung von Neuaufforstungen von Bedeutung. Eine Beeinträchtigung des Landschaftsbildes durch Neuaufforstungen wird von derselben 2/3- bis 3/4-Mehrheit der Bevölkerung verneint, die sich bei allen anderen Fragen positiv zu den vorgeschlagenen Instrumenten ausspricht. Lediglich die Grünen, ebenso wie die Nicht-Wähler, fallen hier aus dem Rahmen der ansonsten hohen Verneinungs-Quote. Dieser vom allgemeinen Meinungsbild abweichende Trend spiegelt sich in manchen Naturschutzpositionen wider, die in ihren extremen Aussagen offensichtlich nicht das Meinungsbild der Bevölkerung wiedergeben.

Tabelle 6: Instrumente nach Partei-Präferenzen

	CDU	SPD	FDP	GRÜNE	REP	Nicht-W.	Total
Landschaftsabgaben	68	75	80	82	68	67	73
Landschaftsabgabe, JA trotz Belastung der Lebenshaltungskosten	54	65	67	70	52	47	60
Baulückensteuer	74	82	77	71	68	69	67
Mitwirkungsmöglichkeiten durch "Alternativ-Planungen"	80	93	79	94	86	84	87
Beeinträchtigung des Landschaftsbildes durch Neuaufforstung	75	70	79	63	75	62	71
Allgemeine Umweltabgaben als Steuerungsinstrument	83	86	87	92	68	79	85

U 90

Angegeben sind die Antworten mit "JA" in %
bei Neuaufforsstungen mit "nein" und "selten"

92 % der Befragten, kaum differenziert nach Partei-Präferenzen, haben auf die Frage 12 im Fragebogen ("Ist für Sie persönlich eine bessere Umwelt ein Stück Wohlstandszuwachs?") mit JA geantwortet. Daraus läßt sich eine grundsätzliche Einstellung der Bevölkerung erkennen. Die Zustimmung modifiziert sich aber mehr oder weniger stark, wenn dieser Wohlstandszuwachs aus dem eigenen Konsumbudget finanziert werden soll. Der Rückgang an Zustimmung bei den zwei Fragen nach der Landschaftsabgabe hat dies bereits signalisiert.

177

Tabelle 7: Umweltbewußtes Ausgabeverhalten nach Partei-Präferenzen

	CDU	SPD	FDP	GRÜNE	REP	Nicht-W.	Total
Bevorzugung chemiefreier Lebensmittel	60	74	65	90	70	62	71
Verzicht auf Lohn- u. Gehaltserhöhung (Frage 12b)	49	55	58	76	36	48	55
Benzinpreis 1,- DM (Frage 12c)	40	51	55	71	43	39	50

U 90

Angegeben sind die Antworten mit "ja" in %

Dazu gibt Tabelle 7 nähere Einblicke. Die höheren Kosten für Nahrungsmittel, die von der Landwirtschaft chemiefrei hergestellt werden, führen zu sehr unterschiedlichen Reaktionen; die insgesamt hohe Bereitschaft zum Ankauf solcher Lebensmittel wird aber in keiner Position ins Gegenteil verkehrt. Ein 5-jähriger Verzicht auf Lohn- und Gehaltserhöhungen zugunsten des Umweltschutzes wird von etwa der Hälfte der Bevölkerung positiv gesehen, wobei die Differenzierungen auch hier gering sind; aus dem Rahmen fallen nur die Grünen mit 3/4-Zustimmung und die Republikaner mit bloß 36 % Zustimmung. Ähnlich stellt sich das Meinungsbild für eine massive Erhöhung der Benzinpreise dar.

Das Ergebnis dieser, auf ein voraussichtliches Verhalten abgestellten Analyse ist nicht überraschend. Politische Grundsatzpositionen und tatsächliches Verhalten stimmen auch in der Praxis nicht immer überein; positive Einstellung zum Umweltschutz ist keineswegs identisch mit der Bereitschaft, dafür Geld zu spendieren. Unter dieser Prämisse ist eher umgekehrt bemerkenswert, daß etwa die Hälfte der Bevölkerung - und zwar ziemlich gleichartig in allen parteipolitischen Positionen - Verständnis für Belastungen des eigenen Konsum-Budgets signalisiert. Das ist eine wichtige Ausgangsposition dafür, daß Politiker - wenn sie im Gegensatz zu ihrem bisherigen Verhalten das wollten - ihre Wähler sehr wohl davon überzeugen könnten, daß mehr Umweltschutz nur dann zu haben ist, wenn man diesen aus dem erarbeiteten Güter- und Leistungsvolumen heraus finanziert, was nur mit Abstrichen bei anderen Ausgabeposten möglich ist - und zwar sowohl in den öffentlichen als auch in den privaten Haushalten.

Es wurde auch gefragt, ob es die Wichtigkeit des Umweltschutzes und der damit zwangsläufig verbundenen wirtschaftspolitischen Maßnahmen rechtfertigen würde, daß über die Parteigrenzen hinweg langfristig eine gemeinsame Politik erarbeitet wird. Die 92 %-ige Zustimmung steht an der Spitze aller Zustimmungswerte. Diese Zustimmungsquote variiert zwischen den Partei-Präferenzen überhaupt nicht. Der heutigen gültigen politischen Praxis, gegensätzliche Profilierungsbemühungen, Machtkämpfe und taktische Vorgehensweisen höher zu bewerten als die Realisierung erfolgreicher Problemlösungsstrategien, wird damit eine Absage erteilt, und zwar mit einer überwältigenden Mehrheit und in gleicher Weise von allen Parteipositionen. Wahlergebnisse mit hohen Protestwähler-Anteilen sind deshalb nicht überaschend, sondern vorhersehbar.

Der gegenwärtig praktizierte Politik-Mechanismus wird offensichtlich von der Bevölkerung sehr gut durchschaut und nicht nur wegen seiner geringen Effizienz, sondern auch aus moralischer Sicht wenig geschätzt. Das lassen die Antworten auf die folgenden beiden Fragen erkennen:
"Haben Sie den Eindruck, das Handeln der Politiker wird mehr von parteipolitischem Machtstreben und weniger von staatsmännischer Verantwortung oder von moralischen Werten geprägt?"
"Glauben Sie, daß eine mangelnde Berücksichtigung moralischer Werte (wie z.B. Wahrhaftigkeit, Toleranz, Nächstenliebe) bei politischen Entscheidungsprozessen die Glaubwürdigkeit unserer demokratischen Ordnung gefährdet?"
Tabelle 8 zeigt die differenzierten Ergebnisse. Dabei wurden bei der ersten Frage die Antworten mit "ja" registriert, im Gegensatz zu nein und weiß nicht, bei der zweiten Frage die Antworten mit "ja, jetzt schon" und "ja, bei Fortdauer" im Gegensatz zum "kaum", "nein" und "weiß nicht".

Tabelle 8: Moralische Beurteilung der Politik nach Partei-Präferenzen

	CDU	SPD	FDP	GRÜNE	REP	Nicht-W.	Total
Machtstreben vorrangig	75	90	87	95	95	87	86
Gefährdung der Glaubwürdigkeit	82	86	78	92	95	81	85

U 90

Diese geradezu alarmierenden Zahlen weisen nicht nur auf die Notwendigkeit einer neuen Politik hin, und zwar einer neuen Politik sowohl hinsichtlich ihrer Inhalte als auch ihres Stils. Sie geben auch eine Begründung für Politikverdrossenheit, Bürgerwiderstand und Verfall der staatlichen Autorität. Daß die Einschätzungen in annähernd gleicher Weise quer durch alle Parteien-Standorte gehen, beeindruckt besonders und ist symptomatisch für das Fehlen von politischen Kräften, die Überzeugungskraft und Glaubwürdigkeit ausstrahlen. Wer angesichts dieser Umfrageergebnisse nicht erkennt, daß Politik strategisch neu durchdacht werden muß, daß der in der Gesellschaft sich vollziehende Wertewandel zusammen mit den zunehmenden Verfestigungen parteipolitischer Grabenstellungen deutlich abgrenzbare Alternativen zu den bisherigen Politik-Entwicklungen verlangt - der mag zwar ein parteipolitischer Routinier sein, staatsmännische Einsichten sind ihm aber fremd oder aus Mangel einer ausreichenden Beschäftigung damit nicht zugänglich.

Ein besonders interessanter und aussagekräftiger Einblick in das Meinungsbild der Bevölkerung, das zu dieser Frage hier unter einem zuerst insgesamt und dann getrennt nach Parteipräferenzen behandelt wird, ergibt sich im Zusammenhang mit Fragen, deren Antworten zu einer "Wichtigkeitsreihung" von politischen Anliegen führen. Diese Einschätzung wurde schon mehrmals bundesweit abgefragt, so daß wir jetzt die Ergebnisse aus 1980, 1985 und 1990 gegenüberstellen können. Daneben wurde 1982 auch eine gleichartige Umfrage in ausgewählten, vor allem städtisch strukturierten Regionen in Österreich durchgeführt, die ebenfalls zu einem Vergleich herangezogen werden kann. Die Ergebnisse der 3 Umfragen bei der deutschen Bevölkerung (auch 1990 nur Gebiet der alten Bundesrepublik) werden in Tabelle 9 vorgestellt. Die weitreichende Übereinstimmung über lange Zeiträume und über Ländergrenzen hinweg[54] ist geradezu faszinie-

----
54. die in Österreich durchgeführte Umfrage brachte exakt dieselbe Reihung und ganz ähnliche Einzelwerte wie die U 80 in Deutschland

rend. Im ersten Jahrfünft hat sich überhaupt keine nennenswerte Veränderung ergeben. Die letzte Umfrage wird gekennzeichnet durch ein Zurückfallen des Arbeitsplatz-Aspektes vom 2. auf den 4. Platz und durch das deutliche Vorrücken des Landschafts- und Naturschutzes. An der grundsätzlichen, schon 1980 vorgenommenen Interpretation[55] ändert sich dadurch aber nichts.

Tabelle 9: Wichtigkeitsreihung

Frage: *Wenn Sie selbst eine politische Entscheidung treffen müßten, wie wichtig wären für Sie dabei die folgenden Zielvorstellungen?*

(4 = *besonders wichtig* bis 0 = *überhaupt nicht wichtig*; Reihung nach Wichtigkeit)

Mittelwerte aus allen Antworten für die Jahre	1980	1985	1990
Rücksichtnahme auf Gesundheit und Umwelt	3,74	3,66	3,85
Sicherheit der Arbeitsplätze	3,65	3,63	3,41
Künftige Rohstoff- und Energieentwicklung	3,51	3,44	3,49
Landschafts- und Naturschutz	3,40	3,57	3,69
Menschliche Bedürfnisse im täglichen Leben	3,38	3,30	3,36
Konkurrenzfähigkeit der Wirtschaft	3,22	3,14	3,01
Familienförderung	3,02	2,93	3,00
Bessere Bildungsmöglichkeiten	2,97	2,83	3,00
Hoher Lebensstandard	2,22	2,14	2,29
Vermehrte Freizeit	2,10	1,88	1,91
Steigende Einkommen zur Kaufkraftvergrößerung	2,01	2,08	1,95

Gesundheit und Umweltschutz besitzen in den Augen der Bevölkerung einen ganz hohen politischen Stellenwert und besetzen damit eine Spitzenposition. Wirtschaftliche Existenzfragen werden von der Bevölkerung ähnlich wichtig eingestuft. Fazit: es kann also keine erfolgreiche Politik nur für Umweltschutz oder nur für Wirtschaftsentwicklung geben, es muß vielmehr alles unternommen werden, um eine sinnvolle Koexistenz dieser beiden Lebensbereiche zu ermöglichen.

Gleich wichtig ist aber die folgende Feststellung: die Anliegen "steigende Einkommen zur Vergrößerung der Kaufkraft", "hoher Lebensstandard" und "vermehrte Freizeit" stellen zusammen das Schlußlicht dieser Wichtigkeitsrei-

----
55. NIESSLEIN E.(1981): Humane Marktwirtschaft, Freiburg

hung dar und zwar mit einem markanten Abstand zu allen davor stehenden Zielen. Daraus wird deutlich, daß Politik zwar die Grundlagen einer gesunden Wirtschaftsentwicklung sicherstellen muß, die auch engstens mit der wirtschaftlichen Existenzsicherung jedes Einzelnen verbunden sind, daß sie im Gegensatz dazu aber einen erheblichen Handlungsspielraum hat, wenn es um eine notwendige und entsprechend begründete Belastung des einzelnen Bürgers geht, der dann auf Teile des Zuwachses an Lebensstandard und Einkommen verzichten oder zusätzliche Freizeit nur in geringem Umfang erwarten kann.

Wenn man diese Wichtigkeitsreihung, wie sie von der Bevölkerung mit so großer Stabilität zum Ausdruck gebracht wird, in praktische Politik ummünzt, dann bedeutet dies: nicht permanentes Gerede über den Gegensatz von Ökonomie und Ökologie, sondern intensives Bemühen um eine Synchronisierung von Wirtschaftsausbau und Umweltschutz, dabei auch eine intensive Einbindung marktwirtschaftlicher Instrumente mit umweltschutzrelevanten Lenkungseffekten; nicht ständiges Ankurbeln der Wohlstandsspirale, Verstärkung von Neidkomplexen und Totschweigen des Lebensstandards-Vorsprunges in Deutschland gegenüber den meisten Ländern dieser Welt, sondern kontinuierlicher Hinweis auf die Tatsache, daß mehr Umweltschutz und Lebensqualität Geld kosten, welches nur von der Summe aller Bürger, durch Abstriche bei ihren bisherigen sonstigen Ausgaben, aufgebracht werden kann.

Die Aufgliederung nach Parteipräferenzen gibt den Ergebnissen noch mehr politisches Gewicht. Als erstes fällt auf, daß die Reihung von allen Partei-Positionen sehr ähnlich vorgenommen wurde. Die Spitzenreiter Gesundheit und Landschaftsschutz sind auf diesen Plätzen unangefochten. Sicherheit der Arbeitsplätze wird von der CDU, den Republikanern und den Nicht-Wählern auf Platz 3 vorgezogen. Die Grünen hingegen stufen die Rücksichtnahme auf menschliche Bedürfnisse im täglichen Leben sowie verbesserte Bildungsmöglichkeiten höher ein als die Sicherheit von Arbeitsplätzen; die Leistungs- und Konkurrenzfähigkeit der Wirtschaft wird demgegenüber zurückgestuft und rangiert nach einer vermehrten Freizeit. Auch die Familienförderung wird bei den Grünen deutlich geringer bewertet. Die drei Schlußlichter der Tabelle (Lebensstandard, steigende Einkommen, vermehrte Freizeit) halten diese Position bei allen Parteien, zumeist auch mit großem Abstand zu den höher gereihten Anliegen, mit der einzigen bereits erwähnten Ausnahme des Wunsches nach vermehrter Freizeit bei den Grünen. Bemerkenswert ist die mehrfach ähnliche Einschätzung von CDU und SPD, sowohl bei den hohen Werten (Gesundheit und Umweltschutz, Sicher-

heit der Arbeitsplätze) als auch bei den niederen (steigende Einkommen). Eine
fast durchgehende Ähnlichkeit ergibt sich in der Einstellung von CDU-Wählern
und REP-Wählern.

Tabelle 10: Wichtigkeitsreihung 1990 nach Parteipräferenzen

	CDU	SPD	FDP	GRÜNE	REP	Nicht-W.	Total
Gesundheit	3,79	3,88	3,80	3,91	3,86	3,90	3,85
Landschafts-schutz	3,57	3,76	3,56	3,82	3,51	3,65	3,67
Sicherung Roh-stoff u. Energie	3,43	3,57	3,50	3,56	3,16	3,45	3,49
Sicherheit Arbeitsplätze	3,47	3,45	3,38	3,11	3,46	3,48	3,40
Menschliche Bedürfnisse	3,24	3,46	3,21	3,52	3,23	3,46	3,35
Leistungs-fähigkeit	3,31	2,97	3,19	2,30	3,49	2,87	3,00
Familien-förderung	3,15	2,94	2,97	2,77	3,00	2,88	2,99
Bildung	2,87	3,06	2,84	3,21	2,78	2,88	2,98
Lebensstandard	2,48	2,31	2,34	1,78	2,53	2,26	2,29
Steigende Einkommen	2,10	2,03	1,83	1,37	2,44	2,02	1,95
Mehr Freizeit	1,60	2,10	1,52	2,40	1,57	2,15	1,91

U 90

Die bereits bei der Insgesamt-Auswertung gegebenen Hinweise auf Politik-erfordernisse und Politikmöglichkeiten werden durch die Aufgliederung nach Partei-Präferenzen noch zusätzlich unterstrichen. Denn die vorgestellte Wichtig-keitsreihung ist offensichtlich ein Anliegen aller Bürger dieses Landes und wird nicht durch stark unterschiedliche Einstellungen bei den einzelnen Wählergrup-pen neutralisiert. Dieser Sachverhalt weist aber neuerlich darauf hin, daß es nicht so schwer wäre, jene Politik, eine Neue Politik zu verwirklichen, die den Wün-schen der weit überwiegenden Mehrheit der Bevölkerung entspricht. Es müßten bloß die Gemeinsamkeiten aktiviert und die bereits mehrfach besprochenen machtpolitischen Gegensätze reduziert werden.

8 Konfliktminimierungsstrategie

8.1 Problemlösungen

Die klare Definition von Zielen und in Verbindung damit die Gewichtung dieser Ziele sowohl untereinander als auch gegenüber andersartigen Zielen, die im gesellschaftspolitischen Abwägungsprozeß entgegenstehen, ist eine Voraussetzung für rationale Politik und der erste Schritt jeglicher Konfliktminimierungsstrategie. Nur dann, wenn Ziele verständlich ausformuliert sind, kann sachlich und emotionslos die Suche nach solchen Wegen aufgenommen werden, auf denen eine Übereinstimmung mit anderen Zielen denkbar ist oder auf denen die wechselseitige Beeinträchtigung möglichst gering gehalten werden kann.

Aufbauend auf den bisherigen Überlegungen soll in diesem Kapitel der Versuch unternommen werden, ansatzweise eine solche Definition und Gewichtung vorzunehmen. Dabei werden die Ausführungen des Kapitels 3, in dem die Naturschutzziele ausführlich diskutiert worden sind, zugrundegelegt und weiterentwickelt. Gleichzeitig werden aber die mit Zielen verbundenen grundsätzlichen Betrachtungsweisen unter Benutzung der Modell-Analysen des Kapitels 5 sowie des Durchsetzbarkeits-Tests (Kapitel 7) spezifiziert und operationalisiert, um auf diese Weise die Brücke zu sachlich fundierten Problemlösungs-Möglichkeiten zu schlagen.

Eingangs muß generell postuliert werden:

a) Naturschutz ist ein für Lebensqualität und Überleben so wichtiger Bereich, daß er mit aller Ernsthaftigkeit in die entsprechenden gesellschaftspolitischen Abwägungsprozesse eingehen muß. Eine solche Haltung setzt aber auch voraus, daß Politik und Gesetzgebung von vorneherein die Finanzierungserfordernisse berücksichtigen, die bei einer Realisierung von Naturschutzzielen auftreten bzw. diese Realisierung erleichtern.

b) Naturschutzziele können im gesellschaftlichen Abwägungsprozeß nicht a priori als vorrangig eingestuft werden, sondern sind in jedem einzelnen Fall je nach Situation zu gewichten. Das bedeutet aber auch, daß der Naturschutz sich über die unterschiedliche Priorität seiner Ziele im klaren sein muß und Kompromißlosigkeit nur dort signalisieren kann, wo es sich um die allerhöchsten Prioritäten handelt. Andererseits muß der Naturschutz akzeptieren, daß Ziele, mögen sie aus seiner Sicht noch so gewichtig sein, im gesellschaftlichen Abwägungsprozeß als weniger wichtig oder nachrangig eingestuft werden.

c) Konflikte im Zusammenhang mit Naturschutzzielen sollen nicht allein in der Absicht behandelt werden, über ein anstehendes Vorhaben mit ja oder nein zu entscheiden. Es ist vielmehr in jedem einzelnen Fall nach Alternativen zu suchen und mit Hilfe von raumordnerischen und landschaftspflegerischen Fähigkeiten eine Lösung anzustreben, die zwar Abstriche auf beiden Seiten erfordert, dennoch von beiden Seiten akzeptiert werden kann. In einem solchen Such- und Konstruktionsprozeß ist der Naturschutz von Anfang an einzubinden, was andererseits erfordert, daß der Naturschutz die Legitimität andersartiger gesellschaftlicher Zielsetzungen akzeptiert und sich auch seinerseits um eine solche Konsensfindung bemüht.

Als Orientierungslinie zur Verwirklichung von Naturschutzzielen im gesellschaftspolitischen Konfliktbereinigungsprozeß wird vorgeschlagen:

1.

Beeinträchtigungen der Natur durch Stoffeinträge, also die direkte und indirekte Nutzung des Naturraums als Abfalldeponie, wurden hier wegen der begrenzten Reichweite der Forschungsmöglichkeiten am Institut nicht detailliert behandelt. Trotzdem kann festgestellt werden, daß in diesen Fällen der Berücksichtigung des Naturschutzes allerhöchste Priorität zukommt. Denn noch schlimmer als die Zerstörung von naturnahen Strukturen, die sich in der weiteren Folge als ein Ausklammern dieser Flächen aus dem naturnahen Lebensraum darstellen, ist die Nutzung von Naturräumen als Vehikel für den Transport giftiger Substanzen, die also über den Raum hinaus im Trinkwasser oder in Lebensmitteln aufscheinen bzw. auf sonstige Weise das menschliche Umfeld beeinträchtigen. Dazu kommt, daß naturbelastende Formen der Abfalldeponie überhaupt keine Notwendigkeit der Industriegesellschaft darstellen, sondern lediglich aus Bequemlichkeit, Gedankenlosigkeit, Verantwortungslosigkeit oder mangelnder Bereitschaft zum Zahlen zustande kommen.

2.

Nächsthöchste Priorität innerhalb der Naturschutzziele besitzt die Erhaltung naturnaher Flächen, damit also die Vermeidung einer Umwandlung solcher Flächen in eine naturferne Nutzung. Denn es ist immer wesentlich nachteiliger, wenn naturnahe Strukturen vollständig zerstört werden als wenn sie bloß verändert, bestimmter, möglicherweise seltener Exemplare verlustig gehen oder sonstwie in ihrer ökologischen Funktionsfähigkeit herabgesetzt werden.

Die Realisierung dieser Zielsetzung kann auf verschiedene Weise erreicht werden. Verwiesen wird auf die Vorschläge zur Verbesserung der Sachverhaltsbewertung durch Erarbeitung entsprechender Indikatoren über die Belastung des Freiraumes (Kap. 5.1.1). Das Vorhandensein diesbezüglicher "Eckwerte" könnte nicht nur das Gewicht von Schutzpositionen unterstreichen, sondern auch räumlich sinnvolle Lösungsmöglichkeiten dort anzeigen, wo Landschaftsbelastung aus gesellschaftlicher Sicht unvermeidbar ist, jedoch möglichst schonend umgesetzt werden soll. In dieselbe Richtung zielen die Vorschläge betreffend Umweltverträglichkeitsprüfung (Kap. 5.1.2), die eine konsequente Anwendung sowie zur Erhöhung der politischen Effektivität eine verfahrenstechnische Normierung vorsehen. Konkrete Handlungsanweisungen zur Verwirklichung des vorgegebenen Zieles ergäben sich bei Realisierung der Vorschläge betreffend Gefahrenzonenpläne (Kap. 5.2.1) und von raumordnerischen Fachplänen zum Schutz des Waldes vor Rodung (Kap. 5.3.3.). Schließlich könnte mit der Einführung einer Landschaftsabgabe, wie sie in Kap.5.1.4 beschrieben ist, ein wirkungsvolles Lenkungsinstrument eingesetzt werden, bei dem Kostengesichtspunkte automatisch zu einer planerischen Berücksichtigung von Umwelt- und Naturschutz-Zielen führen.

3.

Die hohe Priorität der Erhaltung naturnaher Flächen wird in der Praxis dadurch konterkariert, daß ihr der gesellschaftliche Bedarf nach Bauflächen gegenübersteht, der entweder der Wohnraumschaffung oder der Realisierung wirtschaftlicher Entwicklungsziele dient. Beides ist in der Wichtigkeitsskala gesellschaftspolitischer Ziele ebenfalls hochrangig angesiedelt. Konfliktminimierung sollte in diesen Fällen darauf bedacht sein, auf einen sparsamen Verbrauch von Grund und Boden zu drängen, die Möglichkeiten der Grünraumgestaltung innerhalb des Bauareals zu optimieren und allenfalls Standortalternativen ins Gespräch zu bringen, wenn diese aus der Sicht des Naturschutzes den Naturraum weniger beeinträchtigen. Dieselbe Einschätzung gilt natürlich auch für alle ergänzenden Flächeninanspruchnahmen, die mit solchen Bauvorhaben in unmittelbarem Zusammenhang stehen oder sinnvollerweise in unmittelbarer Nähe von Siedlungen angelegt werden müssen.

Weiter ist zu bedenken: Bauland kann entweder innerhalb eines geschlossenen Siedlungsgebietes, durch Neuausweisung am Rand solcher Siedlungsgebiete oder im Außenbereich bereitgestellt werden. Es ist grundsätzlich richtig, vor der Neuausweisung von Bauland bauliche Freiräume innerhalb eines schon besiedelten Raumes zu nutzen oder die dortige Nutzung zu verdichten. Dabei darf allerdings nicht der entgegenstehende Aspekt übersehen werden, daß Wohnen in besonderer Weise die menschliche Lebensqualität prägt und daß deshalb nichtverbaute Grünflächen innerhalb des Siedlungsbereiches auch unter dem Aspekt höherer, damit zusammenhängender Lebensqualität bewertet werden müssen. Ebenso ist es grundsätzlich richtig, Bauland immer in Verbindung mit bereits bestehenden Siedlungskernen auszuweisen und eine Zersiedelung der freien Landschaft zu vermeiden. Die dort vorhandenen noch weitgehend naturnahen Landschaftsstrukturen sollten vorrangig geschont und nicht durch weitere Aufsplitterung ihrer flächenhaften Funktionen beraubt werden. Auch hier ist jedoch die gegenteilige Position zu beachten, daß insbesondere in historisch gewachsenen Streusiedlungsgebieten die geringfügige Vergrößerung bestehender Streusiedlungen, wenn diese aus speziellen und persönlichen Gründen sinnvoll erscheint und wenn sich die damit verbundene Beeinträchtigung des Naturraums in Grenzen hält, i.d.R. gesellschaftspolitisch Vorrang besitzt.

Ein sinvolles Mittel zur Berücsichtigung des Naturraumes bei der Ausweisung von Baugebieten ist die Baulückensteuer als marktwirtschaftliches Lenkungsinstrument mit raumordnerischer Zielsetzung, wie sie in Kap. 5.2.2 konzipiert wurde. Auch die im selben Kapitel vorgeschlagene Novellierung des Baugesetzbuches zwecks realistischer Behandlung von Bauvorhaben im Außenbereich dient der Konfliktminimierung, weil sie falsch verstandene Naturschutz-Ziele relativieren und geradezu existentielle Probleme der ortsansässigen Bevölkerung in schwach entwickelten ländlichen Räumen lösen helfen könnte.

Jedenfalls muß Bauen, insbesondere für Wohnen und Arbeiten, wenn es keine überzogenen Dimensionen erkennen läßt und keine, die Naturschutz-Anliegen besser berücksichtigende Standortsalternativen diskutiert werden können, als eines der wichtigsten Grundbedürfnisse des Menschen ohne Einengung wegen unerwünschten Flächenverbrauches jederzeit möglich sein.

4.

Zerstörung naturnaher Flächenstrukturen geschieht auch zugunsten von Verkehrsanlagen. Hier stellt sich die Abwägung zwischen dem diesbezüglichen Naturschutzanliegen und dem entgegenstehenden Verkehrsprojekt anders dar als bei den eben behandelten Bauvorhaben. Denn im Gegensatz zu diesen ist der Ausbau von Verkehrseinrichtungen in den zurückliegenden Jahrzehnten sehr großzügig vorgenommen worden und hat einen Standard erreicht, der eine Fortsetzung der Ausbaumaßnahmen nur mehr in Einzelfällen rechtfertigt. Auch zählt die Befriedigung der Verkehrsbedürfnisse, insbesondere beim Individualverkehr, nicht in derselben Schärfe zu den Grundbedarfen des Lebens, wie dies beim Wohnen und Arbeiten der Fall ist. Naturschutzpositionen werden in diesem Zusammenhang deshalb nicht nur auf sparsamen Flächenverbrauch und Heranziehung geeigneter Alternativstandorte abzielen, sondern auch das Vorhaben als solches auf seine unbedingte Notwendigkeit hin zu prüfen haben. Dabei muß allerdings auch der Naturschutz akzeptieren, daß in speziellen Fällen die für die Verbesserung der Verkehrssituation sprechenden Argumente hohen, den Naturschutz allenfalls überwiegenden Stellenwert besitzen, so z.B. wenn es um die Sanierung unfallgefährdeter Strecken, um die Beseitigung von Lärmbelastungen durch Umfahrungsstraßen oder um die Deckung von Restbedarfen geht, die auch heute noch im Verkehrsnetz unseres Landes auszumachen sind. Zu den Naturschutzzielen muß in diesem Zusammenhang aber auch zählen, daß neugeschaffene Umfahrungsstraßen konsequent von Bebauung freigehalten werden, weil anders die nächste Flächeninanspruchnahme für eine weitere Umfahrungsstraße bereits vorhersehbar ist.

Verkehr findet aber nicht nur auf Straßen, sondern auch auf Schienen, in der Luft und auf dem Wasser statt. Nicht nur wegen der geringen Zahl von Flugplätzen, sondern auch wegen der zumeist schon vorhandenen örtlichen Fixierung ist Flächenbedarf im Zusammenhang mit dem Flugplatzbau bzw. -ausbau aus Naturschutzsicht kaum in Frage zu stellen; der Verlust von naturnahen Flächen wird in diesem Zusammenhang nicht zu verhindern sein, weil gesellschaftspolitische Ziele anderer Art in hochrangiger und auf die Örtlichkeit konzentrierter Form berücksichtigt werden müssen. Dasselbe gilt für die Errichtung von Eisenbahntrassen, allerdings mit der Einschränkung, daß in diesen Fällen Trassenvarianten in das Entscheidungskalkül einzubeziehen sind, wenn dies zu einer Berücksichtigung von Naturschutzanliegen führen kann.

In diesem Zusammenhang ist darauf hinzuweisen, daß jeder konkrete Konfliktfall zwischen Naturschutz und Verkehr mitbeeinflußt wird von der übergeordneten Verkehrs-Konzeption und den dort akzeptierten (oder nicht akzeptierten) Umweltschutz-Forderungen. Ähnliches gilt beim Bau von Hochspannungsleitungen für die übergeordnete Energiepolitik. JARASS/NIESSLEIN/OBERMAIR haben diesen Zusammenhang ausführlich dargestellt[56]. Daraus ergibt sich, daß der schrille Dissens, der bei der Planung und Durchführung beinahe jeder größeren verkehrsbedingten Baumaßnahme aufbricht, genährt wird vom Fehlen einer übergeordneten Konzeption zur Begrenzung der ausufernden Verkehrsbelastung in den Städten ebenso wie auf den Fernstraßen bzw. vom Fehlen einer auch nur partiellen diesbezüglichen gesellschaftlichen Übereinstimmung. Rationale Politik muß also davon wegkommen, daß man bei jeder, auch noch so notwendigen Neutrassierung einer Straße heftig streitet, und zwar nicht über diese Trasse, sondern über die falschen Weichenstellungen in der Verkehrspolitik, über Ungleichgewichte zwischen Bahn und Straße, über fehlende Anreize für das Umsteigen auf öffentliche Verkehrsmittel u.dgl. Diese Fragen bedürfen einer grundsätzlichen Klärung, wobei die an sich gegensätzlich lautenden und dennoch richtigen Befunde ernsthaft zu würdigen sind, daß nämlich einerseits der Individualverkehr ein integrales Stück unseres Wohlstandes ebenso wie unserer Wirt-

----
56. JARASS L.,NIESSLEIN E.,OBERMAIR G. (1989): (siehe Fußnote S. 80)

schaftsdynamik ist, worauf kaum jemand verzichten will; daß andererseits - mit jeweils unterschiedlichen Wirkungsmechanismen - der Verkehrsinfarkt sowohl in den Städten als auch auf den, nicht zuletzt durch den Güterverkehr immer mehr verstopften Überlandstrecken/Autobahnen vorprogrammiert ist.

Die notwendigen Konsequenzen aus diesen beiden Feststellungen zu synchronisieren, daraus ein zukunftsweisendes Verkehrskonzept zu entwickeln und dafür um einen breiten gesellschaftlichen Konsens zu werben, ist zweifellos eine der wichtigsten, zugleich auch schwierigsten Aufgaben im Spannungsfeld zwischen Naturschutz und Industriegesellschaft, wohl auch im Konfliktraum zwischen Lebensqualität und Wirtschaftswachstum. Es würde den Rahmen dieser Überlegungen sprengen, darauf näher einzugehen. Auf dem hier behandelten Arbeitsfeld ist aber mit dem Vorschlag, alternative Planungen zu ermöglichen (Kap.5.1.3), ein wichtiges Instrument ins Gespräch gebracht worden, das nicht nur einer sachlichen Optimierung bei der Verkehrsplanung, sondern auch der gesellschaftlichen Konsensfindung dienen würde.

5.

Naturschutz, der im Vordergrund nicht den Flächenverbrauch, sondern die besondere ökologische Qualität eines Standortes sieht, wird insbesondere vom Biotopschutz geprägt. Es wurde bereits auf die ungenügende gesetzliche Regelung der Biotopschutz-Inhalte hingewiesen. Wenn die Konflikte um den Biotopschutz in Grenzen gehalten und wirkungsvolle Sicherungsmaßnahmen für schutzwürdige Biotope erreicht werden sollen, ist vor allem bei den nur kartierten und im Gesetz nicht besonders geschützten Biotopen eine Überprüfung der in den Biotopblättern aufgeführten Wertigkeit vorzunehmen. Dabei wird es im Sinne einer Prioritätensetzung notwendig sein, die Feststellung der Schutzwürdigkeit nicht nur am generellen Kriterium der Seltenheit (Vorkommen von Rote-Liste-Arten) zu orientieren, sondern auch die spezielle regionale Situation zu berücksichtigen, weil es durchaus zu Häufungen bestimmter Biotope kommen kann, die dann auch unter Schutzgesichtspunkten einen gewissen Handlungsspielraum eröffnen. Ein weiteres Wertigkeits-Kriterium sollte davon bestimmt werden, ob die seltenen Arten tatsächlich zum Flora- oder Fauna-Bestand des betreffenden Raumes gehören, oder in ganz anderen standörtlichen Verhältnissen heimisch sind. Schließlich ist die ausreichende Schaffung von Finanzierungsmöglichkeiten für Schutzmaßnahmen und Eigentümer-Entschädigungen eine Voraussetzung dafür, daß Biotopschutz in der Praxis überhaupt wirksam werden kann.

Bei der Abwägung der Schutzwürdigkeit von Biotopen mit der Wichtigkeit beabsichtigter Vorhaben wird die Frage eine Rolle spielen müssen, ob ein solches Vorhaben standortspezifisch ist, d.h. nur an dieser Stelle verwirklicht werden kann. Wenn nicht, wird die Position des Biotopschutzes in einem solchen Abwägungsprozeß gestärkt sein. Wenn ja, sollte - soferne dem Vorhaben keine anderweitigen Bedenken entgegenstehen - seine Verwirklichung ins Auge gefaßt und die Möglichkeit von Ausgleichsmaßnahmen geprüft werden. Dazu sieht § 24a Abs. 4 des novellierten baden-württembergischen Naturschutzgesetzes beispielsweise vor, daß die Höhere Naturschutzbehörde Ausnahmen von den im Interesse des Biotopschutzes statuierten Verboten zulassen kann, wenn "durch Ausgleichsmaßnahmen ein gleichartiger Biotop geschaffen wird". Mit Hilfe einer solchen Bestimmung könnte in sehr vielen Fällen - dann nämlich, wenn es von den ökologischen Gegebenheiten her möglich ist - eine besonders effiziente Konfliktminimierungsstrategie betrieben werden. Notwendig für die Verwirklichung solcher Ausgleichsmaßnahmen sind Geld und Fläche. Die Bereitstellung von Finanzierungsmitteln durch die potentiellen Nutzer muß diesen zugemutet werden können, weil die Nutzung von Natur und Landschaft eben nicht mehr zum Null-Tarif zu haben ist. Auch die Verfügbarkeit von Flächen kann in der Regel unterstellt werden, weil die agrarpolitischen Bemühungen um Flächenstillegung und Produktionsverringerung dafür sehr gute Voraussetzungen schaffen.

Detaillierte Vorschläge zur Instrumentalisierung eines solchen Vorgehens wurden in Kapitel 5.3.2 gemacht. Auf sie wird verwiesen.

6.

Wenn man Maßnahmen des Naturschutzes ins Auge faßt, die zu qualitativen Aufwertungen führen sollen, so muß unterschieden werden zwischen

a) der Verbesserung einer Situation, die bisher Beeinträchtigungen des Naturraums zur Folge hat (z.B. Erosionsgefahr auf Ackerböden, Eintrag von unerwünschten Chemikalien in den Boden und in das Grundwasser als Folge einer intensiven Landbewirtschaftung, Überdüngung mit Gülle bei gleichzeitiger Grundwasserbeeinträchtigung);

b) der Veränderung eines bestehenden, an sich naturnahen und insoweit befriedigenden Zustandes durch Weiterentwicklung der Pflanzen- und Tiergesellschaft in Richtung eines am Standort möglichen Klimaxstadiums. Dazu gehört auch das Verlangen des Naturschutzes, Veränderungen in der Baumartenzusammensetzung nur in eine bestimmte Richtung, nicht aber durch die Neuhereinnahme bisher nicht vorhandener Baumarten, etwa auch ausländischer Baumarten, durchzuführen.

Verbesserungen des Naturhaushaltes nach a) sollten in einem möglichst weitreichenden Umfang angestrebt werden, allerdings nicht auf Kosten der Grundeigentümer, die in der gegenwärtigen landwirtschaftlichen Nutzung nicht nur eine rechtlich gefestigte betriebliche Position erblicken, sondern denen diese Art der Landnutzung mit Hilfe umfangreicher staatlicher Beratungsmaßnahmen durch Jahrzehnte hindurch eingeredet worden ist. Konfliktminimierungsstrategie ist in diesem Fall also die ausreichende Bereitstellung von finanziellen Mitteln, die Änderungen in der Landbewirtschaftung ermöglichen, ohne daß damit das Einkommen der betroffenen Grundeigentümer geschmälert wird. Hiezu wurden in Kapitel 5.3.1 organisatorische Vorschläge mit dem Ziel gemacht, innerhalb der Gemeinde die Zusammenarbeit zwischen Landwirtschaft und Naturschutz zu intensivieren, weil gerade dadurch naturschutz-optimale Ergebnisse bei der Extensivierung landwirtschaftlicher Flächen erreicht und die Umsetzung mit Hilfe örtlicher bzw. kleinregionaler Dynamik beschleunigt werden könnten.

Verbessernde Maßnahmen im Sinne von b) stehen in der Prioritätenliste von Naturschutzzielen zweifellos am unteren Ende. Angesichts drängender Umwelt- und Naturschutzprobleme, die alle mehr oder weniger auch die öffentlichen Haushalte belasten, sollten solche Maßnahmen nicht in einem Ausmaß in Angriff genommen werden, das über die Anlage von Beispielsflächen und die Schaffung von naturräumlichen Reservaten hinausgeht, sofern damit finanzielle Einbußen oder eine erkennbare Verringerung von Ertragserwartungen verbunden sind. Zielsetzungen dieser Art beziehen sich in erster Linie auf die Forstwirtschaft. Hier hat der Staat aber die Möglichkeit, durch entsprechende waldbauliche Vorgaben im eigenen Betrieb dem angesprochenen Naturschutzziel in einem Ausmaß zu entsprechen, wie es dem damit verbundenen gesellschaftlichen Interesse adäquat erscheint, ohne daß damit gesellschaftspolitisch relevante Konflikte entstehen. Diesbezügliche detaillierte Hinweise sind im Kapitel 4 nachzulesen; auch die Vorschläge betreffend einer toleranten Einstellung zu Neuaufforstungen (Kap. 5.3.3) sind in diesem Zusammenhang von Belang.

7.

Einen Konflikt besonderer Art gilt es dort aufzulösen, wo Naturschutzziele mit Zielen der Freizeitgestaltung und Erholung im Widerstreit stehen. Bereits § 1 des Bundesnaturschutzgesetzes definiert den Naturschutz so, daß dadurch Natur und Landschaft "als Lebensgrundlage des Menschen und als Voraussetzung für seine Erholung in Natur und Landschaft nachhaltig gesichert sind." Angesichts dieser an vorrangiger Stelle und in unmittelbarer Nachbarschaft mit dem Begriff der "Lebensgrundlage des Menschen" gemachten Erwähnung von Erholung ist es sicherlich nicht zulässig, den Begriff Erholung sehr restriktiv, sehr spezifiziert oder vielleicht sogar überhaupt nachrangig in den Abwägungsprozeß einzuführen. Die Gestaltung des menschlichen Lebenssinns in unserer Industriegesellschaft und in dem so stark verdichteten mitteleuropäischen Raum macht den Aufenthalt des Menschen in der Natur notwendig und zu einer unabdingbaren Reaktion auf das Dasein in ungesunden städtischen Wohnungen, Arbeitsräumen und Verkehrsmitteln. Wenn man ein solches Bedürfnis aber in einer grundsätzlich hochrangigen und damit auch umfassenden Weise akzeptiert, ist es nicht angängig, den Menschen vorzuschreiben, daß sie diese Erholung ausschließlich als Wanderer erleben dürfen, und daß alle anderen Freizeit- und Erholungsaktivitäten diskreditiert erscheinen, erschwert und andersartigen Zielsetzungen des Naturschutzes von vornerein als weit nachrangig gegenübergestellt werden. Das gilt beispielsweise für das Skilaufen, für das Golfspielen, für das Drachenfliegen und ähnliche Freizeitaktivitäten. Mit diesem Hinweis soll nicht die Notwendigkeit in Frage gestellt werden, jegliche Nutzung der Natur, also auch die Nutzung für Erholungszwecke, in besonders pfleglicher und die Natur schonender Weise durchzuführen und auf extreme Nutzungsmöglichkeiten im Interesse des Naturschutzes zu verzichten. Wenn man aber beispielsweise den Skisport als einen Breitensport und als den Ausdruck der winterlichen Erholung in der Natur schlechthin diagnostiziert, dann muß im Abwägungsprozeß mit Naturschutzanliegen gleichzeitig auch daraus gefolgert werden, daß gewisse Beeinträchtigungen des Naturraumes, wenn diese nicht progressiv fortschreiten und zu selbsttätiger Naturzerstörung ausarten (z.B. Skipisten in Form von Waldschneisen mit latenter Erosionsgefahr), im Interesse der Erholungssuchenden in Kauf genommen werden müssen. Konfliktminimierungsstrategie verlangt in all diesen Fällen aber auch, daß der Naturschutz durch konstruktive Zusammenarbeit die beim größten Teil der Nutzer vorhandene Bereitschaft aktiviert, im Zuge der Erholungsnutzung Natur nicht nur zu schonen, sondern u.U. sogar durch aktives Verhalten Pflegeeffekte auszulösen (z.B. Einsammeln von Abfällen, Mithilfe bei der Abgrenzung von Skipisten, landschaftspflegerische Gestaltungsmaßnahmen auf Golfplätzen u.ä.).

Sinnvolle und für die große Mehrheit der Bevölkerung ebenso wie für eine verantwortliche Vertretung von Naturschutz-Zielen konsensfähige Entscheidungen werden von der Sache her fast immer zu finden sein, wenn Extremstandpunkte auf beiden Seite ebenso wie aufgebaute Feindbilder abgebaut werden. Hiezu wird vorgeschlagen, bei den Regierungspräsidien/Bezirksregierungen je eine Koordinierungskommission für Naturschutz und Fremdenverkehr (Sport) einzurichten, der Streitfälle vorzutragen wären. Diese Kommission sollte keine verwaltungsrechtliche Kompetenz besitzen, ihr Befund und ihr Lösungsvorschlag sollten aber eine hochrangige Argumentationsgröße im weiteren verwaltungsrechtlichen Vorgehen oder auf sonstigen Lösungswegen darstellen. Die Kommission müßte paritätisch aus Vertretern des behördlichen und des Verbands-Naturschutzes auf der einen Seite und der Wirtschaft, insbesondere der Fremdenverkehrswirtschaft sowie des Sports auf der anderen Seite zusammengesetzt sein. Durch Flexibilität bei der Entsendung von Mitgliedern wäre sicherzustellen, daß für jeden Fall auch orts- und sachkundige Mitglieder anwesend sind. Den Vorsitz sollte nicht ein Beamter, sondern ein Politiker führen, um den gesellschaftspolitischen Stellenwert einer solchen "Schlichtungs-Kommission" zu verdeutlichen.

8.

Naturschutz-Verbote, die mit einer Beeinträchtigung des Landschaftsbildes begründet werden, können dann als legitim empfunden und dementsprechend durchgesetzt werden, wenn die zugrunde liegende optisch-ästhetische Auffassung offensichtlich von einer deutlichen Mehrheit der Bevölkerung geteilt wird, so etwa bei der Bewahrung eines landschaftlichen Ensemble-Charakters im Umfeld eines besonders herausgehobenen Landschaftspunktes (z.B. Berghöhe mit Kirche und Baumgruppe, charakteristische Lava-Berge, auf großer Fläche gut einsehbare Moor-Landschaft, offene Talfluren in ansonsten weitgehend unberührten Lagen). Das gilt natürlich genau so für die Errichtung von Baulichkeiten, die in besonderer, von der Bevölkerung weitgehend übereinstimmend als abträglich empfundener Weise das Landschaftsbild stören (die Errichtung einer Talbrücke unmittelbar neben einer weithin sichtbaren Bergkirche, der Bau eines mehrgeschossigen, dominierenden Hauses inmitten eines ländlichen Siedlungsgebietes, die Schaffung eines neuen Landschaftscharakters durch Zersiedelung des Freiraums, Errichtung großer und nicht landschaftsangepaßter Gebäude im Außenbereich).

8.2 Politische Rahmenbedingungen

Wir haben das Beziehungsgefüge zwischen Naturschutz und Industriegesellschaft analysiert, wir haben anhand von modellartigen Beispielen Instrumente zur Lösung anstehender Probleme entwickelt, wir haben auf empirischem Wege die Durchsetzbarkeit eines solchen Instrumentariums getestet und wir haben schließlich eine Problemlösungsstrategie entwickelt, die das Thema nicht nur in umfassender Weise abhandelt, sondern auch im Detail konkrete Ansatzpunkte für Handeln bietet. Und trotzdem stehen wir immer noch am Anfang. Denn all das, was hier gedacht und vorgeschlagen wurde, muß in die Realität übertragen, es muß politisch umgesetzt werden. Ein Politikwissenschafter darf sich aber nicht an jenem Kinderglauben orientieren, der meint, alles was gut, richtig, überzeugend oder sonstwie beherzigenswert sei, geschieht auch tatsächlich. In unserem menschlichen Zusammenleben, in den von der Politik gestalteten Lebensräumen passieren tatsächlich nur jene Dinge, für die es zum einen eine politische Mehrheit gibt und für die zum anderen diese politische Mehrheit willens ist, aus ihrer Machtposition heraus zu handeln. Und auch das gilt nur soweit, als Administration, Verbände oder sonstige politische Einflußgrößen bereit sind, den Vollzug diesbezüglicher politischer Entscheidungen mitzutragen und zu unterstützen, nicht zu konterkarieren oder praktisch im Sande verlaufen zu lassen. Somit steht am Ende dieser Untersuchung die Frage: was kann getan werden, um eine neue Politik, die zu einer Versöhnung von Naturschutz und Industriegesellschaft, von Ökologie und Ökonomie führen soll, in der Praxis tatsächlich auch zu verwirklichen?

Die Frage kann hier nicht erschöpfend behandelt werden. Sie würde nicht nur den Rahmen dieses Buches sprengen, sondern vermutlich auch das Vermögen des Autors überfordern. Es sollen aber einige Hinweise auf mögliche Ansatzpunkte für praktisch-politisches Handeln und Denkanstöße für weiterführende Überlegungen gegeben werden.

Aus dem, was über das Wesen der Politik gesagt wurde, läßt sich zweifelsfrei ableiten: eine neue Politik, die zu rationalen und gleichzeitig konsensfähigen Problemlösungen führt, die das Machbare auch tatsächlich macht und dafür nicht mehr als unbedingt notwendige Zeit veranschlagt - eine solche Politik muß sich vor allem um die Auflösung der sich selbst blockierenden Politikverflechtung aus Problemlösungsstreben einerseits und Machtstreben andererseits bemühen. Das ist bei Respektierung des demokratischen Grundmusters der Politik, wie sie hier als außer Diskussion stehende Vorgabe gesehen wird, sicherlich nicht leicht. Man wird dazu mehrere Mittel einsetzen können. Eines davon ist das Folgende:

Wenn man Machtstreben und Problemlösung entkoppeln will, dann muß man den Politikern die Möglichkeit nehmen, bestimmte Probleme in ihrem Bemühen um Machterhalt bzw. Machterwerb als Vehikel zur Verbesserung der eigenen Position einzusetzen. "Wahlkampfthemen" sind beispielsweise ein solches Vehikel. Wenn man das will, wenn man eine solche objektiv nicht bestreitbare Möglichkeit auch praktisch-politisch realisieren will, dann geht das nur durch vermehrte Nutzung von Plebisziten, das heißt durch eine verstärkte Einbindung der Bürger in den Entscheidungsprozeß. Denn nicht nur im Bereich der repräsentativen Demokratie, also bei den Abstimmungsprozessen der Volksvertreter, sondern auch in Bereichen einer denkbaren direkten Demokratie sind Mehrheitsbildungen systemkonform und entscheidungsrelevant. Bei Plebisziten spielen aber Gruppenbildungen, Koalitionen und das Einzementieren von Machtstrukturen kaum oder jedenfalls eine geringe Rolle. Bürger entscheiden bei ihrer Stellungnahme zu einem konkreten Problem in aller Regel problembezogen, weil sie ja die Wahrnehmung ihrer eigenen Nutzenüberlegung im Auge haben und annehmen können, daß sie durch ihr Votum den Gang der Dinge tatsächlich beeinflussen können.

Für eine solche Verlagerung von Entscheidungen zum Bürger gibt es auch eine sehr plausible demokratie-theoretische Legitimation: wer Bundestagsabgeordnete oder Landtagsabgeordnete wählt, der orientiert sich in der Regel an den großen Linien der jeweiligen Parteipolitik, an der Einstellung zu grundsätzlichen Fragen, auch an der Glaubwürdigkeit und an den Aktivitäten des einzelnen Politikers. Dabei sind weitgehend strukturierte Themen, bei denen Partei-Positionen also kenntlich werden, wie beispielsweise Wirtschaftspolitik, Arbeitsmarktpolitik, Schulpolitik, Sozialpolitik und in Teilen auch Umweltpolitik, in besonderen Situationen auch Themen wie die Politik zur Deutschen Vereinigung gefragt. Kaum jemand wählt aber beispielsweise die FDP wegen ihrer Einstellung zur Verbandsklage oder die CDU in einen Gemeinderat wegen ihres Eintretens für eine bestimmte Höhe des Kulturbudgets. Und niemand wählt die SPD wegen ihrer Position zur Bundesbahn-Reform. Vermutlich kennen die Wähler die diesbezüglichen Einstellungen ihrer politischen Kandidaten gar nicht, bzw. umgekehrt sind diese Einstellungen zum Zeitpunkt der Wahl oftmals nicht oder nicht in der notwendigen Schärfe präzisiert. Politiker haben also in vielen, das praktische Leben nicht unwesentlich beeinflussenden Sachfragen gar keinen konkreten Wählerauftrag, sondern können diese Fragen nach eigenem Ermessen, dabei auch nach eigenem Gutdünken hinsichtlich Nützlichkeit oder Schädlichkeit in bezug auf ihr Machtstreben entscheiden. Den unmittelbaren Einfluß des Bürgers im Zusammenhang mit solchen Entscheidungen zu stärken - wie immer man derartige Einflußgrößen rechtlich im Entscheidungsprozeß wirksam werden läßt - würde heißen, gerade dort bürgernahe Problemlösungen ohne Rücksicht auf parteipolitisches Machtstreben zu forcieren, wo diese im täglichen Leben relevant sind und rasche Lösungen gefordert werden.

Um ein solches politisches Instrument in vernünftiger Weise wirksam werden zu lassen, sind natürlich eine Reihe von Bedingungen zu beachten, von denen hier nur die wichtigsten genannt werden können:

a) Es ist von einem unabhängigen Gremium zu prüfen, ob eine zum Bürgerentscheid angemeldete Frage von ihrem Inhalt her für ein solches Verfahren geeignet ist. Denn es gibt viele Probleme, die auf der Ebene des einzelnen Bürgers in ihrer ganzen Tragweite nicht erkennbar sind, die sich wegen vorgegebener regionaler und damit auch zahlenmäßig abgegrenzter Positionen für eine Mehrheitsentscheidung nicht eignen oder bei denen nationale und sonstwie übergreifende Interessen vorrangiger Art dem Nutzendenken des Bürgers widersprechen.

b) Ebenfalls durch ein unabhängiges Gremium ist die jeweilige Fragestellung verständlich und objektiv aufzubereiten. Die Fragestellung sollte sich aber nicht nur auf bekanntgewordene, zumeist parteipolitisch zementierte Positionen beziehen, sondern es muß auch die Möglichkeit ins Auge gefaßt werden, von fachkundiger Seite eine dritte, vermittelnde Lösung ins Gespräch zu bringen.

c) Es muß sicher gestellt sein, daß die erhobene Bürgermeinung im politischen Prozeß nur dann weiter verwendet wird, wenn sie gegenüber der Gesamtzahl der in Frage kommenden Wahlberechtigten ein entsprechendes Gewicht besitzt.

Diesbezüglich immer wieder auftauchende Vorschläge[57] wurden bisher im Keime erstickt, d.h. von Politikern und Juristen übereinstimmend wegen grundsätzlicher Bedenken abgelehnt. Die dabei vorgebrachten Argumente sind weder rechtlich noch sachlich begründet. Schon allein die Behauptung, eine stärkere Einbindung von Plebisziten in den politischen Entscheidungsprozeß würde dem Wesen unseres auf repräsentative Willensbildung aufgebauten Demokratiesystems widersprechen, ist aus mehreren Gründen unhaltbar. Zum einen sind solche plebiszitäre Elemente in einer, wenn auch praktisch kaum genutzten Form, in verschiedenen Landes- und Gemeindeverfassungen bereits enthalten; zum anderen gibt es vergleichbare Regelungen in der Schweiz, in Österreich und in den USA, bei welchen Staaten niemand daran zweifelt, daß es sich um funktionierende Demokratien handelt; und schließlich kann es kein politisches oder juristisches Argument dagegen geben, das Demokratiesystem unseres Staates im Wege einer entsprechenden Grundgesetz-Ergänzung, in gleicher Weise auch einer Ergänzung der Landesverfassungen, zur Berücksichtigung diesbezüglicher Vorschläge weiterzuentwickeln. Der tatsächliche Grund für die Ablehnung einer verstärkten Bürgerbeteiligung im Entscheidungsprozeß liegt natürlich nicht bei den vorgegebenen grundsätzlichen Bedenken, sondern bei der fehlenden Bereitschaft, Entscheidungszuständigkeiten und damit Machtpositionen abzugeben. Diese Bereitschaft fehlt bei den Politikern ebenso wie bei den maßgeblichen Spitzen in der Verwaltung, gleicherweise auch bei den Interessenvertretungen. Es ist sehr bezeichnend, daß bei den empirischen Untersuchungen, über die hier berichtet wurde (Kapitel

----
57. so unter anderem WASSERMANN R. (1986): Die Zuschauerdemokratie, Düsseldorf

7), ausgerechnet jenes Instrument zwar eine hohe Bürgerzustimmung, aber eine überwiegende Ablehnung bei Politikern und Behördenvertretern erfahren hat, das einer verstärkten Bürgerbeteiligung nahe kommt, nämlich der Vorschlag nach Einführung von alternativen Planungen. Daraus ist der Bestand eines Macht-Kartells zu erkennen, das alles politische Geschehen diktieren will und dessen Einfluß nicht so ohne weiteres zurückgedrängt werden kann.

Ähnliche Entkoppelungsprozesse von Machtpolitik und Problemlösungspolitik könnten begünstigt werden, wenn es - um nur einige wenige Beispiele zu nennen - einen Gesprächskreis "Gesamtstaatliche Verantwortung" gäbe, dessen Teilnehmer vom Bundespräsidenten eingeladen werden, dem ein kleiner, aber hoch qualifizierter beamteter Mitarbeiterstab zur Seite steht und der durch seine Wortmeldungen zu gewichtigen innen- und außenpolitischen Fragen die parteipolitischen Positionen relativieren und die umfassenden staatlichen Interessen in den Vordergrund rücken könnte. Die maßgebliche Mitwirkung von älteren, angesehenen und erfahrenen Politikern, die ihre Karriere nicht mehr vor sich, sondern bereits hinter sich haben, könnte einem solchen Gesprächskreis nicht nur inhaltliche Kompetenz, sondern auch einen hohen Aufmerksamkeitswert in der Öffentlichkeit verschaffen.

Ein weiteres Beispiel ist denkbar in Form eines "Umweltanwaltes", der mit 3/4 Mehrheit der Stimmen des Landtages zu wählen ist und der - entfernt vergleichbar mit der Position eines Staatsanwaltes - das öffentliche Interesse an der Bewahrung der Umwelt in Verwaltungs- und Gerichtsverfahren mit verfahrensmäßiger Parteienstellung einbringen könnte; dem gleichzeitig aber auch die Möglichkeit gegeben wird, in solche Verwaltungsverfahren noch vor der Entscheidung vermittelnde oder koordinierende Positionen zur Diskussion zu stellen. Das Gewicht einer solchen Institution, die dort angesiedelte Verantwortung für machbare Lösungen und die zu erwartende selektive Auswahl von Eingreif-Tatbeständen würden per Saldo für Natur und Umwelt vermutlich wesentlich mehr bringen als die immer wieder geforderte Verbandsklage, bei der nicht selten einseitige Nutzenpositionen (z.B. die Bewahrung einer gegebenen Einwohnersituation zum Nachteil von anderen Einwohner-Gruppen) zum Tragen kommen und die außerdem eine arbeitsmäßige Überlastung, verbunden mit einer sachlichen Überforderung der Gerichte befürchten läßt.

Auf derselben Linie einer geforderten Entkoppelung läge es, wenn solche oder ähnliche Gremien geschaffen werden, wie sie hier im Kapitel 8.1 zur Synchronisierung von Positionen des Naturschutzes und der Fremdenverkehrswirtschaft ins Gespräch gebracht worden sind.

Um neue Politik praktikabel und im Bewußtsein der Bürger verständlich zu machen, müßte auch die Effizienz der staatlichen Verwaltung erhöht werden, etwa dadurch, daß die Verfahrensabläufe zeitlich begrenzt und nach Ablauf dieser Zeit die Verfahrenszuständigkeit ohne wenn und aber auf die Oberbehörde übergeht; daß auch der Versuch unternommen wird, durch die interne Offenlegung von Rückstandsausweisen, durch die Möglichkeit einer Klageabweisung im Schnellverfahren bei Bagatellfällen und sonstige geeignete Maßnahmen die Verfahren vor der Verwaltungsgerichtsbarkeit zu beschleunigen.

Wie soll all das und noch vieles andere auf den Weg gebracht werden? Wir mußten doch erkennen, daß von den politischen Entscheidungsträgern, also von den gegenwärtigen politischen Machtpositionen diesbezüglich wenig zu erwarten ist. Es wäre einfach, an dieser Stelle zu sagen: dann müssen eben andere politische Repräsentanten gewählt werden. Eine solche Empfehlung ginge aber an der Politik-Realität vorbei. Denn der homo politicus ist eben so und nicht anders; ein Austausch der Personen würde daran kaum etwas ändern, auch nicht die Gründung einer neuen, "besseren" Partei. Veränderungen, die dem staatsmännisch denkenden, verantwortungsbewußten Politiker mehr Gewicht zumessen und daran orientierte Politik-Strukturen entstehen lassen, können nur schrittweise und bei Beachtung der derzeit gültigen politischen Gesetzmäßigkeiten gelingen. Es wäre denkbar, einen ersten solchen Schritt aus folgender politikwisenschaftlicher Einsicht herzuleiten:

Wir haben gesehen, daß sich Politiker an der Wählermeinung orientieren möchten, weil sie nur auf diese Weise eine Absicherung ihrer Machtposition erwarten können. An diesem Punkt ist anzusetzen. Wählermeinungen werden heute mit relativ primitiven Fragestellungen ermittelt, die noch dazu überwiegend Wahl-bezogen sind. Sachbezogene Umfrageergebnisse treten dagegen bei der Konzeption von Politik-Strategien deutlich in den Hintergrund; solche, die nicht in das eigene Konzept passen, werden sogar bewußt ignoriert oder angezweifelt. Und es gibt niemand, der solche Umfrageergebnisse für die Öffentlichkeit mit dem notwendigen Nachdruck und der notwendigen Kontinuität aufbereitet, interpretiert und gegen Mißachtung verteidigt. Es gibt aber vor allem niemanden, der Umfragen von vornherein so strukturiert und mit den entsprechenden Fragen ausstattet, daß damit neue Politikinhalte ins Gespräch gebracht werden.

Damit ist folgender Weg vorgezeichnet: *Es soll eine, außerhalb staatlicher Strukturen befindliche Institution gegründet werden, die in Zusammenarbeit mit Politikwissenschaftern, mit Fachwissenschaftlern und mit Meinungsbefragungsinstituten eine langfristig konzipierte Umfrage-Tätigkeit entwickelt, um in der Öffentlichkeit das Bewußtsein für die Notwendigkeit neuer Wege in der Politik zu wecken, die dafür be-*

stehenden Zustimmungsraten sowohl insgesamt als auch zu Einzelfragen bewußt zu machen und auf diese Weise auf Politiker einen wachsenden Druck auszuüben, über die Einführung einer solchen neuen Politik ernsthaft nachzudenken. Die vermutlich weitreichende Übereinstimmung einer solchen Politikkonzeption mit immer wieder bekundeten, in der Praxis aber nicht umgesetzten grundsätzlichen Positionen der Parteien eröffnet die Möglichkeit, daß auch ohne eine grundlegende Änderung der Parteienlandschaft das politische Entscheidungssystem in Bewegung kommt und eine zukunftsorientierte, neue Politik eine Chance erhält.

Die Ausführungen dieses Kapitels haben gezeigt, wie eng Sachbereiche des täglichen Lebens mit grundsätzlichen gesellschaftspolitischen Strukturen verbunden sind. Die Konflikte zwischen Naturschutz und Industriegesellschaft konnten deshalb nicht ernsthaft diskutiert werden, ohne das Politikgeschehen aus umfassender Sicht miteinzubeziehen. Diese Komplexität des menschlichen Lebens ist aber gleichzeitig eines seiner zentralen Probleme, vor allem deswegen, weil sie im Bewußtsein der Bevölkerung immer mehr in den Hintergrund tritt und aufgelöst wird durch die punktuelle Behandlung vordergründiger Sach- und Fachfragen. Deshalb soll in einem nachfolgenden, abschließenden Teil dieser Untersuchung und zur Abrundung der vorwiegend fachbezogenen bisherigen Überlegungen ein Blick auf das Gesamthafte unserer Bemühungen geworfen werden.

Schlußsteine

9 Humane Marktwirtschaft

Das Spannungsfeld zwischen Naturschutz und Industriegesellschaft, wie wir es hier zum Zweck einer sachbezogenen Bearbeitung gesellschaftlicher Probleme abgegrenzt haben, existiert natürlich nicht isoliert im Raum, sondern ist eingebettet in das umfassende Beziehungsgefüge zwischen Umwelt und Wirtschaft, das seinerseits eine Vielzahl von Wechselwirkungen zu sozialen, kulturellen und sonstigen gesellschaftspolitischen Problemfeldern aufweist. Zur Abrundung unserer Thematik soll deshalb in knapper und skizzenhafter Form dieses Umfeld noch ausgeleuchtet und damit auf politische Konditionen verwiesen werden, die mit der Behandlung von Naturschutzfragen in einem engen Zusammenhang stehen.

Leben und Wirtschaften sind voneinander kaum zu trennen; Arbeiten und Wirtschaften ist für eine auskömmliche Lebensexistenz notwendig, umgekehrt ist die Art des Wirtschaftens und die Wirtschaftsverfassung ein Ausdruck menschlicher Geisteshaltung und des Verständnisses vom Leben. In den von Freiheit und Menschenwürde geprägten Demokratien ist Marktwirtschaft die ökonomische Ausdrucksform der Gesellschaftsordnung. Diese Feststellung ist in gleicher Weise ein gesellschaftliches Programm wie eine Beschreibung von Sachverhalten, sie stellt darüber hinaus aber - leider - in mancher Hinsicht auch eine Leerformel dar, die eine Vielzahl von Mißverständnissen und Fehlinterpretationen auslöst und Substrat für unerschöpfliche politische Auseinandersetzungen ist. Diese kritische Anmerkung muß begründet werden.

Marktwirtschaft ist eine Wirtschaftsverfassung, die dem Ziel dient, eine möglichst optimale Versorgung der Bevölkerung mit Gütern und Leistungen zu möglichst günstigen Preisen sicher zu stellen. Das geschieht dadurch, daß Güter und Leistungen am Markt angeboten bzw. gekauft werden und daß der sich dabei bildende Preis als Signal sowohl für Produzenten als auch für Konsumenten wirkt: ein sehr hoher Preis, der sich beim Zusammentreffen von großer Nachfrage und geringem Angebot bietet, ist ein Anreiz für die Produzenten, mehr zu produzieren, und eine Motivation für die Konsumenten, weniger zu kaufen. Die Käuferzurückhaltung verringert das Marktungleichgewicht sofort, die Produktionssteigerung sorgt auf Sicht für eine Befriedigung der Konsumwünsche. Keine staatliche Vorschrift, keine staatliche Planung, kein bürokratisches Eingreifen kann jemals eine so hohe Effizienz in der preisgünstigen Versorgung der Bevölkerung erreichen wie dieser Weg über den Markt.

Wir haben so mit wenigen Worten einen außerordentlich komplizierten und kaum durchschaubaren Mechanismus beschrieben, dessen Ergebnisse aber offen liegen und dessen positiver ökonomischer sowie versorgungstechnischer Effekt erkennbar ist. Wir haben gesehen, daß diese Marktwirtschaft ganz bestimmte Gesetzmäßigkeiten aufweist; und wir müssen dabei erkennen, daß Marktwirtschaft auch ihre Grenzen hat. Dort, wo Güter und Leistungen nämlich nicht über den Markt, über Angebot und Nachfrage an die Konsumenten herangetragen werden, dort wo sich kein Marktpreis und daher auch keine Signalwirkung herausbildet - dort existiert Marktwirtschaft nicht[58]. Es zählt zu den schwerwiegendsten Denkfehlern unserer Zeit, daß immer wieder undifferziert behauptet wird, Marktwirtschaft könne *alle* ökonomischen Probleme lösen, sei das einzig effektive Wirtschaftssystem und müsse deshalb möglichst unbeeinflußt und unbeeinträchtigt zur Lösung sämtlicher anstehender wirtschaftlicher Aufgaben herangezogen werden. Wie sieht die Wirklichkeit aus?

Wenn als Folge eines Produktionsprozesses Abgase in die Luft abgegeben werden, dann werden damit Abfallstoffe der Produktion außerhalb des Betriebsbereiches deponiert. Luft wird also aus betrieblicher Sicht als Deponie genutzt. Und diese Deponiemöglichkeit ist kostenlos. Dieser Hinweis macht folgenden kurzen Exkurs erforderlich:

Das marktwirtschaftliche Postulat einer möglichst kostengünstigen Versorgung der Bevölkerung kann nur dadurch erfüllt werden, daß Unternehmer kostenbewußt handeln. Sie tun das nicht dem Konsumenten zuliebe, sondern in Befolgung ihrer eigenen unternehmerischen Maxime, die sich am Gewinnstreben orientiert. Je geringer die Kosten sind, desto größer ist die Hoffnung auf Gewinn. Kosten können immer dann verringert werden, wenn man Produktionsvorgänge mit geringen Kosten bevorzugt und teure Produktionsvorgänge reduziert, abschafft oder durch billigere Arbeitsschritte ersetzt. Eine solche Überlegung ist die Triebfeder für jegliche Rationalisierung. In der Regel werden Arbeitsplätze wegrationalisiert, weil die menschliche Arbeitskraft teuer ist und durch den Einsatz moderner Technik per Saldo Einsparungen erzielt werden können. Das Streben nach Kostenminimierung ist also integrales unternehmerisches Handeln in einer Marktwirtschaft und entscheidet in maßgeblicher Weise darüber, wie Produktionsvorgänge gestaltet werden.

Wenn in dem oben angesprochenen Beispiel die Deponie von Abgasen in der Luft kostenlos erfolgen kann, dann würden alle Maßnahmen den so beschriebenen unternehmerischen Grundsätzen widersprechen, die eine kostenrelevante Verminderung der Abgas-Immission bezwecken. Der geschilderte Mechanismus, der Kostenminimierung unter konkurrenzwirtschaftlichen Gesichtspunkten und mit dem Ziel der Gewinnoptimierung zu einer Leitidee des unternehmerischen

----

58. Die Ausschaltung der marktwirtschaftlichen Preisbildung bei Agrarprodukten durch die Agrarpolitik ist mit ihren ökonomischen Fehlentwicklungen ein Beispiel dafür

Handels in der Marktwirtschaft macht, führt also geradlinig zu der zwingenden Konsequenz, daß die Umwelt in maximaler Weise als Abfalldeponie genutzt wird - weil das eben betriebswirtschaftlich die günstigste Variante darstellt.

Luft ist aber nicht nur Abfalldeponie, sondern ein für die Existenz des Menschen unverzichtbares Medium, das den menschlichen Ansprüchen umso besser gerecht wird, je weniger sie mit Abfallstoffen verschmutzt ist. Luft hat also mehrfache Eigenschaften und es sind in Bezug auf die Nutzung dieser Luft unterschiedliche Ziele vorhanden. Nur die Zwecksetzung Abfalldeponie wird im marktwirtschaftlichen Handeln erfaßt. Die mit der gesellschaftlichen Zielsetzung verbundene weitere Betrachtungsweise hingegen kommt im marktwirtschaftlichen Handeln nicht zum Tragen, sie vermittelt dort keine Signale und erfährt deshalb auch keine Berücksichtigung. Diese grundsätzliche, hier am Beispiel der Abgase explizierte Gesetzmäßigkeit der Marktwirtschaft - auch der Begrenztheit ihrer Möglichkeiten - wirkt in ähnlicher Weise natürlich auch in allen anderen Umweltbereichen, ja darüber hinaus auf vielen Feldern, wo gesellschaftliche Interessen mit wirtschaftlichen Abläufen in Verbindung treten[59].

Unter Nichtbeachtung dieser, der Marktwirtschaft innewohnenden Gesetzmäßigkeiten wird in Wissenschaft und Praxis zumeist so agiert: Man unterstellt, die Welt würde sich nur um das Wirtschaften drehen, alle anderen Probleme wären nur Randerscheinungen des ökonomischen Geschehens; dabei auftretende nicht-ökonomische Fragen müßten außerhalb des wirtschaftlichen Bereiches, mit anderer Fachkompetenz und mit anderen Instrumenten bewältigt werden. Zum Thema Umweltschutz meinen die einen, die extrem liberalistisch eingestellten Wirtschaftswissenschafter, auch Umwelt sei für die Menschen ein Gut, dessen Behandlung für den Konsumenten Bedeutung habe; durch entsprechende Verhaltensweisen hätten deshalb die Konsumenten auf dem üblichen marktwirtschaftlichen Weg eine adäquate Behandlung der Umwelt durchzusetzen - das heißt die Konsumenten sollten doch bitte selbst durch ihr Kaufverhalten umweltfreundliche Produktionsweisen erzwingen, indem sie die entsprechenden Produkte beim Kauf bevorzugen, auch wenn diese teurer seien. Die andere Position erwartet keine solchen Reaktionen, sondern verweist den Umweltschutz in den Bereich staatlicher Ge- und Verbote - und das ist ja der Weg, der heute tatsächlich von der Politik beschritten wird. Beide Positionen sind falsch. Die Hoffnung auf ein massives umweltbewußtes Auftreten der Konsumenten, gegen die Interessen ihrer eigenen Brieftaschen, ist illusorisch; darüber kann man nicht diskutieren, dazu braucht man nur das Verhalten der Konsumenten zu beobachten. Umweltschutz ausschließlich mit Ge- und Verboten durchzusetzen, stellt ein, wenn auch

----
59. Eines davon ist die Umorientierung der Wirtschaftsordnung in den ostdeutschen Ländern

ungewolltes Bekenntnis zur Planwirtschaft dar und ist aus vielerlei Gründen, die noch zu besprechen sein werden, der am wenigsten effektive Weg. Er hat vor allem nichts mehr mit Marktwirtschaft zu tun, sondern ist eine Ergänzung der Marktwirtschaft durch planwirtschaftliche Elemente. Wie funktioniert das?

Für das oben verwendete Beispiel der Industrieabgase legt der planwirtschaftlich organisierte staatliche Umweltschutz Grenzwerte fest, die beim Ausstoß der Abgase nicht überschritten werden dürfen. Schon bei der Festlegung dieser Grenzwerte beginnt das Dilemma, weil die Kenntnis der Bürokratie hinsichtlich der tatsächlich einsetzbaren Vermeidungstechnologie den realen Gegebenheiten immer nachhinkt. Dazu kommt, daß bei der politischen Abwägung die Produzenteninteressen übermäßig gewichtet werden, nicht zuletzt mit dem Hinweis, daß insbesondere für schlecht ausgestattete und schlecht strukturierte, ältere oder sonstwie benachteiligte Betriebe die Einhaltung von strengen Grenzwerten, die sich an der modernen Technologie orientieren, zu ruinösen finanziellen Folgen führen würde. Grenzwerte, die auf solche Weise zustande kommen, lassen einer großen Zahl von Betrieben noch einen erheblichen Spielraum zur Unterschreitung, wenn die technischen Möglichkeiten voll ausgenützt würden. Die fortschreitende technische Entwicklung vergrößert diesen Spielraum ständig. Tatsächlich wird er aber nicht ausgenutzt, weil wiederum das kostenbewußte Denken einsetzt: jede technisch zwar mögliche, vom Staat aber nicht verlangte Reduzierung ist mit Kosten verbunden und deshalb kontraproduktiv, wenn man ausschließlich das Unternehmensinteresse der Kostenminimierung und Gewinnmaximierung im Auge hat. Diese Betrachtungsweise gilt aber nicht nur für das Produktionsgeschehen, sondern für Technik und Wirtschaft insgesamt; denn wenn es kein besonderes Interesse an der Anwendung von effizienteren Vermeidungstechnologien gibt, dann wird dies weder für die Forschung noch für die Technologieentwicklung auf diesem Gebiet sehr förderlich sein. Insgesamt ist also planwirtschaftliches Handeln im Umweltschutz keinesfalls eine optimale Lösung. Auch diesbezüglich gelten die gegebenen Hinweise natürlich nicht nur für das Medium Luft, sondern für alle Umweltbereiche.

Was sollte also getan werden? Bei der Beantwortung der Frage ist es hilfreich, sich wiederum auf die Gesetzmäßigkeiten der Marktwirtschaft zu besinnen. Wir wissen: das unternehmerische Denken und das damit verbundene Streben nach Gewinn üben einen starken Einfluß aus und wirken kostensenkend. In gedanklicher Verbindung damit steht die Tatsache, daß Privateigentum eine unabdingbare Prämisse marktwirtschaftlichen Handelns darstellt. Einerseits macht privates Eigentum den wirtschaftlichen und beruflichen Erfolg für den Einzelnen erst erstrebenswert, weil er so in bleibende Vermögenswerte umsetzbar ist, zum anderen ist Eigentum eine Kategorie, die den rationellen Einsatz von Ressourcen im Wirtschaftsablauf begünstigt. Denn der jeweilige Eigentümer sorgt dafür, daß damit sparsam und schonend umgegangen wird. Wiederum übertragen auf unser obiges Beispiel: gäbe es für die Luft einen Eigentümer, dann würde er sein Eigentum nicht kostenlos zum Deponieren zur Verfügung stellen, sondern dafür eine Gebühr verlangen, wie eben alles, was im Wirtschaftsleben von Bedeutung ist, nur gegen einen Preis erworben werden kann. Wäre dieser Eigentümer überdies daran interessiert, eine möglichst reine Luft zu besitzen, dann würde er den Preis dieser Gebühr sehr hoch ansetzen, so hoch, daß ihn nur wenige bezahlen können. Damit wäre sicher gestellt, daß die Luft verhältnismäßig rein bleibt, weil nur wenig deponiert wird; der Eigentümer würde trotzdem auch in finanzieller Hinsicht befriedigt werden, weil die hohe Gebühr je Einheit auch bei geringem Deponieumfang erhebliche Einnahmen verspricht.

Dieser theoretische Gedankengang[60], der natürlich in dieser Form nicht in die Praxis umzusetzen ist, führt aber geradlinig zu folgender Überlegung: Wenn die Gesellschaft, also der Staat, für sich eine solche Eigentümerposition in Anspruch nimmt und entsprechende Gebühren für das Deponieren von Abfallstoffen in der Luft erhebt, dann können auf diese Weise alle gewünschten marktwirtschaftlichen Mechanismen in Gang gesetzt werden, die zu einem schonenden Umgang mit dem Deponie-Medium Luft führen. Voraussetzung ist allerdings, daß diese Abgabe in einer Höhe erhoben wird, die beim emittierenden Betrieb Rationalisierungsüberlegungen mit dem Ziel der Einsparung einer solchen Abgabe auslöst. Mit einem Schlage würde das unternehmerische Streben nach Kostensenkung und Gewinnmaximierung konform gehen mit dem gesellschaftlichen Ziel nach Luftreinhaltung. Mit einem Schlag wären Wirtschaft und Umwelt nicht mehr zwei gegensätzliche Positionen, sondern unterschiedliche Handlungsbereiche innerhalb der Gesellschaft, in denen aber nach einem übereinstimmenden und harmonisierten Zielkatalog vorgegangen wird.

Damit sind wir beim Kernpunkt unserer kritischen Überlegungen gelandet. Es gibt also marktwirtschaftlich wirksame Instrumente, mit deren Hilfe das marktwirtschaftliche System auf Güter und gesellschaftliche Zielsetzungen ausgeweitet werden kann, die derzeit von der Marktwirtschaft nicht oder nur mit einem Teilaspekt erfaßt und deswegen in gesellschaftswidriger Weise behandelt werden. Derartige Instrumente sind - entsprechend dem Beispiel - Abgaben, das können aber auch Prämien sein oder Zertifikate, die als handelbare Berechtigungen mit einem kontinuierlich abnehmenden Berechtigungsumfang zugeteilt

---

60. Er entstammt der wirtschaftswissenschaftlichen Theorie über Eigentumsrechte, die vor allem in der angelsächsischen Literatur entwickelt worden ist. Dazu u.a. FURUBOTN E., PEJOVICH S. (Hrsg.) (1974): The Economics of Property Rights. Cambridge,Mass.

werden[61]. Alle diese und noch weitere Möglichkeiten können eingesetzt werden, um das gesamte wirtschaftliche Innovationspotential, sowohl in den Unternehmungen als auch bei den Haushalten und Konsumenten, dem Umweltschutz und einem umweltbewußten Verhalten nutzbar zu machen. Zur Handhabung eines solchen Instrumentariums bietet sich allerdings nicht die staatliche Verwaltung an, weil dabei viel mehr wirtschaftliches Denken gefragt ist, als man in der Administration voraussetzen kann. Zusammen mit der Einführung eines derartigen Instrumentenbündels zum Schutze der Umwelt sollte deshalb ein mit eigener Rechtspersönlichkeit ausgestatteter Umweltfonds geschaffen werden, in dessen beschlußfassenden Gremium die verschiedenen gesellschaftlichen Gruppen vertreten sind und an den die erforderlichen Detailbeschlüsse (z.B. Festsetzung der Abgabenhöhe, Festlegung der Spielregeln beim Handeln mit Zertifikaten, laufende Fortschreibung der Kriterien bei Abgabeneinhebung und Prämienverteilung) zu delegieren sind. Dabei ist es ganz wichtig, daß Abgaben dieser Art nicht als Finanzierungsinstrumente verstanden werden dürfen, weil sie als Lenkungsinstrumente gedacht sind und so konzipiert werden müssen. Die Abgabe erfüllt ihren Zweck dann, wenn sie kein oder nur ein ganz geringes Abgabenaufkommen erbringt. Denn dann haben sich die potentiellen Abgabenzahler entschlossen, an Stelle der Zahlung Maßnahmen zu ergreifen, die zum Wegfall der Umweltbelastung führen.

Trotzdem wird es natürlich immer ein Abgabeaufkommen in einem bestimmten Umfang geben, das vom Fonds dann zur Zahlung von Prämien verwendet werden kann, die wiederum unter Lenkungsgesichtspunkten konzipiert werden. Eine Prämie ist das spiegelbildliche Instrument zur Abgabe und kann etwa eingesetzt werden, um den Einbau möglichst umweltschonender und energiesparender Heizsysteme in den privaten Haushalten zu forcieren. Auch hierbei gilt, daß die Höhe der Prämie an den tatsächlichen Mehrkosten solcher besonders effektiv arbeitender Heizsysteme orientiert werden und damit einen spürbaren Anreiz zu ihrer Anschaffung darstellen muß; bleibt man bei der Festlegung der Prämienhöhe darunter, dann entsteht lediglich ein Mitnahmeeffekt bei den Entschlossenen, aber keine Reaktion bei den Unentschlossenen. Solche Prämien sind also offensichtlich solange sinnvoll, als die Zahl der Unentschlossenen überwiegt, sie sind deshalb besonders geeignet, die Einführung neuer Produkte am Markt zu erleichtern oder zu beschleunigen. Auch das zeigt, daß die Handhabung derartiger Instrumente (also etwa ihre Einführung, aber auch das Ende eines sol-

---

61. Ich habe dieses Instrument im Zusammenhang mit der Erarbeitung eines diesbezüglichen Gesetzesvorschlages zur SO_2-Reduzierung ausführlich beschrieben: NIESSLEIN E.(1983): Politikwissenschaftliche Aspekte des Waldsterbens. Forstarchiv, S. 214-221. Eine gleichartige gesetzliche Regelung wurde in den USA 1990 eingeführt

chen Einsatzes) nicht nach gesetzes- und verwaltungstechnischen Gesichtspunkten, sondern in enger Übereinstimmung mit dem jeweiligen Entwicklungsstand in der Praxis durchgeführt werden muß und deshalb bei einer Institution angesiedelt werden soll, die über die dazu notwendige Flexibilität verfügt.

Alle solchen Maßnahmen führen aber letztlich zu der einen Konsequenz: Es entstehen vermehrt Kosten für die Berücksichtigung von Umweltschutzzielen. Eine ehrliche Antwort auf die Frage, wer diese Kosten tragen soll, kann nur lauten: wir alle. Dazu müssen wir uns bewußt machen, daß die Volkswirtschaft einem Kreislaufmodell entspricht, das - vereinfacht dargestellt - so funktioniert:

Unternehmer und Staat stellen den konsumierenden Haushalten Güter und Dienstleistungen zur Verfügung; die Haushalte bezahlen dafür entweder mit dem Kaufpreis oder mit Steuern. Die Einnahmen aus diesen Entgelten werden von Unternehmen und dem Staat dazu verwendet, diejenigen zu entlohnen, die für die Produktion der Güter und Leistungen verantwortlich sind. In der Sprache der Wirtschaftswissenschaft sind das die Produktionsfaktoren, die a) Arbeitnehmerleistungen, b) Unternehmerleistungen, c) Kapital (einschließlich Grund und Boden) zur Verfügung stellen. Weil aber die Summe der Produktionsfaktoren in einer Volkswirtschaft identisch ist mit der Summe der Haushalte, ergibt sich ein Kreislauf, der folgendes signalisiert: die Summe des Güter- und Leistungsvolumens ist konform zur Summe des Konsumvolumens; sollen neue Güter produziert werden (Umweltschutz!), muß dies durch Einsparungen bei anderen Leistungen ermöglicht werden. Daraus ergibt sich, daß Umweltschutz finanziert werden kann, wenn die Haushalte unter Zurückstellung anderer Ziele aus ihrem Haushaltsbudget vermehrten Umweltschutz "einkaufen", z.B. durch die Bezahlung der Mehrkosten für einen mit Katalysator ausgerüsteten PKW. In derselben Weise kann aber Umweltschutz auch im Bereich der öffentlichen Haushalte finanziert werden, wenn andere Haushaltsausgaben zurückgestellt werden. Nur dann, wenn diese Grundtatsache akzeptiert wird, kann Umweltschutz im nennenswerten Umfang vorrangebracht werden. Solange Politiker sich scheuen, ihren Wählern zu sagen, daß Umweltschutz Geld kostet, solange wird es schwer sein, weitreichende umweltpolitische Konzepte in die Wirklichkeit umzusetzen.

Im Zusammenhang mit der Finanzierung des Umweltschutzes ist aber noch ein zweiter grundlegender Gesichtspunkt zu beachten. Wir sind beim gedanklichen Modell des volkswirtschaftlichen Kreislaufes von stabilen Größen beim Gütervolumen und beim Konsumvolumen ausgegangen. Das ist notwendig, um den Kreislaufeffekt verständlich zu machen. Tatsächlich leben wir aber in einer wachsenden Wirtschaft, in der von Jahr zu Jahr mehr Güter und Leistungen erzeugt werden, daher mehr Entgelte an die Produktionsfaktoren weitergegeben werden können und dementsprechend auch mehr Konsumvolumen bei den Haushalten zur Verfügung steht. Daraus ergibt sich, daß Umweltschutz tatsächlich nicht immer Verzichte in anderen Konsum- und Haushaltsbereichen erfordert, sondern daß er primär aus dem Wachstum der Wirtschaft finanziert werden könnte, wenn die Konsumenten bereit sind, den traditionellen jährlichen Wohlstandszuwachs oder Teile davon der Finanzierung des Umweltschutzes, damit dem Einkauf von mehr Lebensqualität zu widmen. Das wiederum erfordert aber, daß insbesondere die stereotype Formel bei den alljährlichen Lohnverhandlungen (Lohnerhöhung = Inflationsrate + Produktivitätszuwachs) neu überdacht werden muß. Aus dieser Formel ergibt sich, daß der Produktivitätszuwachs, also das reale Wirtschaftswachstum, aus dem tatsächlich in DM ausgedrückten nominalen Wirtschaftswachstum abzüglich Geldentwertung hergeleitet wird. Wenn man aber Mehrkosten der Produktion, die vom verbesserten Umweltschutz diktiert werden und sich in höheren Preisen niederschlagen, der allgemeinen Preissteigerung zurechnet und dafür einen Inflationsausgleich verlangt, dann gibt man ein und dasselbe Geld zweimal aus, nämlich zuerst bei der Finanzierung des Umweltschutzes und dann bei der Finanzierung höherer Löhne. Eine Neuberechnung der einzelnen Komponenten der volkswirtschaftlichen Gesamtrechnung mit Ausweisung der Aufwendungen für Umweltschutz auf der einen Seite und ein Generaltarifvertrag zwischen Arbeitgebern und Arbeitnehmern mit dem Ziel, vermehrte Umweltschutzaufwendungen als bereits konsumierten Produktivitätszuwachs einzustufen und bei der Herleitung von Lohnforderungs-Größen außer Ansatz zu belassen, auf der anderen Seite sind daher die unabdingbaren Voraussetzungen für ein Umweltschutz-Handeln, das wirtschaftsverträglich ist und damit nicht nur die Konkurrenzfähigkeit der Unternehmungen, sondern ebenso auch die Arbeitsplätze sichert. Daß es ergänzend hierzu Maßnahmen zur Aufrechterhaltung der sozialen Symmetrie wird geben müssen, soll hier angemerkt, kann aber nicht im Detail ausgeführt werden.

So wie in der Vergangenheit das Wirtschaftswachstum die Möglichkeit bot, gesellschaftspolitisch erwünschte Umverteilungsprozesse zugunsten der sozial Schwächeren aus dem Wohlstandszuwachs heraus und nicht durch Wegnehmen zu realisieren, so muß also Wirtschaftswachstum in Hinkunft die Verbesserung der Lebensqualität und den Umweltschutz ermöglichen, ohne die wirtschaftliche Entwicklung und damit auch wirtschaftliche Existenzen zu gefährden. Natürlich ist damit ein "qualitatives" Wachstum gemeint, wie es eben beschrieben und mit Hilfe marktwirtschaftlicher Lenkungsinstrumente auch realisierbar ist.

Wirtschaften ohne Wachstum, wie es von manchen aus Umweltschutzgründen gefordert wird, ist in einer Gesellschaft nicht machbar, die vom Rationalisierungstreben und vom Fortschrittsdenken beherrscht wird. Damit ist nicht der großtechnologische Bereich und die Strategie von Konzernen gemeint, sondern das Denken und Handeln jedes Einzelnen. Niemand von uns will darauf verzichten, sich das Leben besser, bequemer, seinen Wünschen gerechter einzurichten; niemand von uns läßt in seinem Beruf die Chance ungenutzt, seine Arbeitsbedingungen zu verbessern, das Einkommen zu erhöhen, Karriere zu machen; es muß deshalb auch erwartet werden, daß jeder in seiner beruflichen Tätigkeit versucht, die Dinge besser, effizienter und rationeller zu gestalten, weil er nur darin einen über das rein mechanische hinausgehenden Sinn seiner Arbeit, einen Beweis seiner Befähigung und eine berufliche Selbstverwirklichung finden kann. Damit ist aber die Triebfeder für Rationalisierung gegeben, also eine Menschen-bedingte und nicht aus der Konzernstrategie hergeleitete Motivation. Wenn aber Rationalisierung zum festen Bestandteil der Wirtschaftsentwicklung gehört, dann können Arbeitsplätze nur auf zweierlei Weise gesichert werden: entweder wird ständig weniger gearbeitet und damit auf weiteren Einkommens- und Wohlstandszuwachs verzichtet oder es wird das "Wegrationalisieren der Arbeitsplätze" durch Mehrproduktion aufgefangen.

Abbildung 3: Drehscheibe des Wirtschaftswachstums

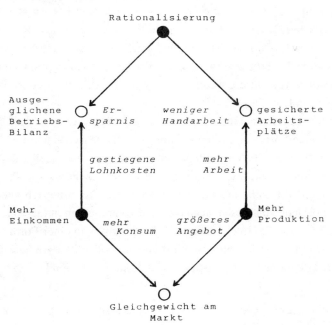

In Abbildung 3 wird dieser Mechanismus am Zusammenspiel der Aktions- und Reaktionskomponenten verdeutlicht. Weil also weder - bedingt durch die menschliche Veranlagung - ein Verzicht auf technischen Fortschritt denkbar ist, noch ein politischer Konsens für das Einfrieren der Einkommens- und Lebensbedingungen erwartet werden kann, ist Wirtschaftswachstum unabdingbar für die weitere Entwicklung in unserer Gesellschaft. Wir haben gesehen, daß dieses Wirtschaftswachstum aber nicht umweltzerstörend und menschenverachtend sein muß, sondern durchaus qualitativ und umwelterhaltend stattfinden kann, wenn man nur der Marktwirtschaft dafür die richtigen Rahmenbedingungen vorgibt.

Es wurde eingangs zu diesem Kapitel gesagt, daß die darin angeschnittene Thematik nur knapp und skizzenhaft behandelt werden kann. Das hat zwangsläufig zu plakativen Darstellungen und verkürzten Argumentationsketten geführt. Der Leser wolle dies berücksichtigen. Klar gezeigt aber konnte werden die Vielgestaltigkeit und Vielschichtigkeit der Aufgabe, weil eine Synthetisierung von Umwelt und Wirtschaft offensichtlich nicht durch punktuelle Maßnahmen, sondern nur im Rahmen eines gut abgestimmten Konzepts, durch ein umfassendes Maßnahmenbündel und mit Hilfe einer bis ins Detail durchdachten Strategie machbar ist. Überdies erfordert sie eine ganzheitliche Denkungsweise, die von den schematischen Zuordnungen nach Fach- und Kompetenzbereichen ebenso Abschied nimmt wie vom Nachbeten überkommener Lösungs-Rezepte. Eine solche Politik ist schon in ihrer Konzeption nicht einfach und ebensowenig einfach durchzusetzen. Daß man trotz vieler Hinweise und mancher Ansätze bisher keinerlei Anzeichen für eine wirklich gewollte Entwicklung in diese Richtung erkennen kann, ist zwar politisch nicht entschuldbar, aus diesen Schwierigkeiten heraus aber verständlich. Trotzdem wird kein Weg an der Konzeption einer solchen neuen Politik vorbeiführen, wenn wir den gesellschaftlichen Bedürfnissen Rechnung tragen wollen.

Die hier vorgetragenen Gedanken sind nicht neu. Schon in den 30er Jahren hat KAPP seine Sozialkostentheorie entwickelt, die insbesondere im angelsächsischen Sprachraum weite Verbreitung gefunden hat. Er hat gezeigt, daß Produktionsprozesse sogenannte externe Kosten verursachen, die sich in ihren Auswirkungen an anderer Stelle niederschlagen, den Produktionsbetrieb aber nicht belasten und deshalb von diesem auch nicht zur Kenntnis genommen oder reduziert werden. Er schlägt die "Internalisierung" dieser Kosten in einer Form vor, daß sie in den Produktionsbetrieb zurückgeführt und dort kalkulatorisch bewußt gemacht werden. KAPP's Konzeption[62] ist zwar viel diskutiert, nirgendwo aber umgesetzt

----

62. KAPP K.W. (1972): Umweltkrise und Nationalökonomie. Schweizerische Zeitschrift für Volkswirtschaft und Statistik, Nr. 3

worden. Nach dem Ende des 2. Weltkrieges wurde in Deutschland - und in ähnlicher Weise in anderen Staaten der westlichen Welt - die vorher gekannte Marktwirtschaft mit zusätzlichen Ordnungselementen ausgestattet und zur "Sozialen Marktwirtschaft" weiterentwickelt. Stoßrichtung war dabei die soziale Frage, weil erkannt worden ist, daß der schrankenlose Liberalismus im sozialen Bereich unerwünschte bis unerträgliche Folgen hat. Mit Rahmen-setzenden Regelungen unterschiedlicher Art hat man dem Einhalt geboten, ohne damit das Funktionieren der Marktwirtschaft zu beeinträchtigen. Das wirtschaftstheoretische Rüstzeug für dieses Vorgehen stammt von der neoliberalen Schule und wurde unter anderem sehr stark von Walter EUCKEN geprägt. Er hat aber die Dinge grundsätzlicher gesehen und war sich darüber im klaren, daß Marktwirtschaft einen Ordnungsrahmen braucht, der gesellschaftliche Erfordernisse jeglicher Art zum Tragen bringt, wenn diese durch marktwirtschaftliches Handeln nicht oder nicht entsprechend berücksichtigt werden. Bei der Schilderung solcher unerwünschter Zustände hat EUCKEN bezeichnenderweise die ungenügenden arbeitsrechtlichen Schutzbestimmungen in einem Atemzug genannt mit der Zerstörung von Wäldern in Amerika. Und er führt das Verbot von Kahlschlägen als Beispiel dafür an, daß man unternehmerisches Handeln in einer Marktwirtschaft durch einen Ordnungsrahmen begrenzen muß und kann[63]. Die sozialen Gesichtspunkte sind in unserer marktwirtschaftlichen Ordnung weitgehend berücksichtigt. Den darüberhinausgehenden Gesamtentwurf von Walter EUCKEN hat man vergessen. "Es wird zur großen Aufgabe der Wirtschaftspolitik, die Kräfte, die aus dem Einzelinteresse entstehen, in solche Bahnen zu lenken, daß sie durch das Gesamtinteresse gefördert wird. Es ist nur die eine Seite der Wettbewerbsordnung, daß sie auf die Durchsetzung der ökonomischen Sachgesetzlichkeit dringt. Ihre andere Seite besteht darin, daß hier gleichzeitig ein soziales und ethisches Ordnungswollen verwirklicht werden soll und in dieser Verbindung liegt ihre besondere Stärke"[64]. Das wurde bereits 1950 gedacht und gesagt. Es scheint dringend notwendig zu sein, sich dieser von EUCKEN entwickelten Grundsätze in ihrer ganzen Tragweite wieder zu erinnern und einen nächsten Schritt zu tun, um soziale Marktwirtschaft in eine umfassend humane Marktwirtschaft[65] weiterzuentwickeln.

Wenn wir das Gesagte nochmals überdenken, dann geht es darum, die unbestrittenen Vorteile des marktwirtschaftlichen Systems mit den gesellschaftspolitischen Notwendigkeiten eines verstärkten Umweltschutzes zu synchronisieren,

----

63. EUCKEN W. (1975): Grundsätze der Wirtschaftspolitik.5.Auflage.Tübingen.S.302
64. EUCKEN, w.o., S.360 und S. 370
65. Ich habe diesen Begriff anläßlich einer ausführlichen Behandlung dieses Problems geprägt in NIESSLEIN E. (1981): Humane Marktwirtschaft. Freiburg

dabei aber primär nicht auf Ge- und Verbote zu setzen, sondern auf innovative Instrumente, die marktwirtschaftskonformes Reagieren auslösen, die Entwicklung neuer Technologien beflügeln und Umweltschutz zu einem Unternehmungsziel machen. Damit soll nicht nur eine neue Politik eingeleitet, sondern auch eine neue Gesellschaft geschaffen werden. Eine Gesellschaft nämlich, in der sich die umweltbewußte Bevölkerung nicht mehr im Gegensatz zu den wachstumsorientierten Wirtschaftskreisen befindet, in der die Jugend nicht mehr Angst vor der Technik hat, in der ökonomisch-relevante Leistungen nicht mehr als ein Dienst am Mammon betrachtet werden - mit einem Wort eine Gesellschaft, in der man dem Begriff der Zusammenarbeit von allen Seiten wieder etwas Positives abgewinnen kann und in der Zukunftsperspektiven an Stelle von Zukunftspessimismus entwickelt werden. Die Vision einer solchen Gesellschaft, einer humanen Marktwirtschaft ist es wert, über eine neue, dorthin führende Politik ernsthaft nachzudenken.

Von Sachzwängen und Sachgesetzlichkeit war hier die Rede. Ist damit die humane Identität ausreichend ins Blickfeld gerückt worden, ist damit Politik auch zutreffend als das charakterisiert worden, was sie sein soll: verantwortliches Handeln von Menschen für Menschen? Ich glaube nicht. Wir müssen deshalb nochmals den Hintergrund ausleuchten, wie wir dies in Kapitel 3.4 begonnen haben, damit bei all dem nicht vergessen wird, was Menschen in dieser Welt umtreibt, was ihr Tun rechtfertigt und wo es seine Grenzen findet.

Damit begeben wir uns in den Denkraum der Ethik, in dem menschliche Handlungen mit dem Maßstab des Sittlichen, des Moralischen gemessen werden. Die Philosophie kennt unterschiedliche Theoriekonzepte und Denkschulen zum Thema Ethik. Für viele von ihnen sind ethische Fragen ein Analyseobjekt oder ein Feld für Begründungen und Rechtfertigungen, in anderen Fällen stehen komplizierte oder schöngeistige Auseinandersetzungen mit Theoriekonstrukten im Vordergrund. Wir wollen Ethik hingegen als normativen Hintergrund für menschliches Handeln auffassen, womit alle jene Handlungsweisen ins Blickfeld kommen, die unter der ethischen Prämisse mit einem "Du sollst" oder "Du sollst nicht" eingeleitet werden. Die zentrale inhaltliche Thematik einer solchen Betrachtungsweise ergibt sich[66] aus den Pflichten, die der Mensch gegenüber anderen hat, aber auch[67] aus der Verantwortung, die Menschen heute für künftige Generationen tragen. Damit wird deutlich, daß eine so verstandene Ethik nicht Harmonie und Begründungskraft ausstrahlt, sondern Dissonanzen und Konfliktträchtigkeit signalisiert. Denn der handelnde Mensch muß sich entscheiden, ob er seinen eigenen Lebensgenuß oder Respekt und Verantwortung gegenüber Anderen zur Richtschnur seiner konkreten Entscheidung machen will; ein "Du sollst" ist in aller Regel eine Einschränkung der eigenen Handlungsfreiheit zugunsten der Interessen anderer.

Eine so verstandene Ethik schafft also Handlungsmaximen zur Verwirklichung bester menschlicher Tugenden, wie Nächstenliebe, Wahrhaftigkeit und Gerechtigkeitssinn. Solche Tugenden sind heute weitgehend in Vergessenheit geraten. Der Umgang der Menschen miteinander steht statt dessen im Zeichen von Freiheit und Gleichheit. Dabei wird Freiheit, die häufig unter dem modernen Markennamen Selbstverwirklichung firmiert, als die eigene Freiheit verstanden; die Freiheit des Nächsten ist demgegenüber viel weniger wichtig. Auch Gleichheit, die doch als Gleichheit in den Lebenschancen aufgefaßt werden soll, wird

----

66. nach KUTSCHERA, S. v. (1982): Grundlagen der Ethik. Berlin
67. nach JONAS, H. (1979): Das Prinzip Verantwortung. Frankfurt a.M.

häufig zu einem Gleichheitspostulat in den Ergebnissen umgemünzt, das nicht selten vom Neid bestimmt wird. Und die Freiheit der Meinungsäußerung führt tagtäglich dazu, daß durch Äußerungen mit keinem oder einem nur zweifelhaften Wahrheitsgehalt andere Leute, anders denkende Gruppierungen oder gegensätzliche Auffassungen bedenkenlos diffamiert werden. Und wenn wir hier auf das ethische Postulat hingewiesen haben, Demut gegenüber der Schöpfung zu bezeugen, dann steht dem als signifikantes Beispiel für tatsächliches Verhalten unser Umgang mit der Ozonschicht gegenüber. Wir wissen zwar um die verheerenden, geradezu lebensbedrohenden Konsequenzen, die bereits von der in Gang gekommenen Entwicklung ausgehen, wir wissen auch um die Langfristigkeit des diesbezüglichen Wirkungsgefüges, wir tun aber bei der Diskussion über Gegensteuerungsmaßnahmen so, als würde die Existenz der Menschheit nicht von einer intakten Ozonschicht, sondern von der möglichst schmerzfreien Umstrukturierung im Produktions- und Konsumbereich abhängen. Und wir tun nicht nur so, sondern wir meinen es auch: für uns wird die Ozonschicht schon noch halten, sollen doch künftige Generationen ihre Probleme selber lösen.

Nächstenliebe, Wahrhaftigkeit, Gerechtigkeitssinn, Demut und Verantwortungsbewußtsein sind also jene Fixsterne am Firmament einer ethisch orientierten Gesellschaft, die uns im Alltag als Handlungsmaximen den Weg weisen sollten. Es sind Tugenden, die den einzelnen Menschen und sein persönliches Tun ansprechen. Trotzdem ist aus den bisher erwähnten Beispielen erkennbar, daß nicht nur der Einzelne gefordert ist, sondern daß solche Handlungsmaximen auch für politische Entscheidungen und damit für gesellschaftliche Entwicklungen relevant sind. Damit nähern wir uns wieder dem Kern unserer Untersuchung, nämlich dem Verlangen nach einer neuen Politik.

Aus vielen Untersuchungen wissen wir, daß die Handlungsmaximen der Politiker weitgehend nutzentheoretisch erklärt werden können, daß sie also von den jeweiligen Vorteilen bestimmt werden, die der Politiker oder seine Partei von der Durchführung oder Unterlassung einer bestimmten Handlung erwarten. Nutzen ist hierbei in erster Linie die Festigung des politischen Einflusses oder die Gewinnung zusätzlichen politischen Einflusses, anders ausgedrückt: das Gewähltwerden bzw. Wiedergewähltwerden. Unter solchen Bedingungen dürfte es wenig aussichtsreich sein, ausgerechnet diesen so agierenden Politikern eine Schlüsselrolle bei der Umsetzung ethischer Normen zuweisen zu wollen.

Einem solchen Einwand kann nicht widersprochen werden. Trotzdem gibt es dabei einen hoffnungsvollen Aspekt: Politiker sind bei der Realisierung ihrer Ziele an das Votum der Wähler gebunden, das Zusammenspiel zwischen Wählermeinung und Politikerhandeln ist in der Praxis unverkennbar. Jeder einzelne

Bürger hat deshalb die Chance, das Verhalten von Politikern mitzubestimmen und zwar nicht nur anläßlich von Wahlen. Wenn die Wählermeinung das fordert, dann hat also auch eine neue Qualität in der Politik ihre Chance.

Ethisch bestimmtes Verhalten in einer Demokratie erfordert also zweierlei: zum einen Verantwortungsbewußtsein jedes Einzelnen, das sich nicht nur in den persönlichen Handlungen, sondern auch in der politischen Meinungsbildung entsprechend artikuliert. Und zum andern ein Eintreten von Politikern für ethisch begründete Ziele. Die Wechselwirkungen zwischen diesen beiden Positionen sind unübersehbar: die Wählermeinung motiviert den Politiker, der Politiker trägt als Meinungsführer zur Bewußtseinsbildung in der Bevölkerung bei. Dieses Aneinandergekoppelt-Sein sagt uns aber, daß politische Ethik niemals Sache der Politiker allein sein kann, sondern immer aus der Bevölkerung herauswachsen und von ihr getragen werden muß. Einige der hier vorgestellten Befragungsergebnisse haben gezeigt, daß im Meinungsbild der Bevölkerung dafür eine Offenheit vorhanden ist, die ein Ansprechen solcher Fragen rechtfertigt.

Trotzdem ist der Befund unbefriedigend. Denn auch dann, wenn wir ethische Betrachtungsweisen und Postulate auf jene Handlungen beziehen, die das tägliche Zusammenleben der Menschen und die Entwicklung der Gesellschaft bestimmen, wissen wir immer noch nicht, auf welche Weise die vorerst nur gedanklich und verbal gefaßten ethischen Postulate in tatsächliches Handeln umgesetzt werden können; mit anderen Worten: wie ethische Vorgaben zu einer in die Praxis hinwirkenden Verpflichtung für menschliches Handeln werden. Und wir können uns offensichtlich auch nirgendwo Rat holen, weil in dieser Frage auch die Wissenschaft ratlos ist und keine konkreten Aussagen zustande gebracht hat. Zuletzt hat sich Hans JONAS[68] mit diesen Fragen beschäftigt. Er kommt zu dem Ergebnis, daß es die menschliche Verantwortung sein muß, die ein ethisch vertretbares Verhalten bewirkt. Ein solches verantwortungsbewußtes Handeln würde einerseits durch die rationale Erkenntnis der Machtfülle gesteuert, weil die zunehmende Macht des Menschen nurmehr durch verantwortliches Handeln gebändigt und damit Katastrophen verhindert werden können. Zum andern sei es aber die Furcht, die als Auslöser für verantwortliches Handeln wirksam wird; die Furcht vor Entwicklungen, die sich weltweit abzeichnen und den Bestand der Menschheit zu gefährden scheinen.

----
68. JONAS, H. (1984): Das Prinzip Verantwortung. Frankfurt a.M.

Trotz des Respekts vor seinem grundsätzlichen Anliegen: Dies scheint mir doch nicht weit genug zu greifen. Denn solange es nur die Furcht ist - wenn auch eine positive und konstruktive Furcht -, die uns zu verantwortlichem Handeln treibt, muß die Tragfähigkeit jener Brücke wohl skeptisch beurteilt werden, die uns zu neuen Ufern menschlicher Entwicklung tragen soll.

Vielleicht hilft es uns weiter, wenn wir uns noch eingehender mit dem beschäftigen, was Verantwortung meint.

Wir tragen Verantwortung für etwas. Damit sind alle jene Pflichten gemeint, die hier zur Diskussion stehen und die insbesondere gegenüber kommenden Generationen, aber auch gegenüber der Natur und gegenüber den Mitmenschen wahrgenommen werden müssen. Wir müssen uns für unser Tun aber auch "verantworten". Das ist eine Feststellung, die heute niemand mehr hören will. Denn sie schließt zwangsläufig die Tatsache mit ein, daß es da irgend jemanden oder irgend etwas gibt, dem gegenüber dieses "sich verantworten" spürbar wird. Anders ist es doch viel bequemer. Wenn man selbst, als Einzelner oder in Gruppen, durch Nachdenken oder im Diskurs den Rahmen für das absteckt, was getan werden soll oder getan werden kann, dann kommt man erst gar nicht in die möglicherweise unangenehme Situation, sich über die Richtigkeit seines Tuns mit jemanden auseinandersetzen zu müssen, der außerhalb des eigenen Denkbereiches bzw. der eigenen Gruppe steht und zu den aufgeworfenen Fragen eine andere Meinung besitzt. Sich verantworten müssen ist also offensichtlich nicht In. Gerade das ist auf unserer Suche nach Realisierungsmöglichkeiten für ethisch bestimmte Handlungsmaximen der springende Punkt. Wer sein Tun letztlich selbst bestimmen kann, wer sich niemandem verpflichtet fühlen muß, wer keine von außen oder von oben kommenden ethischen Vorgaben beachten *muß*, der wird immer eine Begründung dafür finden, im Konfliktfall einer unbequemen Entscheidung auszuweichen und die Interessen anderer geringer zu bewerten als seine eigenen.

Es wurde schon mehrmals gesagt: es geht darum, menschliche Tugenden wie Nächstenliebe, Wahrhaftigkeit, Gerechtigkeitssinn, Demut und Verantwortungsbewußtsein im täglichen Leben und in der praktischen Politik zu verwirklichen. Diese Tugenden stellen seit zwei Jahrtausenden Handlungsnormen des christlichen Glaubens dar und haben auf diesem Wege schon bei sehr vielen Menschen eine Realisierung des "Du sollst" bewirkt. Wenn wir also eine existenzbedrohende Zerstörung des Lebensraumes verhindern und zukunftsorientierte Lebensqualität auf allen Gebieten verwirklichen wollen, dann müssen wir dafür sorgen, daß diesen christlichen Maximen weitreichend Geltung verschafft wird. Dazu genügt es aber nicht, vom christlichen Abendland zu sprechen und in Parteibezeichnungen das große C einzuführen. Auf das Handeln kommt es an und zwar nicht auf ein nach Konditionen abgeschwächtes und nach den Möglichkeiten des geringsten Widerstandes dosiertes Handeln, sondern auf ein unbedingtes, kompromißloses und allein der Respektierung vorgegebener Normen verpflichtetes Handeln.

Wer - wie der Autor - als gläubiger Christ von der Unabdingbarkeit dieser sittlichen Normen überzeugt ist, gewinnt damit Orientierung und Festigkeit. Aber auch dann, wenn Menschen meinen, einer solchen Überzeugung nicht folgen zu können, kann ehrliche und rationale Einsicht weiterführen. Denn das Ausloten der vorhandenen menschlichen Gestaltungsspielräume und das Herstellen eines logischen Zusammenhanges zwischen dem angestrebten Ziel - also der Sicherung von Existenz und Lebensqualität - und den dazu erforderlichen bzw. geeigneten Handlungen läßt erkennen: nur dann, wenn wir dieses vom Christentum geprägte "Du sollst" oder "Du sollst nicht" akzeptieren; nur dann, wenn wir uns an die Zehn Gebote und die damit verbundenen Wertvorstellungen halten, werden wir angesichts der immer größer werdenden Menschheitsgefährdung unserer Verantwortung gegenüber der Zukunft, gegenüber kommenden Generationen entsprechen können.

Menschen, und nicht den Gewinn in den Mittelpunkt stellen; Natur nicht nur nutzen, sondern respektieren; Verzichten können, weil anderen damit geholfen wird - das werden Bestimmungsgrößen jenes Handelns sein, das zu einer neuen Politik führt, die der Zukunft ihre Chancen erhalten will.

11 Nachwort

Es darf nicht vergessen werden, denen zu danken, die am Zustandekommen dieser Veröffentlichung mitgewirkt haben. Das gilt für die Arbeiten der zahlreichen wissenschaftlichen Mitarbeiter ebenso wie für das Schreiben des Manuskripts, die EDV-Organisation und das Korrekturlesen. Für die gute und einsatzfreudige Teamarbeit im Institut ist der Autor - nicht nur in diesem Zusammenhang - besonders dankbar.

Vermutlich werden sehr viele Leser dieses Buch unbefriedigt aus der Hand legen. Denn sie haben ihre Meinungen und Auffassungen nicht oder nur zum Teil wiedergefunden, sie sind irritiert von Positionen, denen sie seit eh und jeh nichts abgewinnen konnten. Solche Reaktionen sind von der Zielsetzung der Arbeit her vorprogrammiert und bestätigen die Richtigkeit der Aussagen. Denn die Wahrheit muß in der Regel in der Mitte gesucht werden, nicht bei den Extremen. Und nur dann, wenn sich in beiden gegensätzlichen Lagern - womit vereinfacht die ökologischen und ökonomischen Positionen gemeint sind - Kritik auftut, besteht die Wahrscheinlichkeit, daß die aus den Untersuchungsergebnissen gezogenen Schlußfolgerungen auf einem mittleren Weg liegen. Ein solcher mittlerer Weg bietet aber allein die Chance zum gesellschaftspolitischen Konsens, zur Problemlösung und zu einem menschlichen Zueinanderfinden. Der Autor nimmt es deswegen gerne in Kauf, wenn es ihm so geht wie jenem friedliebenden Mann, der zwischen zwei Streithähnen vermitteln wollte und dann von beiden Prügel bekommen hat. Die Gewissenhaftigkeit der Untersuchungen und die ständig angestrebte Objektivität bei den bewertenden Aussagen werden - davon ist der Autor überzeugt - auch solchen "Prügel" widerstehen und denen eine Hilfe sein, die nicht mit Streit, sondern mit Zusammenarbeit die Zukunft gewinnen wollen.

Klaus Hansmann

Bundes-Immissionsschutzgesetz

10. Auflage

Die Textsammlung stellt in handlicher Form das Bundes-Immissionsschutzgesetz und die dazu ergangenen Durchführungsverordnungen zusammen. Mitabgedruckt sind die TA-Luft und TA-Lärm. In der Einführung zum Bundes-Immissionsschutzgesetz werden zunächst die Entstehungsgeschichte des Gesetzes, sein Geltungsbereich, seine Konzeption und die Grundbegriffe des Gesetzes erläutert. Der Inhalt des Gesetzes wird unter Hervorhebung der Sachzusammenhänge dargestellt. Im einzelnen wird auf die Vorschriften für genehmigungsbedürftige Anlagen, auf die Ermittlung von Emissionen und Immissionen, auf Bestimmungen für den Anlagen- und Verkehrsbereich sowie auf die Regelung der Überwachung der Luftverunreinigung im Bundesgebiet eingegangen. Die Sammlung befindet sich auf dem Stand 1. Juli 1992.

1992, 442 S., kart., 33,– DM, ISBN 3-7890-2727-8

 NOMOS VERLAGSGESELLSCHAFT
Postfach 610 • 7570 Baden-Baden

Stefan Salis

Gestufte Verwaltungsverfahren im Umweltrecht

Eine neue Dogmatik gestufter Verwaltungsverfahren über raumbedeutsame Großvorhaben

Staatliche Entscheidungen über umweltbedeutsame Großvorhaben haben komplexe Interessengeflechte zu bewältigen. Sie ergehen deshalb regelmäßig nicht in einem Akt, sondern in einem durch Zwischenentscheidungen untergliederten gestuften Verfahren. Diese Verfahrensstufung wirft eine Reihe von Rechtsproblemen auf, für die Rechtsprechung und Literatur bislang keine dogmatisch befriedigenden Lösungen erarbeitet haben. Dies gilt insbesondere für den Rechtsschutz gegenüber Zwischenentscheidungen sowie deren Bindungswirkungen und Rechtsnatur.

An diesen Befund anknüpfend, erarbeitet der Verfasser eine fachübergreifende Dogmatik der Verfahrensstufung sowie einen Vorschlag für die Vereinheitlichung dieser Verfahren durch den Gesetzgeber. Dem Variantenreichtum der Verfahrensstufung des geltenden Rechts trägt die Untersuchung Rechnung, in dem sie sich auf die elf wichtigsten Fachverfahren sowie die Landes- und die Bauleitplanung erstreckt. Sie stellt damit zugleich einen Beitrag zur inneren Harmonisierung des prozeduralen Umweltrechts dar.

1991, 392 S., kart., 98,– DM, ISBN 3-7890-2430-9
(Forum Umweltrecht, Bd. 5)

NOMOS VERLAGSGESELLSCHAFT
Postfach 610 • 7570 Baden-Baden

Hans-Joachim Koch (Hrsg.)
Schutz vor Lärm

Lärm wird von erheblichen Teilen der Bevölkerung als eine bedrückende Begleiterscheinung der modernen Industrie- und Freizeitgesellschaft empfunden. Gewiß sind die mit Lärm verbundenen (Gesundheits-) Risiken deutlich weniger existentiell als beispielsweise das mit der friedlichen Nutzung der Kernenergie einhergehende Restrisiko. Das darf jedoch nicht dazu verführen, Lärmbelästigungen nicht ernst zu nehmen, Lärm ist in der Genese erheblicher Gesundheitsstörungen ein relevanter Risikofaktor. Der vorliegende Band befaßt sich aus medizinischer, ingenieurwissenschaftlicher und juristischer Sicht mit dem Verkehrslärm, dem Lärm gewerblicher Anlagen sowie dem Freizeitlärm. Die einzelnen Beiträge beruhen auf den Vorträgen, die die Autoren im Rahmen des Symposiums **Schutz vor Lärm** im Februar 1990 in Hamburg gehalten haben.

1990, 190 S., kart., 48,– DM, ISBN 3-7890-2074-5
(Forum Umweltrecht, Bd. 1)

 NOMOS VERLAGSGESELLSCHAFT
Postfach 610 • 7570 Baden-Baden

Nikolaus Herrmann

Flächensanierung als Rechtsproblem

Die Altlasten gehören zu den besonderen Herausforderungen auch für das Umweltrecht. Inzwischen wird mit einem erforderlichen Kostenaufwand von 50 Milliarden DM in den nächsten 15 Jahren gerechnet. Diese immense finanzielle Belastung provoziert die Frage, wer nach geltendem Recht diese Kosten zu tragen hat. Der Verfasser zeigt die Lösungen auf, die das für Altlasten im wesentlichen maßgebliche Polizeirecht zu bieten hat. Für die verschiedenen Problemkonstellationen – wilde Müllablagerungen, Abfalldeponien, kontaminierte Betriebsgrundstücke – wird geprüft, wer als Verhaltens-, wer als Zustandsstörer in Anspruch genommen werden kann. Dabei werden die Fragen der Legalisierungswirkung vorangegangener Genehmigungen ebenso behandelt wie die Probleme der Auswahl unter mehreren Störern und der sogenannten Gefahrerforschungseingriffe. Abschließend erläutert der Autor die rechtlichen Anforderungen an Sanierungsmaßnahmen.

1990, XIV, 238 S., kart., 89,– DM, ISBN 3-7890-1825-2
(Forum Umweltrecht, Bd. 2)

 NOMOS VERLAGSGESELLSCHAFT
Postfach 610 • 7570 Baden-Baden